江西省高校人文社会科学研究项目（项目编号：YY1523）
“基于自建多模态语料库的汉语物体指称行为研究”的最终成果

基于语料库的汉语成人和儿童物体指称行为对比研究

曾小荣　著

外语教学与研究出版社
北京

图书在版编目（CIP）数据

基于语料库的汉语成人和儿童物体指称行为对比研究：汉文、英文 / 曾小荣著．—— 北京：外语教学与研究出版社，2021.11（2022.5 重印）
ISBN 978-7-5213-3181-3

Ⅰ．①基… Ⅱ．①曾… Ⅲ．①汉语－语用学－汉、英 Ⅳ．①H13

中国版本图书馆 CIP 数据核字（2021）第 235297 号

出 版 人　王　芳
责任编辑　孔乃卓
责任校对　李婉婧
封面设计　袁　凌
出版发行　外语教学与研究出版社
社　　址　北京市西三环北路 19 号（100089）
网　　址　http://www.fltrp.com
印　　刷　北京九州迅驰传媒文化有限公司
开　　本　650×980　1/16
印　　张　19
版　　次　2021 年 11 月第 1 版　2022 年 5 月第 2 次印刷
书　　号　ISBN 978-7-5213-3181-3
定　　价　72.90 元

购书咨询：（010）88819926　电子邮箱：club@fltrp.com
外研书店：https://waiyants.tmall.com
凡印刷、装订质量问题，请联系我社印制部
联系电话：（010）61207896　电子邮箱：zhijian@fltrp.com
凡侵权、盗版书籍线索，请联系我社法律事务部
举报电话：（010）88817519　电子邮箱：banquan@fltrp.com
物料号：331810001

序

曾小荣副教授的专著《基于语料库的汉语成人与儿童物体指称行为研究》运用语料库研究方法，较为系统地对比分析了汉语成人和儿童的物体指称行为。该专著具有如下三个方面的突出特点：

首先，该专著选题较为新颖。指称是语言研究领域的重要课题之一。从指称对象来看，现有汉语指称研究大多关注人物以及抽象物体，专门探讨具体物体指称研究的文献为数不多。围绕具体物体开展专门的指称研究能从指称对象的本体特征视角进一步丰富现有指称领域的研究。关于这一点，作者已经在第二章的文献综述部分和第三章的研究框架部分有所讨论，相关内容值得这一领域的学者借鉴和参考。

其次，该专著从多模态视角研究指称行为，在一定程度上拓展了国内指称研究的研究范围。作者基于真实语料，详细描述了三种指称行为涉手模式在具体交际语境中的形式和功能，体现出作者具备较好的语料分析能力。相关研究论文已在国内《当代语言学》和《外国语》期刊发表。

最后，该专著的例证丰富，文献梳理系统全面，显示出作者具有较为扎实的研究基本功。值得一提的是，该专著对指称领域的文献进行了较为全面的介绍和梳理，并重点介绍了物体指称领域的国外文献，相信其中不少文献会对国内研究具有一定的借鉴意义。

曾小荣副教授于2013年12月从浙江大学博士毕业后，在教学和行政工作之余，一直不忘学术初心，坚持从事学术研究，已在国内外学术期刊发表高质量论文十余篇，并主持完成含教育部人文社科项目在内的省部级项目三项。自2017年起，他开始跟随我做自闭症儿童话语研究，经过三年多的努力，我们在该领域的研究成果正逐步发表。作为他的硕士和博士阶段导师，我一直见证他的努力和成长，也期待他能在学术研究领域取得更为丰硕的成果。

是为序。

马博森

2021年10月20日

前言

指称物体是日常交际中常见的行为类型。本书运用语料库语言学方法，对比分析汉语交际中成人和儿童在实施物体指称行为方面的异同。

实施指称行为不仅需借助指称语，还时常使用指向、像似等非语言手段。本书系统分析了这两种指称手段，在此基础上制定了语料标注方案并开展了对比研究。研究发现四岁至九岁汉语儿童的指称交际能力整体上处于发展之中，与成人相比仍存在差异，如成人所使用的指称语的形式比儿童更为丰富；儿童在指明现场物体时更依赖指向模式，而成人更依赖指称语。在使用像似模式表征非现场物体和一类物体时，成人更多地使用模型模式，儿童则倾向于使用描绘模式等。本书在一定程度上弥补了汉语物体指称研究领域的空白，同时也丰富了汉语多模态言语行为领域的研究。

本书由作者的博士论文修改而成。在出版之际，首先感谢导师马博森教授的指导和帮助。尤为感激的是，在博士毕业之后，老师还一直带领和指导我申报课题和撰写论文，让一直身处学术前线，不忘学术初心。本书中的第二、第三和第四章的部分经由马老师悉心指导，后以论文的形式陆续发表于《当代语言学》《外国语》和《外语教学》等期刊。还要感谢我所在的工作单位——江西农业大学外国语学院的领导和同事们。特别感谢肖友群教授、吴伟萍教授、陈泽源副院长、宋晓花老师一直以来的支持和帮助。在语料收集和论文修改方面，管玮博士和王荣斌博士给予了大力支持，在此一并致谢。还要感谢在语料收集方面给予帮助和配合的某大学和某小学的同学们和孩子们。出于保护隐私的需要，请恕在致谢里不便一一指出你们的名字。

图 目

表 目

目　录

第一章
导论

1.1 概述

指称物体是日常交际中常见的行为类型。本研究以汉语交际中的物体指称行为为研究对象，通过录音和录像的方式采集成人和儿童语料，对比分析两类人群在实施物体指称行为时的异同。

本研究既分析实施这一行为需借助的语言模式——指称语，也分析伴随指称语出现的涉手模式①，同时分析在实施指称行为时指称语与涉手模式的互动方式。在对语料进行标注和对比分析之前，本研究首先构建了研究自然会话中物体指称的三分模式和物体指称行为中涉手模式的分析框架，作为制定语料标注方案和对比分析的基础。

本研究所说的物体指的是占据一定物理空间的，有形的无生命物体。物理空间包括一维、二维和三维空间。

从这个定义出发，本研究不包括如下物体类型：

（1）机构；

（2）数字世界中的物体，如软件、程序；

（3）声、光、电、热；

（4）原子、光子、夸克等。

本研究中的儿童在采集语料时的年龄在 4 岁至 9 岁之间（不含 4 岁和 9 岁），身心发育正常；成人的年龄在 21 岁至 31 岁之间，其中大部分为在读的大学本科学生。

① “涉手模式”的概念请参见第四章的介绍。

1.2 研究目的

本研究的目的是：

（1）构建研究物体指称行为的分析框架，包括指称语的分析框架和涉手模式的分析框架，为后续开展指称行为的多模态研究打下初步的基础。

（2）指称现象是一个涉及认知、语法、语义和语用诸多因素的复杂语言现象，语言使用者在指称行为方面的表现可从一个侧面反映其语言能力的高低（马博森，2005）。本研究认同这一观点，并在此基础上进一步探究两类人群在使用指称语和涉手模式实施物体指称行为方面是否存在差异，最终目的是揭示两类人群交际能力的异同。

1.3 研究方法

本研究采用基于语料库的对比研究方法。

顾曰国（2000：F17）认为，在语言研究的手段和方法方面，语料库语言学的核心问题包括以下五个方面：（1）建立语料库；（2）对语料进行转写；（3）对语料进行标注；（4）开发出管理和利用语料库的软件；（5）利用建好的语料库对语言的某些方面进行研究，本研究参照这五个步骤展开。录音语料转写完成后，我们在 Microsoft Word 软件中设计了宏工具，实现了对语料的半自动定性标注和对标注结果的频数统计。在涉手模式的标注方面，我们借助 Praat 软件和 ELAN 软件对语料进行标注和统计分析。

在对比研究方面，本研究从以下 11 个方面展开对比分析：

（1）现场物体指称语对比分析；

（2）非现场物体指称语对比分析；

（3）混合指称语对比分析；

（4）类指语对比分析；

（5）类名转换策略对比分析；

（6）转指策略对比分析；

（7）指称修正策略对比分析；

（8）指示词“这”、“那”用法的对比分析；

（9）编码非现场物体时指称语分布模式的对比分析；

（10）指向模式对比分析；

（11）像似模式对比分析。

1.4 章节安排

本研究共分为七章。第一章为导论，概述研究的主要内容，界定相关概念，并介绍研究方法和章节安排。第二章的文献综述主要梳理和介绍现有的物体指称研究和指称对比研究成果。第三章介绍研究自然会话中物体指称现象的三分模式。该模式由物体本体层、认知层和语言体现层三部分构成。物体本体层讨论三个世界的物体类型；认知层把指称物体看作是发话人在当前话语空间对指称对象进行识解的过程，并讨论影响识解的三方面认知因素；语言体现层构建物体指称语系统，并分析使用物体指称语时存在的引入语与续谈语的语义关联、类名切换现象、转指现象、修正现象、指示词“这”和“那”的用法以及编码非现场物体时指称语的分布模式。第四章构建了一个物体指称行为中涉手模式的分析框架，并在自建小型多模态语料库的基础上，结合实例系统描述涉手模式的形式与功能以及涉手模式与指称语的互动方式。第五章详细介绍语料的收集、加工处理、转写、标注工具的设计和使用，以及标注过程中需说明的问题。第六章是基于标注语料的对比和分析，从上述介绍的 11 个方面展开，量化对比分析成人和儿童在物体指称策略方面的异同。第七章是结语，总结研究的主要发现，讨论研究的理论与实践意义，最后指出研究的局限性以及尚待研究的问题。

第二章
文献综述

指称研究吸引了包括语言学、哲学、心理学在内等不同研究领域学者的关注，研究成果众多。由于本研究为一项基于物体指称的对比研究，因此本章将主要综述以物体为指称对象的研究和指称领域的对比研究成果，在此之前，我们先对现有的指称研究做一个概述。

2.1 指称研究概述

现有的指称研究或从不同的视角展开，或围绕不同的指称对象进行。鉴于 2.2 节将综述以物体为指称对象的相关研究，所以本节先从研究视角和以人物和地点为指称对象的研究这两个方面概述已有的指称研究。

2.1.1 不同视角的指称研究

指称现象涉及句法、语义、语用、语篇、认知等众多因素。句法领域的指称研究主要在 Chomsky 提出的管辖（government）和约束（binding）理论的框架内探讨代词和空语类（empty category）的句内消解（Chomsky，1981）。语义学中的指称观与表征观相对，认为语言的意义来源于对外部世界非语言实体的描述，如名字之所以有意义是因为它们具有外延（denotation）；表征观则认为我们用语言来描述世界的能力依赖于我们对外部世界的心理表征，换言之，表征观认为语言的意义来自于我们对现实的心理表征（Saeed，2004：24；徐烈炯，1990）。语用、语篇和认知视角的指称研究共同关注和阐释在语篇中的某一特定位置选择某种特定指称语形式的原因。语用角度的相关成果主要有 Wilson（1992）运用关联理论对指称现象的解释；语篇角度的成果主要有话题延续性模型（the Topic-continuity Model）（Givón，1983）和层级模型（the Hierarchy Model）（Fox，1987）。

第三章提出的三分模式将从认知的角度阐释自然会话中的物体指称现象。根据我们所掌握的文献，国外认知视角的指称研究主要有以下六条路子：

第一条路子探究指称对象的心理表征。相关成果主要有Prince（1981）、Ariel（1988，1990）、Gundel et al.（1993）、Lambrecht（1994）、Chafe（1996）、Shi（1998）等。这些研究主要围绕以下三个逐步递进的问题展开：（1）指称对象在人类大脑中是如何表征的；（2）指称对象的心理表征受哪些因素的影响以及指称对象如何获得当前的认知状态；（3）指称对象的心理表征或认知状态与指称语之间的关系。第二条路子运用认知语言学的相关概念阐释指称现象，相关研究具体涉及运用观察概念（viewing）和参照点（reference point）概念来解释回指（Langacker，2000：234–239；Van Hoek，1992，1995；Van Vilet，1999）、转指（Langacker，2000：198–201）、指示词指称（Janssen，1995；Wu，2004）和类指现象（Radden，2009）。此外，Fauconnier（2008）运用心理空间理论解释指称现象，如运用语用函数（pragmatic function）的概念来解释指称中的转指现象；运用空间之间的辨认原则来解释指称的隐晦性（opacity）和透明性（transparency）现象；运用角色（role）和价值（value）的概念解释指称歧义现象等。

第三条路子通过诱发实验的方法收集语料，揭示指称过程中交际双方的互动过程和涉及的认知因素，代表研究包括Clark and Marshall（1981）和Clark and Wilkes-Gibbs（1986）。

第四条路子是指称对象的认知本体研究，这条路子的研究探讨指称对象的本体特征对选择指称语形式的影响，相关研究我们将在第三章的3.3.5节进行具体介绍。

第五条路子是从移情（empathy）角度分析指称现象。移情存在不同等级（Kuno，1977：647–655），如话语行为参与者的移情等级（Speech-Act Participant Empathy Hierarchy）、人类性等级（Humanness Hierarchy）。其中人类性等级表明发话人容易移情于有生命的物体，较难移情于无生命的物体。除Kuno提出的上述等级外，Yamamoto（1999：28）提出了指称语的移情等级：

第一人称代词 / 第二人称代词 > 第三人称代词 >指人的专有名词 > 指人的普通名词 >指其他生命体的名词 > 指非生命体的名词[①]。

第六条路子是 Roberts（1993）提出的研究指称现象的注意力指向模型（attention-directing model）。该模型包含三个部分：（1）指称的功能；（2）指称的方式；（3）确定指称对象的机制。Roberts 认为，一个指称行为包含如下三种基本活动或三种功能：具体化功能（specificatory function）、关联功能（relating function）和确认功能（identificatory function）（1993：96）。指称的方式包括两种：一是把指称对象当作类的一个成员并且是唯一的成员来指称；二是通过某一特定物体来谈论该类物体。关于指称对象的确认，Roberts 提出了两种模型：一种是述谓模型（predicate model），另一种是前景—背景模型。Roberts 认为，指称的三种基本功能以及确定指称对象的模型都涉及注意力指向，是注意力指向的变体，因此 Roberts 把这种解释指称现象的理论称为注意力指向模型。

除上述研究外，指称现象还受到了交际研究领域和自然语言处理（natural language processing）领域研究者的关注。在交际研究领域，经济学领域的博弈理论（Game Theory）被运用于具体语言问题的研究（Jaeger，2008；van Rooij，2004；Parikh，2001），其中包括语篇回指的博弈研究（Kibble，2003；Clark and Parikh，2007），如 Clark and Parikh（2007）认为语篇回指的产生和解析是一个言语交际双方进行不完整信息博弈（games of partial information）的过程。在自然语言处理领域，语篇回指的解析涉及的理论主要是向心理论（the Centering Theory）。该理论着重探讨在某个语篇片段中，注意焦点、指称形式的选择和连贯性这三者之间的联系，一直是回指解析的主要算法之一（Grosz，Joshi and Weinstein 1995：203；许余龙，2008）。

汉语研究领域的指称研究主要从语篇和认知两个角度展开。在语篇

① 有关指称语与移情等级之间的关系，具体可参见马博森、管玮（2011）。

层面，以书面语篇为对象的研究主要有陈平（1987）、廖秋忠（1992）、王灿龙（2000）和徐赳赳（2003）等；以口语语篇为对象的研究主要有马博森（2005；2007a；2007b；2008；2009；2010）等。这些研究细致描述了汉语语篇中的指称现象，其中，陈平（1987）从语篇的角度分析了有指和无指、定指和不定指、实指和虚指、通指和单指这四组概念，为汉语语篇角度的指称研究奠定了基础。徐赳赳（2003）提出了篇章小句、篇章回指链等概念，初步建立了汉语篇章回指研究的框架。

认知视角的汉语指称研究主要集中于对回指和转指的研究，这些研究或探讨汉语中不同形式回指语的可及性；或以可及性为基础，结合主题性概念探讨回指对象的确认机制（许余龙，2000；2002；2003a；2003b）[①]。在转指研究方面，沈家煊（1999）提出了转指的认知模型，并在这一框架内讨论汉语“的”字结构转指中心语的现象；陆俭明（2009）从激活的角度阐释隐喻和转喻现象，其中涉及指称现象；王冬梅（2001）的博士论文详尽列举了汉语中转指现象的各种认知框（2001：16-22）。此外，马博森和管玮（2011）探讨移情因素与指称形式选择之间的关系。该文采用汉语会话中的实例，探讨会话参与者的移情等级以及人物指称语的移情等级。此外，在心理语言学领域中，杨宁（2008）的博士论文研究汉语零形回指（zero anaphora）消解的心理现实性、时间进程和影响因素。基于200余名被试所采集数据的分析，作者认为零形回指的消解是一个复杂的思维和认知过程，同时也是一个快速和自动化的过程。

除国内学者外，海外学者同样关注汉语语篇中的指称现象，主要成果有Tai（1978）、Li and Thompson（1979）、Zhang（1991）、Pan（1996）、Tao（1996）、Pu（1997）、Shi（1998）、Mao（2003）等。这些研究大多关注影响汉语零形回指出现的语用、语篇、文体和认知等因素，既有基于书面语料的研究，如Mao（2003）以《左传》为研究语料；也有基于口语语料的研究，如Pan（1996）以电影中的会话和自然会话为语料。

---

① 许余龙（2000）还包括对英语指称语的讨论。

2.1.2 以人物和地点为指称对象的研究

指称研究既可从不同研究视角展开，也可围绕不同的指称对象展开。在 2.2 节介绍以物体为专门对象的指称研究之前，我们先简要介绍以人和地点（place）为指称对象的研究，以便我们了解指称研究的全貌。

根据 Levinson（1983）的分类，与人物指称直接相关的指示现象包括人称指示和社会指示。由于马博森（2005）的博士论文已经从这两个方面对已有以人物为指称对象的研究进行了系统的梳理，本研究暂补充介绍以下三个研究：Murphy（1988）、Enfield and Stivers（2007）以及马博森（2005）。

Murphy（1988）探讨影响英语语篇中人物指称语（personal reference）选择的社会因素，研究采用实验方法收集诱发语料，所涉及的人物限于不在场的第三人。Murphy 认为，发话人在选择人物指称语时需考虑如下两方面的因素：一是发话人与指称对象之间的亲密程度；另一个因素是面子（face）。Enfield and Stivers（2007）收集了研究不同语言和文化中人物指称现象的论文共计 13 篇，这些论文聚焦于讨论把第三人称引入会话时选用指称语所遵守的四条原则：第一条原则是可识别（recognitional）原则，即发话人优先选用听话人可识别的指称语；第二条原则称为最简化（minimization）原则，即发话人优先选用语言形式简化的指称语；第三条原则称为关联（association）原则，即发话人优先选用将指称对象与当前会话参与者联系起来进行识别的指称语；第四条原则针对上述三条原则产生冲突时提出，在不同语言中具有不同的变体（2007：10–18）。

马博森（2005）的博士论文提出了研究人物指称的三分模式。该三分模式由三部分组成：人物本体层、共享知识层和语言体现层。人物本体层主要讨论话语世界中各种人物的类型；共享知识层既分析如何估计对方的共享知识，又分析对对方共享知识状态的估计对选择人物指称语形式的影响。基于上述两个层面并结合具体语料，马博森（2005）在语言体现层构建了一个人物指称语系统，此外，语言体现层还包括引入语与续谈语之间的语义关系、回跳现象、修正现象、引语现象以及编码非现场人物时人物指称语的分布模式五项内容[①]。该研究具有如下创新之处：

（1）首次提出了研究人物指称的三分模式；该模式既从本体角度探讨了指称对象的类型，又在语篇层面探讨了指称语的形式；同时在共享知识层中探讨了影响指称语选择的认知和社会因素；

（2）首次构建了一个汉语人物指称语系统，并在此基础上制定了相应的标注方案；

（3）以人物指称研究为切入点，探讨教育程度（文盲和非文盲）对口语能力的影响，为读写能力领域的研究开辟了一个新的视角。

在我们所掌握的文献中，以地点为指称对象的研究相对较少，相关研究包括 Schegloff（1972）和 Morrow（1986）。Schegloff（1972）研究会话中发话人如何选择地点指称语（location-formulation）。该研究把地点指称语分为地理位置指称语和角色参照点指称语两大类。Schegloff 认为，发话人在选择地点指称语时需考虑如下三个方面的因素：第一方面是对地点的分析，指的是发话人需要分析自己和其他会话参与者所在的地点；第二方面是发话人需要考虑听话人和自己所属的角色集；第三方面是需考虑会话的话题。如果会话内容围绕某一地点展开，发话人会以该地点为参照点来指称其他相关的地点。Morrow（1986）对比分析描述语篇和叙事语篇中的地点在语篇中所扮演的角色和出现的顺序（order of mention）对其指称显著性的影响。Morrow 发现，描述语篇中的地点占据中心角色，而叙事语篇中的地点主要是为人物和事件提供背景，两者相比，描述语篇中的地点显著性较高，倾向于用代词回指，读者倾向于选择把占据主题地位的地点作为代词的指称对象；而在叙事语篇中，读者倾向于把最近出现的地点作为代词的指称对象。

2.2 以物体为指称对象的研究

本节所说的物体既包括指具体物体，也包括抽象物体。在重点介绍指称具体物体的研究之前，我们先简要介绍一下以抽象物体为指称对象的

① 我们在第三章的 3.1 节还要详细介绍马博森（2005）构建的三分模式，这里先做一简要介绍。

研究。

2.2.1 抽象物体指称研究

对抽象物体的指称主要借助语篇指示语（textual deixis，或称为 discourse deixis）（Lyons，1977：668；Webber，1991）。国外抽象物体指称研究与计算机人工智能研究联系密切，主要关注如何消解抽象物体指称语（Asher，1993；Byron，2002；Artstein and Poesio，2006）。其中，Asher（1993）全面深入地研究了抽象物体指称现象，主要取得了以下四个方面成果：

（1）对抽象物体进行了分类。Asher 首先区分了抽象物体的两种本体：一种是语言本体，另一种是概念本体。从语言本体来看，抽象物体通过多种形式的名词性成分得以指称。从概念本体来看，抽象物体都是人类意识的心理构建（mental construct），是交际者实现交际目的和思考自身行为的产物。抽象物体不能独立于上述交际目的和思考而独立存在，也不能独立于我们的意识而存在。与具体物体（concrete object）相比，除事件（event）外，抽象物体没有具体的空间和时间方位（spatio-temporal location）特征，也不能被感知。

Asher（1993：57）根据指称语的类型、语法特征和与谓词的兼容性，把抽象物体分为如下类型：

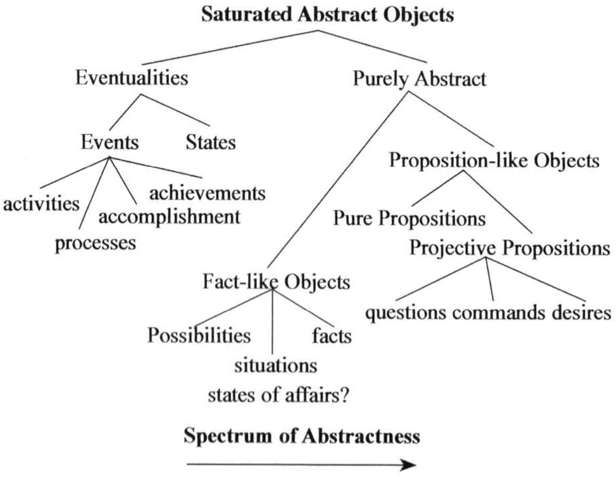

图 2-1：Asher（1993）中的抽象物体类型

在图 2-1 中，抽象物体被分为事件和纯抽象物体两大类，这两大类又可细分为不同的次类。

（2）Asher 详细描述了各种抽象物体指称语的语义和句法特征；这些指称语包括多种类型，如派生的名词性成分（derived nominal）。派生的名词性成分根据概念特征又可分为过程名词性成分（process nominal）和结果名词性成分（result nominal），两种名词性成分具有不同的概念、句法和语义特征。

（3）根据先行词的类型，Asher 把抽象物体回指分为事件回指（event anaphora）、命题回指（propositional anaphora）、事实回指（fact anaphora）和概念回指（concept anaphora）。在话语表征理论（Discourse Representation Theory）的框架内，Asher 对抽象物体的回指现象做了统一的解释。

（4）在话语表征理论的基础上提出了语段表征理论（Segmented Discourse Representation Theory，简称 SDRT）。SDRT 强调语篇关系对语篇意义和语篇连贯的影响，使得抽象回指先行词在指向分析时更为明确（熊学亮，2010：54）。Asher（1993）认为，对抽象回指的分析反过来也能帮助我们更好地认识语篇结构（1993：258）。

国内这一领域的研究主要以抽象物体回指为研究对象。熊学亮和刘东虹（2007）发现英汉两种语言中的抽象物体回指具有相同的倾向性语用规律，这一规律表现为："this"、"this+NP" 和 "这（主语 / 主题）"、"这+NP" 指称语主要指称前面紧邻的句群和同句内的从句；而 "that" 和 "那（主语 / 主题）" 主要指称前续整个句子和同句内的从句（2007：79）。此外，刘东虹（2008）在 Asher（1993）的基础上讨论抽象物体回指中所指歧义的处理策略。

2.2.2 具体物体指称研究

已有的具体物体指称的研究包含三块：第一块是选择类名指称物体的相关研究；第二块是交际任务中的物体指称行为研究；第三块是以指称物体为切入点开展的其他研究。这些研究中的物体大都是本研究所定义的无生命的具体物体。

2.2.2.1 选择类名指称物体的相关研究

命名是指称策略之一，同一物体往往拥有多个名称。选择类名指称物体的相关研究主要回答两个问题：一是在母语习得过程中影响儿童习得物体类名的因素有哪些？二是在具体语篇中选择某一类名指称物体受到哪些语篇和认知因素的影响？

Brown（1958）研究母语习得过程中影响父母选择物体类名的因素以及物体类名的选择对儿童认知和词汇发展的影响。该文提出了影响类名选择的三方面因素，这三方面分别是：（1）类名的长短，父母倾向于使用较短的类名；（2）使用频数（frequency），父母倾向于使用常用的类名；（3）详细化程度（specificity），详细化程度取决于具体语境。Brown 还探讨了类名的层次问题，他认为同一物体可归为不同层次的类，分类体现了最大效用（maximally useful）的原则。如在日常生活中，我们常把汤勺称为“汤勺”而不是“铝制品”“银制品”或“餐具”，这是因为“汤勺”的指称方式能够在我们的日常生活中发挥最大的效用，把该种物体与其他物体，如筷子、切菜刀区分开来。此外，研究者指出，物体某一层次的名称对于某一人群来说能发挥最大效用，如某一家庭养了一条狗作为宠物，那么该家庭的成员便会用他们所共知的某一专有名词来指称该条狗，而外人一般会用“狗”来指称这一对象。

Caroll（1981）通过诱发实验的方法研究物体命名的策略。该研究中命名的物体多种多样，其中包含具体物体，如画在卡片上的日常物体、建筑、各种形状、符号以及根据对菜谱的描述对菜肴命名等。该研究表明：（1）简单的名称比复杂的名称出现的频数更高；（2）大多数名称中没有修饰成分，复合词名称比简单词名称中出现修饰语的频数低，名词充当修饰语比短语充当修饰语和小句充当修饰语出现的频数要高；（3）不同的物体具有不同的命名策略，如菜名中通常包含原料名称。此外，该研究中还谈到给人物命名时也采用类似的策略。

Baggett and Ehrenfeucht（1982）研究儿童如何给不熟悉的物体（unfamiliar object）取一个“好”的名称。该研究中命名的对象是结构和形状复杂的组装玩具零件。研究者认为，判断一个“好”的名称的标准是：（1）人们是否能较容易地把该名称和物体相对应；（2）该名称是否容易记忆。

此外，Deák and Maratsos（1998）从语言发展的角度探讨儿童使用类名指称物体的策略。该研究设计命名任务，采用实验者提问的诱发方式，收集学龄前三岁至五岁儿童对不同物体进行分类时的语料，分析语料中的类名。该研究发现，学龄前儿童已经能在语境中选择恰当的类名来指称物体，如当现场存在一支恐龙形状的蜡笔和其它恐龙形状但非蜡笔物体的情况下，儿童会选用"the crayon"来指称恐龙形状的蜡笔。同时，研究者还指出，学龄前儿童使用不同类名指称同一物体的能力受到他们自身词汇量大小的限制。

上述四个研究描述了儿童母语习得过程中指称物体时所选择类名的形式和语用特点。除上述研究外，选择类名指称物体的研究还可从认知心理学的角度展开，如 Rosch et al.（1976）认为类具有不同的抽象化层次（level of abstraction）。这些层次构成了分类等级（taxonomy），等级之间是包含与被包含的关系。在这个等级中，有一个层次被称为基本层次（the basic level），这个层次的类具有线索效度（cue validity）最强、与其他类的区分性最强的特点，符合认知省力原则（cognitive economy）。

此外，探究选择类名原因的研究也可从社会语言学和会话分析的角度展开（Schegloff，1972），或从计算语言学角度展开（Appelt，1985），或从语篇角度展开。研究语篇中类名使用情况的主要有 Wisniewski and Murphy（1989）、Cruse（1977）和 Downing（1977）。

Wisniewski and Murphy（1989）从 Brown 语料库中选取语料，统计语篇中指称物体时基本类（basic level category）类名和上位类（superordinate category）类名使用情况。根据指称对象的数量，这两种类名的使用又被细分为单指（指称单个物体）、多指（指称多个物体）和类指。统计结果表明，上位类类名多用于指称多个物体或是多类物体，而基本类类名多用于指称单个物体。

除指称对象的数量因素外，Cruse（1977）和 Downing（1977）认为上位类名指称语的使用还受到如下因素的影响：

（1）当要淡化或故意保留指称对象的某方面信息时，发话人会使用含上位类名的指称语，如下例中的“a musical instrument”：

A: What is in your case?

B: A musical instrument.（Cruse，1977）

（2）人的记忆具有逐渐概括化（generalization）的特征，如在第一次指称某物体时使用基本层次类名指称语指称，那么后续会使用更为概括的上位类名指称语进行指称（Downing，1977：478）；

（3）在指称具有低可编码性（low codability）的物体，如较为新奇的物体时，由于缺乏恰当的基本层次类名，发话人会选择使用上位类名指称语（Downing，1977：478）。

除上述三个方面的因素外，Downing（1977）还有如下发现：

（1）我们在语篇中指称物体时还需要考虑另外一个因素，即我们把物体看做是一个独立的个体还是把它看做是整体的一部分；

（2）物体指称还受到我们从何种角度认知指称对象的影响，发话人指称视角的转移会影响类名的选择。

与 Rosch 等人的范畴化研究相比，Downing（1977）的研究中涉及一些日常生活中较为少见的低可编码性的物体；Rosch 的研究所获取的诱发语料只来自被试，因此不涉及到类似日常会话中会话双方的关系、地位以及交际目的等因素。Downing 认为，语境因素是影响发话人选择指称语的重要因素（1977：485）。

2.2.2.2 交际任务中的物体指称行为研究

交际任务中的物体指称行为研究通过设计物体指称交际任务收集语料，研究物体指称行为，最终目的是实现人机交互共同完成物体指称交际任务。这些研究中的指称行为是一个较为广义的概念，从手段来看，包括语言手段和非语言手段；从参与者来看，既讨论了发话人的指称行为，也讨论了听话人的辨认过程，主要研究成果有 Cremers（1996）、Beun and Cremers（1998）、Belke（2001）、Kranstedt et al.（2006）。

Cremers（1996）和 Beun and Cremers（1998）以无生命的具体物体为专门对象，通过实验的方法研究交际双方在特定交际任务场景中的物体指称行为，该研究的最终目标是设计一个名为“Denk Project”的多模态人机交互系统。其中，Cremers（1996）的博士论文专门讨论在交际任务场景中如何指称无生命的物体以及影响指称物体的认知因素，值得重点介绍。

该论文主要回答了如下三个问题：

（1）发话人选择交际任务场景中的指称对象受到哪些因素的影响？

（2）发话人指称物体受到哪些因素的影响？

（3）听话人辨认指称对象受到哪些因素的影响？（Cremers 1996：1）。

围绕上述三个问题，该博士论文共讨论了三个任务交际场景中的物体指称行为。以第一个任务交际场景为例，这一场景的实验共有 10 对以荷兰语为母语的参与者。交际任务一方根据已有的模型，指示另一方搭积木，实验中所给的积木包括四种颜色，三种型号和四种形状（1996：12）。

该研究主要包含以下内容和发现：

（1）交际双方的注意力焦点（focus of attention）影响指称语形式的选择。作者把注意力焦点分为空间焦点（spatial focus）和功能焦点（functional focus），空间焦点指的是指称对象所在的空间位置是会话双方的注意力焦点，注意力的空间焦点可以帮助发话人和听话人缩小潜在指称对象的搜寻范围，由于搜寻物体的范围缩小，因此他可以使用更简化的指称语来指称物体；对于听话人而言，他可以在更小的范围内搜寻指称语的对象。空间焦点分为显性和隐性两类，显性焦点指的是明确指称过的空间位置；隐形焦点指的是发话人有充分理由相信对方的注意力焦点所在的空间位置。功能焦点指的是交际任务中动作可及范围内的指称对象，如当发话人指示对方“拿走小的，黄的那块积木”时，虽然交际场景中有多块同样的积木，但听话人有理由相信发话人所说的指称对象应该是那块他的动作可及范围内的积木。

（2）研究物体指称语与注意力的空间焦点之间的关系。指称语按照详细化程度从可分为三个等级：模糊指称语（指称语所指的指称对象是不明确的），最简明确指称语和冗余指称语（指称语当中的部分信息是多余的）。这三种指称语与当前空间焦点（current focus area）和任务指称域

（task domain）（当前焦点之外的区域）相关，如下图所示（1996：78）：

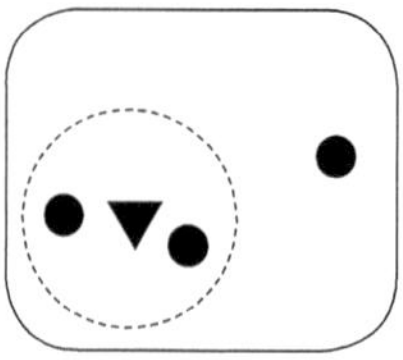

图 2–2：当前空间焦点与任务域

以图 2-2 为例，虚线的圆圈代表当前空间焦点，外围的实线框代表整个任务域。如果发话人用“the triangle”来指称图中的三角形，那么这一指称语即是当前空间焦点中的最简明确指称语，也是任务指称域中的最简明确指称语。

注意力的空间焦点可以帮助发话人和听话人减少潜在指称对象的搜寻范围，对发话人而言，由于考虑的范围缩小，他可以使用更简化的指称语来指称物体；对于听话人而言，他可以在更小的范围内搜寻指称语所指的物体。

通过实验研究者发现，三种不同详细度的指称语能够引导听话人从焦点区域或是非焦点区域选择指称对象，具体而言，指称语信息的冗余程度越高，听话人越倾向于在焦点区域外选择指称对象。此外，该实验再次证明了指称过程的省力原则：在一般情况下，发话人选择简化的指称语指称焦点区域中的物体，听话人也在焦点区域中寻找指称对象。

（3）通过实验验证了指称物体时选择指称内容同样遵循省力原则。指称内容指的是指称语中的描述性内容（descriptive content）。作者认为，物体指称中的省力原则基于注意力焦点和指称语中对物体某种物理属性的选择两个因素。这两个因素既可以简化指称行为，也可以帮助听话人更加省力地辨认指称对象。以省力原则为出发点，作者认为交际双方在指称物体时会考虑如下两个方面的认知因素：一是指称时的空间焦点区域（current spatial focus area），即指称处于焦点区域的物体或与焦点区域相邻的物体；二是倾向于使用区分性属性来指称物体。

（4）在论文的第五章，研究者研究了通过键盘输入完成指称交际任务的交际模式。Cremers 认为，键盘交际和口头对话之间的区别也是交际过程中省力原则的体现。在键盘输入的交际模式中，指称语的长度更短，不会出现指称语附带手势的指称方法。由于双方不能同时做到键盘输入和关注操作区域，所以造成了交际双方在关注焦点区域方面存在困难，表现为双方指称焦点区域中的物体和非焦点区域中的物体的频数接近。在指称过程方面，键盘输入交际模式中的话轮转换更为困难，指称交际错误（miscommunication）出现的频数也相对更高。Cremers 在该章还讨论了两种模式下物体指称行为的差异对设计多模态人机交互系统的启发。

该文在指称信息冗余方面也有所发现。Cremers（1996）的研究表明，通过编码指称信息冗余的指称语，发话人引导听话人在焦点区域外寻找指称对象。从这个意义来说，指称信息冗余类似于已知性等级中等的指称标记。

Cremers（1996）较为细致地描述了实验环境下影响物体指称行为的认知和语用因素，该研究的重点是指称语，其中仅提到了指向（pointing）。与此不同的是，Kranstedt et al.（2006）重点研究指向，该研究把指向当成一种符号，研究指称交际过程交际双方使用指向和指称语如何共同协作完成交际任务的过程，研究的最终目的是构建言语—手势的计算机处理模型（the Speech-gesture Processing Model）。

作为一项基于多模态标注语料库的研究，该研究同样通过指称交际任务收集语料，交际一方（后续我们称之为描述者）描述和指称在现场的任意一个玩具，另一方（后续我们称之为确认者）确认并给出反馈。实验布局如下图所示（2006：140）：

该研究主要有以下内容和发现：

（1）分析了指向的类型和功能。研究者把指向分为两类：物体指向（object-pointing）和区域指向（region-pointing）。研究者比较了同时使用指向和指称语的指称行为和仅使用指称语的指称行为。两相比较，研究者发现：指向不仅能够减少指称语的长度，还可以减少辨认指称对象的时间。

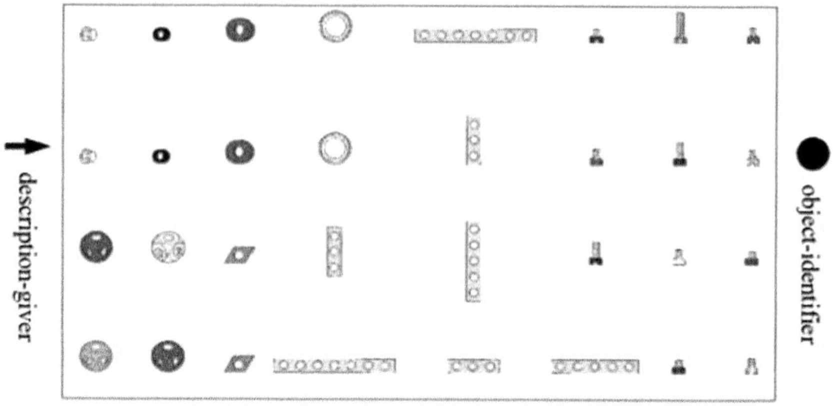

图 2-3：Kranstedt et al.（2006）的实验布局图

（2）分析指称语与指向在时间维度上的同步。研究者把同步分为两种：一种称为内部同步（intra-synchronisation），指的是发话人的指称语与指向在时间上的同步；另一种称为双方同步（inter-synchronisation），指的是实验中描述者手势的收回阶段（retraction phase）与确认者指向的准备阶段（preparation phase）同步。研究者发现，在内部同步方面，与McNeill（1992：25，131）的结论相反，发话人的指称语出现的时间稍早于指向开始的时间；在双向同步方面，研究者发现，如果指称的物体在确认者手的可及范围之内，那么确认者指向的准备阶段会与描述者指向的收回阶段基本重合，这说明描述者的收回阶段还起到了话轮转换的作用；如果指称的物体不在确认者的手的可及范围之内，则不存在双向同步。

（3）发话人和物体之间的距离对使用指称语与指向的影响。研究者把发话人和物体之间的距离分为近距离、中距离和远距离。研究发现，在近距离和远距离的语境中，发话人使用指向的频数较低；中距离的情况下使用指向的频数较高。近距离情况下指向出现的频数较低可能与交际双方使用其他指向方式，如用头指向等有关。

（4）研究者在本研究中提出了指向锥（pointing cone）的概念。指向锥指的是指向行为所指的立体锥形区域。研究者认为，基于二维的摄像不能清楚地表明指向所指明的区域，因此需要引入三维的捕捉方法和模拟系统来表征指向锥。在本研究中，研究者运用相关技术，提出了一个详细的评估指向锥的几何特征的流程。研究者认为，指向锥概念的引入有助于在人机交互完成指称行为时缩小搜寻指称对象的范围，并加速对指称对象的计算和消解。

基于上述研究和分析，研究者对于言语和指向配合的行为进行了逻辑化的表征，构建了言语—手势的计算机处理模型，并介绍了人机交互共同完成交际任务的实验（该研究中的机器是一个机器人 Max，双方合作完成组装玩具飞机。）

除上述两个研究外，Arts et al.（2011）从合作原则中的量准则出发，研究物体指称语当中的信息过量（overspecification）现象如何影响物体的确认。通过设计实验收集确认指称对象的时间（identification time），研究者发现，在现场存在多个同类的指称对象时，使用信息过量的指称语能够使对方更快地确认指称对象的原因是：（1）使用信息过量的指称语能够让对方获得一个关于指称对象的全面的心理意象（mental image）；（2）使用信息过量的指称语能够帮助对方在任务语境的某一个特定区域中寻找指称对象。

2.2.2.3 以指称物体为切入点开展的其他指称研究

在本节，我们将综述以指称物体为切入点开展的其他研究。这些研究可分为两块：第一块是以指称物体为切入点开展的指称研究，包含指称过程研究、指称语产出研究和指称语生成（Referring Expression Generation）研究；第二块是以指称物体为切入点开展的其它语言研究。这两块研究的共同点是通过设计指称交际任务的方法收集语料。

以物体指称为切入点开展的指称研究以 Herbert H.Clark 的研究为代表，这些研究采用非常规形状（七巧板）、难以描述的图形等物体作为指称对象，相关研究主要包括 Clark and Marshall（1981）、Clark，Schreuder and Buttrick（1983）、Clark and Wilkes-Gibbs（1986）、Isaacs and Clark（1987）、Clark and Schaefer（1989）、Brennan and Clark（1996）以及 Clark and Krych（2004）。这些研究包含三方面基本观点：

（1）指称是一个发话人和听话人合作完成的过程。

（2）指称是一个互动的过程。互动体现为指称行为受到前续指称行为的影响；指称的过程不仅包括帮助听话人确认指称对象，而且还包括在发话人和听话人之间逐步建立共同的指称对象定位（grounding）；还涉及会话双方协调关于指称对象的概念视角，同一指称对象存在不同的指称方式，不同的方式体现了不同的概念化过程（conceptualization）和不同的视角。

（3）指称行为不仅仅是一种语言行为（linguistic act），还涉及多种模式，除语言模式外，还包括非语言模式，如手势。手势不仅包括指向，也包括描述性手势。

在上述以 Herbert H. Clark 为代表的研究的基础上，Hanna（2001）和 Hanna et al.（2003）通过心理语言学实验的方法研究定指语的消解过程。研究者设计了四个实验，实验中的指称对象包含各种形状、酒杯、水杯等物体。借助设备，研究者通过捕捉交际双方在完称指称交际任务过程中的眼神注视，研究语境因素影响定指语消解的时间进程（time course），研究中涉及的语境因素包括指称语的形式、双方的共享知识和双方的指称视角。

以物体指称为切入点研究指称语产出的研究主要有 Pechmann（1989）、Belke（2001）和 Howarth and Anderson（2007）。

Pechmann（1989）通过诱发实验研究指称语的产出过程。诱发实验中的被试是大学生，实验借助幻灯片呈现不同的物体，这些物体存在颜色、大小或类别的区分特征，被试看过幻灯片后向实验者描述，然后实验者指出被试所描述的物体。研究者观察言语产出开始的时间（speech-onset time），中心名词前起修饰作用的形容词的顺序、指称语的韵律特征及指称语信息过量现象。该文指出指称语的产出是一个渐进（incremental）的过程，如研究者发现，中心名词前起修饰作用的多个形容词的排序并不一定遵循语法规则，言语产出者根据形容词的信息度（informativeness）来排列顺序。对于听话人而言，具有高信息度的形容词一般最先产出。所谓信息度指的是形容词所指称的特征是否是语境中的区分特征。此外，研究者还发现成人经常产出信息过量的指称语，研究者认为这也是指称语产出渐进过程的体现。

Belke（2001）的博士论文采用观察眼动（eye movement）的方法研究指称物体的交际任务中产出指称语的内在心理认知过程。该研究的被试是大学生，指称对象是呈现在电脑屏幕上的各种图片，研究者通过专业设备捕捉眼动。该研究一共设计了三个实验：第一个实验用来观察被试区分不同的物体（物体间存在颜色、大小、形状方面的区别）的认知过程；第二个实验用来研究被试对物体的感知与产出名词短语指称语之间的关系；第三个是前两个实验的深化，该实验中的物体更为复杂，借助这个实验，研究者试图进一步说明对物体的感知以及认知过程中的因素对指称语产出的影响。

Howarth and Anderson（2007）在言语产出的背景下研究口语交际中会话场景和认知负荷（cognitive load）对交际双方把新的实体引入话语的影响。该研究中的会话场景包含面对面的谈话和以视频为中介的谈话（video-mediated conversation）；认知负荷指的是完成交际任务有无时间限制。该研究采用的交际任务是地图任务，即交际一方通过指称语指导另一方在地图上找出相应的标记，参与实验的是大学生。实验结果表明，在存在时间限制和以视频为中介的谈话语境中，交际双方较少使用"提问 + 确认"的形式引入新的物体，研究者认为这是由于受到时间和场景资源的限制，发话人牺牲了部分双方合作确认指称对象的时间；此外，在续谈时使用较短的指称语并不受这两种语境因素的影响。

作为自然语言生成（Natural Language Generation）领域的重要研究课题，指称语的生成研究通常以生成物体指称语为研究对象，如 Dale（1992）研究生成菜谱中物体的指称语。该领域的研究也逐步开始关注多模态指称行为的生成，如 Van der Sluis and Krahmer（2007）研究生成包含指称语和指向的多模态指称的算法，该研究中的指称对象为象棋棋子的图片。

2.3 指称对比研究

指称领域的对比研究成果众多。本节主要综述以下三方面的研究，一是英汉指称语对比研究；二是汉语不同语体间的指称语对比研究；三是操同一语言的不同人群间的指称语使用对比研究。考虑到与本研究研究的相关性，我们简要介绍前两个方面的研究，重点介绍第三个方面的研究。

2.3.1 英汉对比研究

英汉对比领域的指称语研究主要以指示词为研究对象，相关研究主要有 Zhang（1991）、Wu（2004）、Shi（1998）和许余龙（1989.2000.2007）。

Zhang（1991）从语义、语用和话语功能三方面对两种语言中的指示词进行了比较。在相同点方面，Zhang 认为两种语言中的指示词与非指示代词相比较，指示词表明指称对象是话语中的前景成分和新信息，而非指示代词表明指称对象是话语中的旧信息，表明话题的延续；在差异方面，Zhang 发现英语中话语指示词（discourse deixis）的用法受到以发话人为中心的话语距离的影响，而汉语中的话语指示词的用法受到实际语篇距离的影响（1991：56）。

Wu（2004）从认知的角度提出了研究空间指示词的概念框架（conceptual framework），这一框架包括：（1）空间指示词的语义成分和语义蕴含；（2）空间指示词概念投射，包括空间指示词所指称的实体、指示中心和空间距离的再概念化。在具体用法方面，Wu（2004）通过设计交际任务实验收集用指示词指称现场物体的语料，发现两种语言在使用指示词指称现场物体的用法方面基本相同，仅在与其他语言成分的搭配上有所区别。在指称非现场物体时，两种语言中的近指词和远指词均表现出相同的衍生用法，但汉语语料中近指词的出现频数高于远指词的出现频数。Wu（2004）认为这可能与两种语言的不同语法结构有关，如英语中的时态系统就限制了近指词“这”在叙事语篇中指称过去事件的用法，而汉语缺乏时态标记，“这”的使用相对自由。

Zhang（1991）和 Wu（2004）这两个研究共同发现:（1）指示词的空间指示用法衍生出其他用法;（2）两种语言中近指词和远指词用法的相同点大于差异。

Shi（1998）的博士论文重点研究认知性等级理论是否适用于解释汉语中的指称语，并结合英语语料对两种语言中不同形式的指称语所标示的认知状态进行了比较。该文所采用的汉语语料既有口语语料，也包括多种体裁的书面语语料。结合对语料的分析，研究者发现，在汉语语料中，当两种形式的指称语都符合已知性等级的充分条件时，已知性等级并不能解释为何选用其中某一种而不使用另一种指称语。对此，Shi 提出了话语显著性（discourse salience）的概念，并借助这一概念来解释汉语中的指称现象。话语显著性指的是指称对象更易成为后续话语的话题，更容易吸引听话人或读者的注意力（1998：82–89）。话语显著性可用来解释如下现象:

（1）话语指示代词“这”“那”与零形式的使用在具体语料中的差异。作者认为，“这”“那”的使用兼有使处于激活但非焦点状态的指称对象前景化和表明话题转移（topic shift）的功能，而零形式的使用则标示着话题焦点的延续。

（2）“一 + 名词短语”的指称形式可以增加和强调指称对象的显著性，而零形式则表明指称对象的非显著性。

（3）零形式、代词和名词短语的相比，在可用零形式指称时使用了代词或名词短语表明作者要强调一个具有话语显著性的指称对象。

此外，指称对比研究还在语言习得研究领域展开，如 Tao and Healy（1996）以零形式为切入点研究母语的话语处理策略是否会用于外语学习过程之中。研究者发现，当母语为汉语的被试阅读出现大量零形式的英语文章时，他们的理解程度要好于母语为英语的被试阅读同样的文章，这与汉语中存在大量的零形式有关。Chen and Lei（2013）把英汉双语儿童（后续简称双语儿童）分别与母语为汉语（汉语儿童）的和母语为英语的（英语儿童）的单语儿童产出的指称语进行进行比较，对比分析引入、重新引入，续谈有生命的实体时所使用的具体指称语形式。该研究通过复述图画故事书中的故事收集诱发语料，研究的被试为 8 岁至 10 岁的儿童，目的在于考察操两种语言是否会对双语儿童的指称语产出造成影响。研究发现：（1）与汉语儿童相比较，英语儿童在引入指称对象时使用更多的不定指名词短语和更少的定指名词短语，在重新引入和续谈指称对象时使用更多的定指名词短语、显性代词和更少的隐性代词（2）在产出的英语语篇中，与英语儿童相比，双语儿童使用更多的定指名词短语引入指称对象；在产出的汉语语篇中，与汉语儿童相比，双语儿童在重新引入和续谈时，使用的隐性代词的数量少于汉语儿童。研究者认为，双语儿童的指称语产出受到两种语言的影响，产出指称语的方式或介于两种单语儿童之间。

在国内，许余龙（1989）探讨了英汉指示词的对译问题。许余龙（2000）对比分析了英汉指称词语在表达可及性方面的异同，如在英语中，高可及性标示语主要由代词来充当，而在汉语中则由零形式和主语以及主题位置上的代词和指示词语充当。许余龙和贺小聃（2007）系统分析了英汉语篇中的下指现象。他们发现：语篇下指在汉语中基本上仅出现在标题类的语篇中，主要的语用功能是为了使语言表达更为紧凑简洁，而在英语中也可出现于其他场合。

2.3.2 汉语不同语体间的对比研究

汉语不同语体间指称语的对比研究主要围绕自然会话与有计划会话的对比展开，这两种语体的区别是话语分析领域的一个重要课题（Ochs, 1979；Chafe, 1982；曾小荣，2011），相关研究以 Pan（1996）为代表。Pan 的研究采集电影中的会话语料和自然会话语料，在此基础上探讨汉语中零形回指隐现的语法、语用、语体等诸多因素。在探讨零形回指在不同语体中的差异时，Pan 首先以 Chen（1986）的博士论文为参照点，分析了零形回指在叙事语篇和口语语篇中的分布差异。Pan 发现，在指称转换（shift of reference）方面，口语语篇中指称转换现象出现的频数明显高于 Chen（1986）所研究的叙事语篇；在指称距离方面，口语语篇中的指称距离跨度大，且平均值高于叙事语篇。Pan 认为，口语语篇的结构相对松散，重复、打断、话题转换现象较多，相应地，用零形式进行指称转换的频数就更高，指称距离也相应更长；其次，Pan从指称距离、指称干扰、指称持续度、零形式出现的小句类型和句法位置等方面比较了有计划的会话和自然会话两种会话语体中零形回指的分布特点，Pan发现，两种会话语体中零形回指的分布存在显著差异，如自然会话中出现的潜在零形式（可用零形式的情况下实际上采用了显性代词）的比例要高于有计划的会话。此外，曾小荣（2011）基于剧作会话和自然会话的第三人称零形回指研究也说明口语语体对零形回指的分布存在影响。

2.3.3 操同一语言的不同人群间的对比研究

在我们所掌握的文献中，这一块的相关研究均通过实验的方法收集语料，对比儿童和成人的指称语使用情况，如Wales et al.（1983）、Huang（1999）、Lee（2001）、Sekerina and Stromswold（2004）、Hickmann（2004）、Ludovica（2008）、Hendriks et al.（2008）、Morisseau et al.（2013）等。

Wales et al.（1983）研究在与幼儿的交际过程中，母亲如何用类名指称图片中的物体，其中涉及到母亲与孩子以及不同年龄段孩子之间使用类名的对比。该研究包含水果、服饰、交通工具和家具这四类物体。研究主要有如下发现：（1）总体而言，母亲和孩子更多地使用基本层次的名称来指称物体；（2）相比两岁孩子的母亲，四岁孩子的母亲更多地使用下位类类名；在指称同一物体时，母亲在与四岁孩子交流时的指称方式与母亲与实验主持者交流时的指称方式相似度很高；两个年龄段的孩子相比，四岁孩子更多地使用上位类类名和下位类类名；（3）物体的呈现方式会影响指称物体的方式；（4）物体的种类也会影响指称物体的方式，如研究发现，在其他变量相同的情况下，与其他三类物体相比，对水果的指称更多地使用下位词。关于这一点，研究者引用Schwartz（1977）的观点来解释，Schwartz（1977）认为，物体可分为自然物和人造物，这两种物体具有不同的指称方式（Wales et al., 1983：16）。据此，研究者认为，对自然物的基本层次类名的认定可能需要重新思考。

Huang（1999）以指称过去时间为研究对象采集自然会话语料，谈话人为两个生活在台湾、母语为汉语的幼儿及幼儿的母亲及母亲的朋友，采集语料时的年龄分别为三岁两个月和三岁三个月。语料包括这两个孩子与他们各自母亲的谈话，以及两位母亲与她们的朋友们间的谈话。该研究从引入（initiation）和续谈（maintenance）两个方面出发，分析孩子之间、母亲与孩子之间、母亲与朋友之间的谈话中指称过去时间所采用的形态、句法、语义和语用手段，如研究发现，在使用显性指称手段时（explicit reference），儿童倾向于使用体标记（aspect marker）而成人倾向于使用时间副词（temporal adverbials）；在使用隐性指称手段（implicit reference）时，儿童倾向于依赖共享背景知识；而母亲在对幼儿谈话时更多依赖情景语境，在与朋友谈话时倾向于依赖话语语境。

Lee（2001）是一项针对两个母语为韩语的儿童英语学习者的跟踪研究。该研究收集两名儿童学习英语过程中的口语和书面语材料，分析他们如何习得目标语中的人物指称和表示过去的时间指称，研究中的儿童包含一男一女，语料开始采集时的年龄分别为 12 岁和 9 岁，在他们第一次来到美国生活后，研究者采集他们在美国生活一年期间的录音和书面语料：录音语料是研究者分 10 次收集的多人谈话、独白、访问等形式的录音，共计 44 小时；书面语料是两位儿童在美国生活期间用英语写的周记，书面语料的语料量共计 25,000 个英语单词。

该研究展现了两名儿童英语指称语的习得过程。如 Lee 发现，在人物指称方面，两名儿童一开始大量使用零形式，且这些零形式都可在语篇语境中获得理解。随着英语水平的提高，他们使用零形式的频数逐渐降低。在指称距离方面，开始阶段语料中用于续谈的指称语距离都较短，随着学习的深入，指称距离逐渐变长。此外，他们在英语学习的过程还使用了很多过渡性质的指称策略，如重复使用名词短语指称等。

Sekerina and Stromswold（2004）对比分析母语为英语的成人和儿童在遇到第三人称代词“him（her）”和自反代词“himself（herself）”的指称歧义时的处理策略，研究的被试是 16 位成人和 16 位 5 岁至 7 岁的儿童。诱发实验的内容是：被试看两幅图（每幅图包含两个人物），然后听描述图的句子，句子中含有可能造成指称歧义的短距离代词（short-distance pronouns），最后选择与描述对应的图。借助实验设备，研究者捕捉被试在实验过程中的眼动、他们的反应时间以及分析他们选择的指称对象（句内指称对象还是句外图内指称对象）。实验结果表明：短距离代词会造成指称歧义；成人和儿童在处理短距离代词造成的指称歧义时的策略基本相同，不同点在于儿童需要更多的时间来寻找句外指称对象，并且儿童不会轻易改变一开始选择的指称对象。

Hickmann（2004）的专著以母语分别为英语、德语、法语和汉语的 4 岁、7 岁、10 岁三个年龄段的儿童为研究对象，通过看图说话的方式收集语料，以指称物体（包含有生命的物体和无生命的物体，以有生命的物体为主）、空间和时间这三类指称对象为切入点，探讨儿童语言的发展过程。该专著内容丰富，作者分析了不同语言中引入和续谈不同指称对象时所使用的不同形式的指称语和语法手段。该研究既有不同语言之间的横向比较，也包括操同一语言的不同年龄段儿童之间的纵向比较。鉴于与本研究研究的相关性，本章只介绍该专著中不同年龄段汉语儿童在指称方面的差异。

在引入物体时，研究者发现汉语 4 岁段儿童和 7 岁段儿童之间在使用表明新信息的指称语方面差异明显，7 岁与 10 岁的儿童相比较差异不明显。如在指称语中的量词使用方面，物体第一次引入话语时大多含有量词，续谈时大多不含量词，首次引入指称对象时使用量词的比例与年龄的增长呈正相关关系，体现为 4-5 岁儿童与 7 岁儿童间的差异比较明显。在指称语出现的位置方面，首次引入的指称语出现在谓语动词后的频数与年龄的增长也呈正相关关系。在谓语动词后的指称语所在小句的类型方面，成人使用主谓倒装句型的比例明显高于儿童。此外，有标记表明新信息的指称语（如数量结构名词短语）出现的频数随着年龄的增长而增长，出现在动词前没有标记表明新信息的指称语（如指示词指称语）出现的频数随着年龄的增长而减少。

在续谈物体时，零形式出现的频数与年龄的增长呈正相关关系，代词的使用与年龄的增长基本呈负相关的关系。续谈物体时指称语使用的差异主要集中 4-5 岁与 7 岁之间。在句法位置方面，续谈语中的指称语大多出现在谓语动词的后面。综合考虑句法位置和指称语的形式，4-5 岁儿童与 7 岁儿童相比，主语位置使用代词续谈的比例与年龄的增长呈负相关关系，主语位置使用名词短语续谈的比例与年龄的增长呈正相关关系。在同指的语法位置方面，主语与主语位置同指的比例也与年龄的增长呈正相关关系。其他位置引入与主语位置同指续谈的比例与年龄的增长呈负相关关系。

上述结果初步表明，4—5 岁儿童和 7 岁儿童在指称物体方面的差异较为明显，7 岁儿童与 10 岁儿童的差异相对不明显。在具体策略方面，汉语儿童先掌握使用不同形式的指称语来表明新旧信息，后掌握使用语序和句法位置等手段来表明新旧信息。

Ludovica（2008）研究英语为母语的儿童和成人在使用名词短语、代词和零形式指称时在多大程度上依赖于语篇线索和感知信息（perceptual information）。该研究的被试为 3 岁至 6 岁的儿童和成人，研究设计了两个交际任务实验，交际任务的内容是实验者（成人）向被试（儿童）提问，被试根据所看到的图片内容回答，然后实验者根据回答从自己的文件夹里找出相应的图片。实验一表明，与成人类似，儿童对指称语的选择同样受到语篇线索（问题类型）的影响。5 岁至 6 岁儿童的选择与成人类似，3 岁左右儿童更易受到语篇线索而非感知信息的影响。实验二表明，3 岁左右儿童的指称语选择不易受到指称对象或是感知信息的影响，与 5 岁至 6 岁的儿童和成人相比，他们使用的名词短语更少，使用零形式更多。在实验的基础上，Ludivoca（2008）认为，在学龄前（3 岁左右）到学龄（5 岁至 6 岁）这段期间，儿童在选择指称语时，正在逐渐学会考虑各种语境和语篇因素，他们的指称能力在逐步发展。

Morisseau et al.（2013）对比 3 岁和 5 岁的儿童在遇到指称语信息量不足和信息量过量时的反应。该研究设计的交际任务是实验者指导儿童把画有相应物体的卡片放在正确的位置，研究者对儿童的言语反馈（如要求实验者澄清或补充信息）、儿童的眼神注视（向实验者核实）以及反应的时间进行对比分析。实验结果表明，3 岁和 5 岁的儿童均对信息量不足的指称语敏感，且都会通过眼神注视向实验者寻求帮助。在遇到信息过量的指称语时，3 岁和 5 岁儿童的表现有所不同，3 岁儿童对信息过量的指称语不敏感。在两种情况下，5 岁儿童的反应时间相对较长，研究者认为这可能是因为5岁儿童在遇到这两种情况下会进行推理，实验中的部分5岁儿童甚至对指称语信息量不当做出了评论。基于实验结果，研究者认为，5岁儿童已经具备了推测指称语应包括多少信息的能力，当实际情况不符合他们的预期时，他们会做出推测或寻找相关信息进行解释。

除以上研究外，Gundel and Page（1998）、Gundel et al.（1999）以及Gundel et al.（2001）通过跟踪调查的方法，在已知性等级的框架内讨论母语为英语和西班牙语的1岁至3岁儿童指称语的发展。Guerriero et al.（2006）通过诱发实验和跟踪调查的方法研究母语为英语和日语的1岁至3岁儿童的指称行为，该研究既包括对指称语的分析，也包括对指向的分析。

上述基于儿童指称能力发展或儿童与成人指称对比的研究表明：

（1）儿童的指称能力是一个逐步发展的过程。在这一过程中，儿童所使用的指称语的形式，根据各种信息选择和判断适恰指称语的能力逐步接近成人。

（2）在儿童指称能力的发展过程中，5岁至7岁为基本成熟期，5岁之前的儿童指称能力与成人相比差异明显，而7岁以后儿童的指称能力与成人差异不大。

除针对指称语的对比研究之外，多模态视角的指称对比研究主要有Pechmann and Deutsch（1982）、McNeill（1986）和Alamillo et al.（2013）。

Pechmann and Deutsch（1982）的研究采用指称交际任务的方法研究使用指向与使用指称语进行指称之间的关系。该研究的被试是2岁至9岁的儿童和成人，在现场存在多个物体的语境下，研究要求被试告诉研究者他们最喜欢的某个物体。在第一个实验中，因为空间条件的原因，仅靠指向无法指明物体。研究者发现，随着年龄的增长，指向的使用频数逐渐减少，指称语的使用频数相应地逐渐增加；在第二个实验中，仅靠指向可以指明指称对象。研究者发现两类人群使用指向的频数基本一致。第三个实验研究儿童使用不能有效指明指称对象的指向的原因。研究者发现，儿童之所以过多使用不能有效指明指称对象的指向，原因并不在于儿童错误地估计了物体的空间因素，而是儿童还缺乏使用适当的指称语指称物体的能力。

McNeill（1986）通过诱发实验收集语料，通过定性描述的方法对比儿童和成人使用像似性手势（iconic gesture）[①] 的区别，研究中的儿童年龄跨度为 2 岁半至 8 岁。该文主要有如下发现：

（1）在手势与言语在时间维度的配合方面，儿童和成人的差异包括以下三个方面：①成人产出的像似手势之间的时间界限比较明显，一般是一个手势完成之后才会产出另一个手势，与言语在时间上的配合较为一致；而儿童产出的手势之间的界限不明显，与言语在时间上的配合也不够一致；②儿童手势通常伴随一个词或短语出现，而与成人手势相对应的通常为一个小句。两类人群相比，儿童的手势拥有更窄的时间焦点（narrower temporal locus）。③儿童经常重复产出表征同一意义的多个手势。对于儿童和成人的手势与言语在时间维度上的差异，McNeill 认为，这表明儿童言语的意义表征（meaning representation）需经单词句阶段，即用一个词或短语涵盖了小句的整个意义，所以才会造成上述差异。

（2）在手势空间（gesture space）方面，儿童手势空间的范围大于成人。在产出表示空间关系的像似性手势时，儿童通常以自我为中心，而成人会参照三维空间坐标进行表征。除上述两个方面的差异外，与成人相比，儿童经常用除手以外的身体其他部位做像似性手势，如腿、脚、肘等。

McNeill 还简单提到了其他手势，如伴随叙事语篇中场景、人物转换出现的节奏手势（beat gesture）。McNeill 发现，儿童在 5 岁左右才会使用这种手势，而表征话语衔接的手势一般要到 12 岁才出现。

综合上述分析，McNeill（1986）认为儿童手势的使用仍处于发展之中，发展趋势主要体现为从使用表征命题内容（on-propositional）的手势发展到表征非命题内容（off-propositional）的手势。

---

① McNeill（1986）的研究中“gesture”是一个宽泛的概念，包含身体各部分做出的动作，但该文谈的主要是手势。

Alamillo et al.（2013）对比 6 岁和 10 岁的儿童产出叙事语篇和说明语篇的过程，分析其中的语言手段和手势，语言手段包含指称语，手势包含表征物体的手势。研究表明年龄的增长与多模态指称能力的发展存在正相关的关系，如在回指语的使用方面，10 岁儿童在叙事语篇中重新引入某物体时，他们使用更多的名词短语以避免造成指称歧义；在手势的使用方面，年龄大的儿童使用更多的承担语用和互动功能的手势。

从年龄参数来看，上述研究都是基于不同年龄段儿童之间或儿童与成人之间的对比研究。与上述研究不同，Hendriks et al.（2008）以两个年龄段的成人为被试，研究年龄对指称能力的影响。该研究设计了两个诱发实验，被试为 25 个年轻人（平均年龄为 23 岁）和 25 个老年人（平均年龄为 82 岁），被试的母语均是荷兰语。第一个实验是产出实验，实验内容为看图说话。实验结果表明，老年人在面临主题转换时，倾向于使用代词来指称旧的主题，而年轻人倾向于使用名词短语进行指称。在解释这一现象时，研究者通过相关测试证明代词产出的数量与工作记忆能力之间是负相关关系，由于老年人的工作记忆能力比年轻人差（研究者在诱发实验前已做过相关测试），在指称时无法更多地从听话人的视角考虑，因此他们倾向于使用代词指称。第二个实验为理解实验，与第一个实验不同的是，这个实验中的故事是通过文本而不是图片呈现的，被试读完故事后需回答关于故事的理解问题。实验结果表明两类人群在理解故事方面不存在明显差异。

除年龄的差异外，马博森（2005；2007a；2009）研究采集自然会话语料，采用语料库的研究方法，量化对比分析语料中文盲与非文盲的人物指称策略。该研究表明，在指称现场人物，非现场人物，同时指称现场和非现场人物时，两类人群在使用指称语方面并无明显差异，均倾向于使用零形式和代词指称人物；无论指称现场人物还是非现场人物，文盲较之非文盲更多使用引语类指称语。在编码非现场人物的指称语分布模式方面，文盲和非文盲两类人群也无明显区别。

2.4 本章小结

已有的物体指称研究具有如下两个方面的特点：

（1）通过指称交际任务收集语料，借助这一方法收集语料的优势是可以方便地设计和控制实验研究的变量，但从物体的类型来看，已有研究中的物体大都是现场物体，基本不涉及非现场物体和一类物体。与交际任务语境不同的是，在我们日常会话语境中，会话双方不仅会谈论现场物体，还经常会谈论非现场物体和一类物体，有时还会同时指称现场物体和非现场物体。从我们所掌握的文献来看，尚没有以自然会话为语料，全面系统地分析会话双方如何使用指称语指称物体的研究。

（2）在实施物体指称行为时，交际双方通常还需借助包括指向在内的多种非语言模式。但从我们掌握的文献来看，已有的多模态物体指称行为研究大多聚焦于研究某种非语言模式，如指向和像似性手势，暂没有发现系统描述和分析物体指称行为中伴随指称语出现的各种手势的研究。

与已有研究相比较，本研究具有以下四个方面的特点：

（1）以无生命的物体为专门指称对象进行研究，涉及的物体类型不仅包含现场物体，还包含非现场物体和一类物体。

（2）把物体指称当成一种行为进行研究，不仅分析指称语，还分析伴随指称语出现的各种涉手模式以及涉手模式与指称语的互动方式。

（3）与已有的物体指称研究采用指称交际任务收集诱发语料的方法不同，本研究用于对比分析指称语的语料全部来自日常生活场景中的自然会话。自然会话相当于顾曰国（1999）所说的现场即席会话（situated speech），是语言的最古老的形式且是语言使用里最活跃的部分（1999：10）。

（4）指称行为一般包含交际双方、交际语境和指称对象三个方面。已有的指称领域的认知研究大多从上述三方面中的某一方面展开（参见 2.1.1 节的综述）。与已有研究相比，本研究在所构建的三分模式中全面地考察了影响发话人选择物体指称语的认知因素，这些因素不仅包含发话人识解物体的方式，还包括发话人对语境因素的认知以及物体的认知本体因素（参见本书第三章的第 3.3.5 节）。

第三章
研究自然会话中物体指称的三分模式

本研究所说的自然会话（naturally-occurring conversation）也可称为现场即席话语（situated speech），指两人或多人在某一场合事先无准备的谈话，不同于一般意义上的口语，特征为无准备，无话题限制，是最原始和最被频繁使用的交际方式（顾曰国，2002：484）。除自然会话外，戏剧、影视剧、新闻发布会等场景中存在着经发话人、作者、编剧设计和编辑过的会话，这些会话被称为有计划的会话（planned conversation）。这两种会话在词汇、句法、人物指称、会话修正、重复等方面存在差异（Barbara，2008：213；曾小荣，2011）。

在自然会话中，会话双方会谈论不同类型的物体，还会在引入某一物体之后续谈该物体，也会在不同类型的物体之间切换。为了动态展现和全面分析自然会话中的物体指称现象，我们在本章中提出了一个研究自然会话中物体指称的三分模式，后续第五章的指称语标注方案以及第六章中的指称语对比分析将以本章构建的分析框架为基础。

3.1 三分模式简介

本研究三分模式的构建思路借鉴了马博森（2005；2007b）中提出的研究人物指称的三分模式。马博森（2005；2007b）从人物本体层、共享知识层和语言体现层三个方面来分析自然会话中的人物指称现象。人物本体层的讨论从物理世界、心理世界和话语世界三个层面展开。共享知识层既分析会话双方在谈论话语世界中的各类人物时如何估计对方的共享知识状态，也分析对对方共享知识状态的估计对会话双方选择合适的人物指称形式有何影响。该文把指称现象分为直接指称（指称现场人物）和间接指称（指称非现场人物）。就直接指称而言，会话双方首先会对对方的身份、地位以及他们之间的人际关系进行估计，形成双方存在权势关系还是认同关系、亲密关系还是陌生关系这样的共享知识；间接指称时，会话双方根据共现知识、角色集合、亲疏关系、交际场合以及指称对象在意识中的激活状态等方面来选择恰当的指称语。在语言体现层，马博森把指称语系统分为直接指称语系统、间接指称语系统和混合指称语系统三大系统，每一系统又分为引入语系统和续谈语系统，其中前两个系统中的引入语系统和续谈语系统又细分为若干个子系统，然后通过举例的方式详尽列举了自然会话中可能出现的各种人物指称语形式，此外，语言体现层还包括人物指称现象中的引语和续谈语的语义关联、回跳、修正、引语和编码非现场人物时的指称语分布模式这五种现象。

本研究从物体本体层，认知层和语言体现层这三个层面构建研究自然会话中物体指称的三分模式（见图 3-1），分析汉语自然会话中的物体指称现象。从上述三个层面来分析物体指称现象相当于回答了指什么、为什么这样指和怎样指这三个问题。

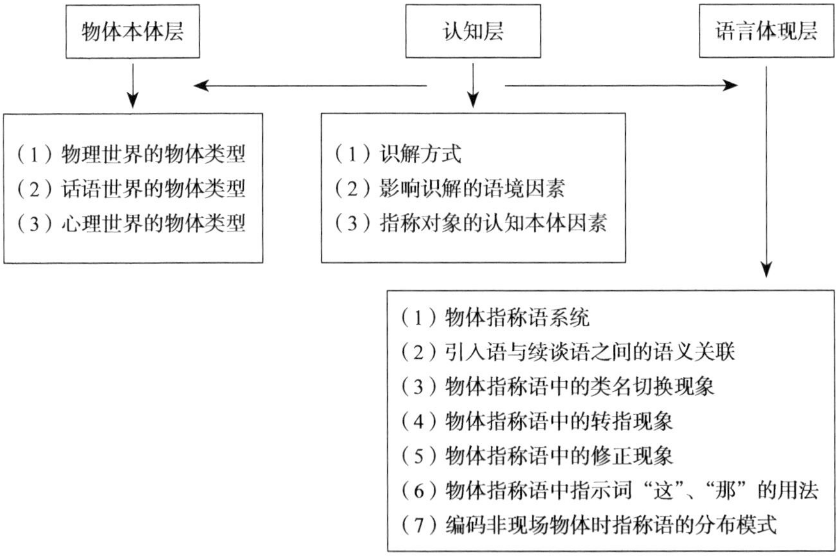

图 3-1：研究自然会话中物体指称的三分模式

两个三分模式相比较，除指称对象的本体差异外，本研究提出的三分模式中的认知层与马博森提出的共享知识层既有相同点也有不同点，相同点在于无论是共享知识层还是本研究所说的认知层都是从认知的角度阐释发话人选择某一特定形式的指称语的原因；不同点在于：马博森重点讨论会话双方通过什么渠道判断和形成有关对方的共享知识。马博森认为，与人的社会属性相关的因素，如亲属关系、角色集合、职业、身份、地位等，在形成指称人物所依赖的共享知识中扮演重要角色，这些属性本身也是会话双方共享知识的一部分；而本研究则主要运用认知语法中的识解（construe）概念，把指称行为理解为发话人在当前话语空间中对指称对象进行识解的过程，在此基础上分析影响发话人识解指称对象的三方面因素：识解方式、影响识解的语境因素和指称对象的本体因素。这其中的语境因素包括共享知识，但本研究中的共享知识指的是社区成员共享知识、物理共现知识和语言共现知识，并不涉及交际双方的社会属性。

此外，两个三分模式在语言体现层的内容也存在差异，除指称语系统的差别外，本研究三分模式的语言体现层还分析了使用指称语指称物体时存在的类名切换，“这”“那”的用法及指称物体时的转指现象，这三种现象在马博森（2005；2007b）的语言体现层中没有讨论。此外，马博森（2005；2007b）在语言体现层中讨论了人物指称当中的回跳（return-pop）现象，据我们对语料的观察，指称物体时较少出现回跳现象，且回跳所使用的指称语类型较为单一，因此这种现象没有纳入本研究三分模式的语言体现层当中。

以上我们对比分析了马博森（2005；2007b）构建的指称人物的三分模式与本研究构建的指称物体的三分模式的异同。下面我们依次按照物体本体层、认知层和语言体现层的顺序介绍本研究三分模式的具体内容。

3.2 物体本体层

物体本体层回答的是“指什么”的问题。在这一层我们区分物理世界、话语世界、心理世界这三个世界中的物体类型。之所以进行区分，一是使用指称语指称物体本质上是一个指称对象进入心理世界并最终在话语世界中被谈论的过程；二是会话双方是在他们所构建的话语世界里谈论物体，但话语世界的物体类型并不同于其它两个世界的物体类型，这一点我们随后要具体分析；三是因为物理世界的物体类型与物体的认知本体特点紧密相关，而物体的认知本体特点会影响我们指称物体的方式，这一点我们将在本章的第 3.3.5 小节具体分析。

3.2.1 物理世界的物体类型

根据本研究对物体的定义和物体自身的物理属性，我们把物理世界的物体分为如下类型，请看图 3-2。

物理世界的物体都以占据物理空间的方式存在。根据这一特点，我们首先把物体分为**材质物**和**空间物**。

材质物：由占据一定物理空间的材质构成，如建筑物、交通工具、家具等。

空间物：自身由物理空间构成的物体，如坑、洞、裂缝等。

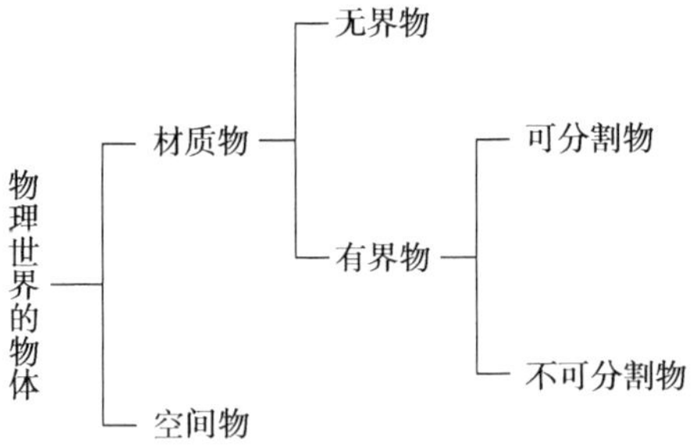

图 3-2：物理世界的物体类型

根据占据空间的方式，我们把材质物分为**有界物**和**无界物**。

有界物包括书、瓶子、椅子、鼠标、电扇等。有界物有着相对固定的形状，我们会根据这些物体的形状特点来指称这类物体。例如我们说“一根铅笔”，而不说“一本铅笔”。

无界物包括液体和气体。因为这类物体是无界的，因此需要借助有界物来限定它们的“界”，比如我们用瓶子或勺子来盛水，这时的“水”就变成有界的了，我们可以说“一瓶水”和“一勺水”。

与无界物相比，有界物还具有内部构造性和可数性（Radden and Dirven，2007：61—167）。

根据有界物内部构造的特点，我们把它分为**可分割物**和**不可分割物**。

可分割物：随意切分后不丧失基本使用功能的物体，如苹果、饼干。

不可分割物：随意切分后丧失基本使用功能的物体，如玻璃瓶、桌子。

3.2.2 话语世界的物体类型

话语世界的物体不同于物理世界的物体。物理世界的物体都是真实的、具体的物体，在话语世界中，我们不仅可以谈论真实的物体，也可以谈论虚构的物体和一类物体。话语世界中的物体类型请看图 3-3。

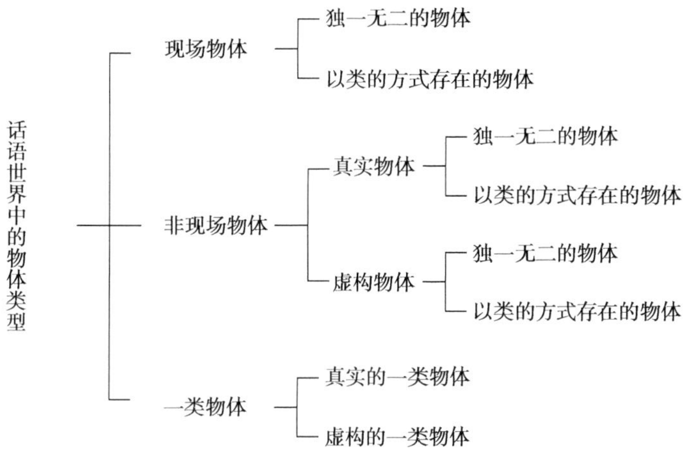

图 3–3：话语世界的物体类型

自然会话总是根植于一定的时空（顾曰国，2002：490），根据这一特点，我们首先把话语世界的物体分为**现场物体**、**非现场物体**以及**一类物体**。

现场物体又被分为独一无二的物体和以类的方式存在的物体。

独一无二的物体指的是物理世界中唯一的物体，如太阳、月亮、地球等。

以类的方式存在的物体指的是存在多个同类的物体，如桌子、凳子、电风扇、遥控器等。

我们把非现场物体首先分为真实物体和虚构物体。

真实物体指现实世界中存在或曾经存在的物体，如位于会话现场的具体物体。

虚构物体指人类想象出来的物体，或根据已有知识推测将来可能会出现的物体，如《西游记》中孙悟空的金箍棒、《圣经》中的诺亚方舟、一台能与人类自由交谈的电脑等。

除了现场物体和非现场物体外，我们还会谈论一类物体。一类物体的定义涉及类的概念，类的概念与个体的概念相对，强调整个类而不指类中的具体个体，更不指特定的个体（徐烈炯、刘丹青，2007：187）。

与非现场物体类似，我们把一类物体分为真实的一类物体和虚构的一类物体，前者如木材、煤炭、电灯泡等；后者如会写字的点读笔、会唱歌的鼠标等。

存在于物理世界或话语世界的物体通过我们的意识进入心理世界，并形成指称的心理实体。Chafe（1992）认为，人类意识中存在一个关于真实世界的内在模型（internal model），这个内在模型可称为世界观，或是知识结构（knowledge structure）。这个模型以人类的自我为中心认识世界，在真实交际过程中的某一时刻，这个内在模型只有一小部分处于活跃状态（active），因为我们的思维在一个特定时刻只能聚焦于我们所"知道"的世界的一部分，意识指的就是这个有限范围的激活过程。意识具有常规属性（constant property）和变量属性（variable property），其中常规属性包括：（1）意识具有焦点；（2）焦点内嵌于边缘意识（peripheral conciousness）之中；（3）意识具有动态性；（4）意识具有视角性；（5）意识具有取向（orientation）（1992：27—28）。

从 Chafe 对意识的定义出发，我们认为心理世界的物体具体如下特征：（1）意识以自我为中心，由于每个人的世界观和知识结构不完全相同，因此不同的人对同一物体的认知也会有所差异；（2）意识具有焦点，位于发话者意识焦点中的物体可能位于听话人意识中的边缘位置；（3）意识具有动态性，随着话语的发展，当前意识焦点的心理实体可能会变为意识边缘的心理实体。

3.3 认知层——发话人对指称对象的识解

我们在认知层讨论影响在会话中指称物体的认知因素。从发话人的角度出发，我们把指称行为理解为发话人在当前话语空间对指称对象进行识解的过程，这一过程受到三方面认知因素的影响：识解方式、影响识解的语境因素和指称对象的认知本体因素。在介绍这三方面的因素之前，我们先在 Langacker 认知话语观的框架内阐释指称行为，并介绍其中的识解概念。

3.3.1 Langacker 的认知话语观

Langacker（2000；2001；2008）把话语空间（discourse space）和语言使用事件（usage event）这两个概念运用于讨论话语层面的认知。Langacker（2001）认为，话语是由一个个前后连贯的语言使用事件构成的，在话语空间（也称心理空间）中运行。话语空间是我们思维和说话时构建的部分信息集合，其构建是为了话语局部的理解。话语空间在工作记忆中运作，但其建构需激活长时记忆中的认知结构和表征（张辉，2008：13）。根据 Langacker（2001：144）的定义，在话语流（discourse flow）中的某一时刻，会话双方所共享的、作为交际基础的因素和关系组成了当前话语空间（current discourse space，缩写为 CDS）。随着话语的发展，话语空间会不断地被修改。

语言使用事件指真实语境中由发话者和听话人完成的实际话段（actual utterance）。语言使用事件包含两极：概念化极（conceptualization pole）和表达极（expression pole），这两极类似于象征单位的语音和语义两极（Langacker，2005a：58—59），但固化（entrenchment）程度不同（Langacker，2001：146）。这两极并不是相互排斥的（mutually exclusive），概念化包含对表达极的概念化。表达极包含语言与非语言模式（Langacker，2001：186）。

如图 3-4（Langacker，2001：145）所示，语言使用事件的概念极包含对当前交际语境（ground）和当前话语空间的理解。当前交际语境包含发话人、听话人、发话人和听话人的互动以及语言使用事件所根植的时空环境。除当前语境外，概念极还包括言语语境（context of speech），言语语境涵盖的范围比当前语境的范围要广，除时空因素外，还包含心理、社会和文化的因素。言语语境包含当前语境，同时又被包含在会话双方的共享知识中。除了共享知识之外，当前的话语空间还包括其他可及的知识，如包括会话双方对话语的理解（Langacker，2001：144—145）。

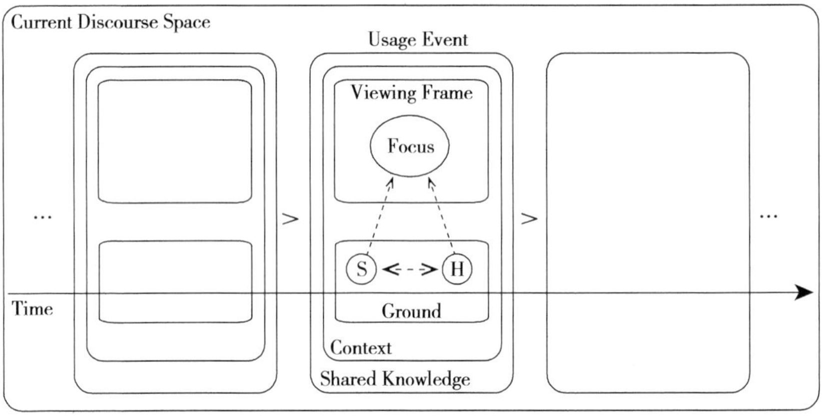

图 3–4：语言使用事件的当前话语空间

3.3.2 认知话语视角下的指称行为

指称行为也是一种语言使用事件，同样包含概念化极和表达极。在实施指称行为时，发话人使听话人的注意力投向某一指称对象，这个过程也被称为与指称对象建立心理接触（mental contact），形成协同心理指称（coordinated mental reference）。根据 Langacker（2005b：97）的定义，心理接触指的是在概念形成者的当前心理状态中，挑选一个实体进行独立地、有意识地感知（conscious awareness），协同心理指称指的是在话语空间中会话双方将注意力投向同一个实体，都与该实体建立了心理接触。

与指称对象建立心理接触的过程是一个概念化的过程，我们可用观察概念（viewing）来解释这一过程。视觉是人类的基本感知方式之一，Langacker（2000：203）认为感知（perception）与概念化具有相似性，因此观察这一概念既指视觉感知，也指人类形成概念的过程。Langacker

（2000：205）用舞台模型来描述观察的基本构建（basic construct），如图3-5所示。

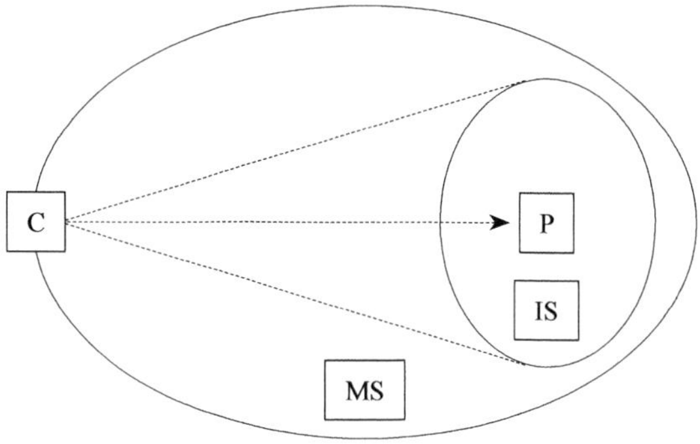

图 3–5：观察的基本构建

图中的C（conceptualizer）称为概念化主体，就会话而言，指发话人和听话人；MS（maximal scope）指某一个给定的概念化的全部内容，既包括发话人和听话人高度关注的内容，也包括位于他们意识边缘的内容；参与者高度关注的内容构成即时域（immediate scope，缩写为IS），即时域相当于舞台的中心区域；参与者关注的焦点，即概念化的对象（指称行为中的指称对象），被称为显影（profile，缩写为P）。图3-5中的虚线箭头代表识解关系（construal relationship），识解是认知语言学中的一个重要概念（Langacker，2000；Langacker，2005a；Croft and Cruse，2004）。根据Langacker（2000：206）的定义，识解是概念形成者感知和刻画某一情景的方式，语言表达不是完全“中立的”，蕴含概念化主体对情景的不同识解方式。

综合上述讨论，从发话人的角度出发，本研究把指称行为的概念化理解为发话人在当前话语空间对指称对象进行识解的过程。Langacker（2000：211）认为每一个表达（expression）都暗含着概念化主体与概念之间的识解关系。据此，我们认为话语中的每一个指称语都隐含了发话人对指称对象的识解。在此基础上，我们要回答两个问题：第一个问题是发话人是如何识解指称对象的？换言之，发话人识解指称对象的方式是什么？第二个问题是哪些因素会影响发话人对指称对象的识解？我们把相关因素分为两类，一是影响发话人识解指称对象的语境因素；二是指称对象的认知本体因素。

3.3.3 识解方式

本研究首先以用眼睛观察某物体为例来类比说明物体指称中识解指称对象的方式，为了方便讨论，假定该物体为 A。对 A 的观察首先受到观察距离的影响。一般而言，观察点与物体的距离越远，对物体的观察会变得愈发模糊；其次是观察的角度，从不同角度观察同一物体会产生不同的意象（image）；此外对物体的观察结果还取决于观察的细致程度；最后，观察的背景也会影响对物体的感知，心理学中著名的前景背景感知图形便是典型的例子。

Langacker（2000：206—212）详细分析了上述四种影响识解的方式[①]：

（1）观察距离（viewing distance）。Langacker（2000：207）曾用 Cora 语中的例子来说明观察距离对方位短语结构中表示距离的语素和表示内外部的语素搭配的影响。

（2）观察角度（viewing perspective）。观察角度包含两个重要概念，一是观察者位置（vantage point）。在具体的感知过程中，观察者总是位于某一特定位置，从这个位置出发进行观察；二是参照点（reference point）概念。显著性较高的实体担当参照点，我们通过参照点来观察显著性较低的实体。

（3）详细化程度（level of specificity）。详细化也被称为抽象化（abstraction）（Langacker，2005a：132—138），是指表征物体的细致程度。

（4）前景背景。前景背景识解可以解释很多语言现象，如隐喻中的源域可被视为背景，目标域可视为前景；显影（profile）和基体（base）、射体（trajector）和界标（landmark）的概念也可以用前景和背景识解来

① Langacker（2005：116-137）对这四种因素的表述与 Langacker（2000）的表述不完全一致，但内涵基本相同。

解释。

上述四种方式是如何影响识解指称对象的呢？下面我们逐一进行说明。

3.3.3.1 观察距离

在指称现场物体时，指称对象与发话人和听话人距离的远近是影响选择指示词的重要因素。发话人一般以自我为参照点去判断与指称对象的距离，有时也会以听话人为参照点进行判断。

指称对象与交际者物理距离的远近可以被抽象化，Wu（2004）称之为空间距离的概念化（conceptualization），如话语的焦点信息与非焦点信息的对比、心理距离（psychological distance）远近的对比。换言之，物理距离的远近可被抽象为心理距离和话语距离（discourse distance）的远近。心理距离表现为发话人对物体的喜好；话语距离体现为指称对象在话语中的激活程度，这两种类型距离的差异在用指示词进行指称时得到充分体现（Zhang，1991；Shi，1998；Tao，1999；Wu，2004；Krasavina，2011；Diessel，2011 等）。

与指称对象的心理距离还与主观化（subjectification）和客观化（objectification）现象相关。主观化意味着会话双方把指称对象当成已知语境的一部分，客观化意味着会话双方将指称对象作为新的物体引入话语。Van Hoek（1992：65—66）认为当指称对象与会话双方之间存在较远的心理距离时，一般用名词或名词短语来指称，相应地，指称对象在概念化过程中被客观化；如果指称对象与会话双方之间心理距离较近，则用代词来指称，相应地，指称对象在概念化过程中被主观化；在具体的交际语境中，发话人可以通过在代词或名词之间的选择来拉近或推远与指称对象的心理距离，从而达到主观化或客观化的效果。Langacker（1990）用如下比方来阐述这两个概念：在我们戴着眼镜观察舞台表演时，一般情况下，我们不会意识到眼镜的存在，这说明眼镜已经成为观察者的一部分并参与观察，被主观化；当我们取下眼镜并看着眼镜时，我们才会意识到眼镜的存在，此时眼镜便成为观察的对象，被客观化（引自 Van Hoek，1992：68—69）。

发话人与指称对象的心理距离的远近还体现在移情现象当中，如 Wu（2004）认为近指表明发话人移情于指称对象且指称对象受到发话人的高度关注，而非近指则表明指称对象受到较低程度的关注。

3.3.3.2 观察角度

观察角度包括视角识解和参照点识解两个方面。视角识解体现为发话人总是从自身的知识和经验出发对指称对象进行识解，因此不同的发话人会从不同的视角识解同一指称对象；同一发话人在话语的不同阶段对同一指称对象也可能有不同角度的识解，这些在指称物体的过程中均有所体现，如交际双方可能会用不同的类名来指称同一物体，用上位类名切换至下位类名，或用下位类名切换至上位类名，也可在同级类名间切换。其中，同级类名间切换可以看作是发话人从不同的视角对同一物体进行识解（关于类名切换现象请参见本章第 3.6 节的描述）。

除视角不同这一因素外，参照点识解也是常见的识解方式之一。参照点认知是人类基本的认知能力之一，其基本特征是用通过认知显著度高的物体来与低显著度的物体建立心理接触。Langacker 认为，可以把参照点识解看成一种心理观察关系：即概念化主体首先把注意力指向某个实体，然后通过这个实体与另外一个可及的实体建立心理接触。（2000：234—236）。认知参照点现象中存在一些一般性的认知显著度原则，如人类的认知显著度大于非人类；整体的显著度大于部分；具体的显著度大于抽象；可见物体的显著大于不可见的物体（2000：199—200）。

Langacker（2000：174）用图 3-6 来阐释这一识解方式。

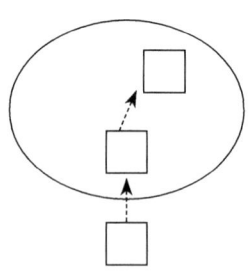

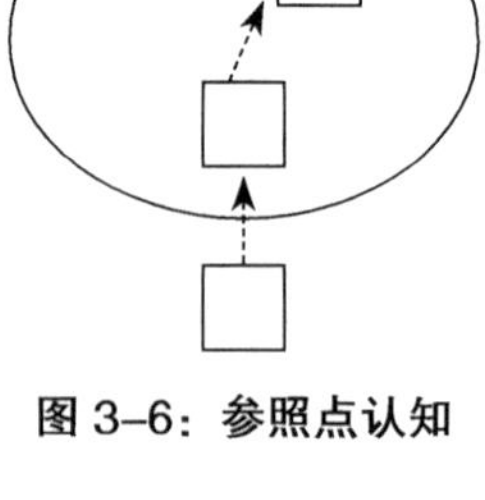

图 3–6：参照点认知

图 3-6 说明，在某一认知域 D（dominion）中，概念形成者通过参照点 R（reference point）与对象 T（target）进行心理接触（图中的虚线单箭头所示）。

Langacker 认为参照点自身的指称域（referential domain）和结构域（structural domain）这两个概念可以用来解释包括所有格、话题和回指等语言现象。指称域指的是：一旦某一名词成分（参照物）被激活后，便为其他指称对象提供了可及通道，那么其他指称对象便构成了该名词成分的指称域。如当某人说“I bought a car.”后，后面可以继续用定指语来指称与车相关的其他对象，如“the motor”“the trunk”“the dealer”“the price”等（2000：236）。结构域指的是参照点所在的结构语境（structural context）（2000：237），如一个典型的所有格的结构语境是一个名词短语，而一个话题的结构语境可以是一个小句，也可是一段语篇。

从参照点的角度出发理解代词回指，Langacker（2000：238）认为代词回指先行词是一种特殊的参照点现象。特殊在于参照点物体和目标物体是同一物体，代词的使用激活了话语语境，将代词的显影与该语境中某一显著的实体等同起来。从当前语篇空间的角度来看，代词回指所涉及的回指语与先行词之间的同指关系可以理解为先行词和代词的显影都投向当前语篇空间中的同一个实体（Langacker，2002：268）。

在选用所有格形式进行指称时，发话人以所有者充当参照点来指称被有有对象。在指称物体时，参照点一般是人或物体的整体。这是因为与无生命的物体相比，有生命的人类显著度更高；与部分相比，整体的显著度更高，因此有生命的物体和整体更适合充当认知参照点。就转指现象而言，根据 Croft（2002）提出的域突显的概念，我们认为物体指称中的转指现象是一种为了实现交际目的，借助物体认知域中的属性突显物体的指称行为（我们将在本章的第 3.7 节具体讨论物体指称中的转指现象）。从认知参照点识解的角度来看，在具体交际语境中，物体某方面的显著属性可用作参照点来指称该物体，如我们可用商品的品牌、产地等这些特征来转指物体。

3.3.3.3 具体化程度

在会话中，同一物体可以用不同的类名指称，如一辆大众宝来轿车可用下面这个等级中的任何一个类名指称：

东西—交通工具—轿车—大众—宝来

按照从左到右的顺序，靠近左边的指称语具体化程度低，靠近右边的指称语具体化程度高。

此外，指称对象的可识别性（identifiability）的程度区别也可理解为详细化程度识解造成的差异。可识别是一个语用概念，有程度高低之分（Du Bois，1980；Chen，2004），如下例中的“the living-room wall”：

The boy scribbled on the living-room wall.（Du Bois，1980：232）

Du Bois 认为，该例中的听话人并不需要确认“the boy”具体是在哪一面墙涂鸦。只要发话人假定听话人能够识别该例中的“the living room”，并且能够将所指对象的范围缩小至四面墙中的一面即可。Du Bois（1980：233）认为在日常交际中部分识别非常普遍。但在某些特殊场合中，交际者可能需要更精确的识别，如侦探在破案时需要了解位于犯罪现场的物体各方面的精确信息。

3.3.3.4 前景背景

前景背景是格式塔心理学中的概念，在上世纪 60 年代被语言学家 Talmy 引入认知语言学中（Croft and Cruse，2004：56）。前景和背景不仅可以被理解为两个具体物体之间的认知不对称关系，还可被引申理解为话语中新旧信息的对比、重要信息和非重要信息的对比以及焦点信息和非焦点信息的对比。Keenan and Schieffelin（1976）认为，发话人可把一个原本不处于注意力焦点的指称对象带入听话人意识的前景，如果一个指称对象进入听话人的意识，这个指称对象可以说被前景化了，随着话语的发展，一个处于前景位置的指称对象会逐步变为背景信息。从以上表述可以看出，Keenan and Schieffelin（1976）所说的前景和背景相当于 Chafe（1976）所说的激活程度或 Prince（1981）所说的熟悉程度。已有的指称研究表明，指称对象的激活程度的与指称语的形式密切相关（Ariel，1988；1990；Gundel et al.，1993 等）。

此外，指称对象是否是话语中的重要信息也会对指称语的形式选择造成影响，指称对象是否重要取决于语境，这一点我们会在随后的第3.3.4.2小节详细说明。

3.3.4 影响发话人识解指称对象的语境因素

在第3.3.3节我们讨论了指称对象是如何被识解的以及识解方式在指称语使用中的体现，那么影响发话人识解指称对象的因素又有哪些呢？

指称行为包含发话人、听话人、指称对象和交际语境四个方面，由于后续的第3.3.5节将讨论指称对象自身的认知本体因素对指称方式的影响。在本小节，我们讨论影响发话人识解指称对象的语境因素，这些语境因素可分为两个方面：对听话人的认知和对指称交际因素的认知。

3.3.4.1 对听话人的认知

指称物体与观察某一物体的不同之处在于观察行为可以由个人实施，但实施指称行为通常有赖于双方的合作（Clark and Wilkes-Gibbs，1986）。在指称某一物体时，发话人不仅要考虑自己对该物体的可识别程度，同时也要考虑该物体是处于听话人意识中的焦点位置还是边缘位置。具体而言，在把指称对象引入话语世界时，发话人要估计指称对象在听话人意识中的认知状态；在话语推进的过程中，发话人也要不断估计听话人的认知状态，以便选择合适的指称形式来实施指称行为。

那么发话人是依据什么线索来估计指称对象在听话人意识中的认知状态呢？我们认为发话人对听话人的认知状态的判断主要依据Clark and Marshall（1981）提出的共享知识（mutual knowledge）。Clark and Marshall按照持续性（lasting）或暂时性（temporary）、类别知识（generic）或个体知识（individual）的标准把会话双方的共享知识分为以下四种：

第一种是社区（community）成员所共享的知识。一个社会人具有不同的身份，同时生活在不同范围的社区之中，因此具有不同范围和领域的社区共享知识。同在一个学校的学生都会知道该学校的主要建筑；城市居民大都知道空调由两大部分组成；农村居民大都知道水井在地表有一个外围；中国公民大都知道天安门；地球居民都知道太阳和月亮的存在。

社区共享知识是一种存储于我们记忆中的长期性的背景知识，以框架（frame）或图式（schema）的形式存储于我们的长期记忆之中。框架可细分为整体部分框架和事件框架两种，如我们都知道桌子一般由桌面和桌腿两大部分构成，这个知识以整体部分框架的形式存在于我们的长期记忆之中。又如我们也知道在餐馆吃饭时，服务员先递上茶水，后递上菜单，点完菜后给客人分发餐巾纸、湿巾等，后上小菜，最后上主菜。这些知识以事件框架的形式存在于我们的长期记忆之中。

第二种是物理共现（physical co-presence）语境知识。对于物体指称而言，物理共现指的是发话人、听话人和指称对象都在说话现场。Clark and Marshall 通过一个 Ann、Bob 和一根蜡烛共现的例子把物理共现细分为三类：潜在物体共现（potential physical co-presence）、即时物理共现（immediate physical co-presence）和先前物理共现（prior physical co-presence）（1981：38）。潜在物理共现指的是在说话时，蜡烛已经在现场，但暂时并未受到听话人的注视，发话人借助指称语使听话人注视该物体；即时物理共现指的是在说话时发话人和听话人都在共同注视蜡烛；先前物理共现指的是双方已经知道了蜡烛在现场，但在说话时双方已经停止注视该物体。

第三种称为语言共现（linguistic co-presence）。语言共现相当于上下文语境，续谈不在场物体时需依赖会话双方共享的语言共现知识。

第四种共享知识称为混合共现（mixtures），分为间接语言共现（indirect linguistic co-presence）和间接物理共现（indirect physical co-presence）。前者是语言共现知识和社区共享知识的组合，后者是物理共现知识和社区共享知识的组合。我们举一个间接语言共现的例子：如首次把不在场的某辆汽车这个指称对象引入话语后，续谈时可以谈论这辆汽车的轮胎、汽车的挡风玻璃等汽车的各个零部件。此时，会话双方已经建立了双方与汽车的语言共现，但并没有直接建立与该辆汽车零部件的语言共现。基于双方的社区共享知识，发话人有理由相信听话人知道汽车零部件的存在，因此对汽车的指称同时会建立会话双方与汽车零部件的间接语言共现。

3.3.4.2 对指称交际因素的认知

除了听话人的因素外，影响发话人对指称对象进行识解的还有指称交际因素。本研究或本书所说的指称交际因素包含两个方面：指称交际的需要和指称交际语境。指称交际的需要指的是发话人需考虑指称对象的可识别程度是否符合交际的需要；交际语境包含交际场合中是否存在旁听者或隐性旁听者、交际场合中是否有同类的物体需要区分等因素，下面逐一进行说明。

在交际中，发话人会考虑指称对象的可识别程度是否符合交际的需要，这种考虑在指称物体时体现为：只要发话人认为指称语提供的信息能够满足具体语境的交际需要，那么该指称语就是恰当的。换言之，交际的需要会影响对指称对象的识解方式和指称方式。Givón（1977）和王红旗（2004）在解释非定现象（non-definite）时持有同样的观点。Givón 认为非定现象中指称对象的实际身份没有得到具体指定（specified），大概是因为该个体的身份在这个特定的交际场合中并不重要，因此可以推测出该交际场合只需要该个体的类信息即可。王红旗认为，如果有指成分不是作为前景成分而是作为衬托前景的背景成分出现的，表明它的指称对象在话语事件中并不重要，在发话人看来，听话人能否识别它对话语的理解无关紧要。在这种情况下，发话人在表现这个有指成分时就不再考虑听话人是否可以识别其所指对象，因而选用光杆名词，仅提供有关该物体的类信息（2004：21）。

指称交际语境也会影响发话人对指称对象的识解。Colman and Pattison（1983）的实验研究表明物体的呈现方式（如是否单独出现，与其他同类物体一起出现，或与其他不同类的物体一起出现）会影响物体的命名方式。如在指称某一物体时，如果语境中出现了同类的其他物体，发话人需考虑如何把指称对象与其他物体区分开来。在我们的日常生活中，当谈论的物体属私密贵重物品或者涉及性别隐私的物体时，发话人在指称物体时有时还要考虑是否存在旁听者或隐性的旁听者（对这两个现场人物类型的定义请参见马博森，2005：37），相应地采取不同形式的指称语。

3.3.5 物体的认知本体因素

徐盛桓（1996）认为，事物的存在必定涉及质的规定性、量的规定性、同其他事物的关系和存在的方式。用语言表述这一事物，要符合该事物的这四个方面，才能恰如其分地道出所指。与徐盛桓的观点类似，Fraurud（1996）认为物体的认知本体特点会影响指称形式的选择。本体（ontology）指的是根据指称对象自身的内在属性（inherent property）来分类，认知指的是这一分类过程发生在语言的创造者和使用者的意识之中（Fraurud，1996：70）。

在本书中，借用 Fraurud（1996）提出的概念，我们把物体的本体称为认知本体（cognitive ontology），这一概念的提法反映了对物体存在方式的划分本质上是人类的认知行为，受到物体的物理属性和人的认知特点两方面的影响。

已有的指称认知研究已涉及到认知本体因素与指称形式之间的关系。在分析物体的认知本体如何影响谈论物体的方式之前，我们先来回顾一下这些研究。

已有的物体本体视角的指称研究主要有 Fraurud（1996）、Yamamoto（1996）、Mae（1997）、Kleiber（1999）和 Fukumura and van Gompel（2010）。这些研究从物体的存在方式、抽象程度、生命度和内在结构等出发探讨指称对象的认知本体特征与指称方式之间的关系。

Fraurud（1996）认为物体按照认知本体可分为三类：个体（individuals）、功能体（functionals）和例体（instances）。个体指的是那些不依赖其他物体且直接能够辨别的物体，一般通过专有名词来指称，如在英语中，太阳这一物体一般通过专有名词“the sun”得以指称；功能体指的是通过与其他物体之间的联系得以间接辨别的物体，一般通过包含锚点（anchor）的有定描述语进行指称，如用“the car's wheel”来指称某辆特定汽车的轮胎；例体指的是通过类的例示化（instantiation）得以辨别的物体，一般通过包含类名词的不定描述语来指称，如用“a glass of wine”来指称一杯酒。

指称对象的生命性也会影响指称现象。生命性不是一个简单的语义概念，而是一个认知概念，体现的是人类从自身出发认识世界的认知特点。移情在我们对某一物体的生命性的感知过程中扮演了重要角色（Yamamoto，1996：9，25）。生命性有程度的差异，"人类—动物—无生命的物体"是这一概念中最核心的生命性等级。在日常交际中，有些无生命的物体会被贴上有生命的标签，如某人因电脑出现故障而大发雷霆时，他 / 她就会说：

I'll hit you, George, if you do that again!（Yamamoto, 1996：18）

Mae（1997）把指称对象在话语中的"生命周期"分为两个主要阶段：一个是引入阶段（introduction）；另一个是续谈阶段（maintenance）（1997：208）。该研究试图回答如下问题：在引入抽象的指称对象（abstract referent）和具体的指称对象（concrete referent）后，这两种指称对象的本体特征是否会影响它们在续谈中的指称形式？与抽象的指称对象相比较，具体的指称对象除具有较高的个体化程度（degree of individuation）外，还与其他具体的指称对象存在自然的概念关联（如上下义关系、整体部分关系、集合成员关系等）（1997：210）。Mae 认为，两种指称对象的不同本体特征决定了他们具有不同的内在心理激活程度（mental activation）。从信息衰减程度（attenuation）来看，在被引入话语之后，抽象的指称对象在续谈阶段倾向于使用信息量更大的指称语，而具体的指称对象倾向于使用信息量较小的指称语。Mae 认为，导致两种指称对象具有不同心理激活程度的原因有两方面：（1）相对具体的指称对象而言，抽象的指称对象在引入话语时的语言结构比较复杂，因此在回指时需要把复杂的先行词转换为简单形式的回指语，这种对象化（objectification）和具体化（hypostatization）的过程导致抽象实体的心理激活程度低，因此需要交际双方付出更多的认知努力（cognitive effort）来续谈指称对象，在语言形式上相应地体现为使用信息量大的指称语；而指称具体实体的先行词通常具有较为简单的句法结构，能够通过简单的信息衰减（attenuation）规则转化为回指语。（2）就人类自身的概念化能力而言，抽象的指称对象更难被概念化，而具体的指称对象具有分明的本体类别，能够被识别、确认、命名、指示、分类和从心理词汇（mental lexicon）中提取。两种物体相比较，抽象的物体需要用信息量更大的指称语来指称。除续谈语指称形式的区别之外，抽象指称对象的“生命周期”也相对更短。

Kleiber（1999）试图回答如下问题：定指语形式“the+类名”充当整体部分联想回指中回指语的认知本体基础是什么？通过对法语和英语语料的分析，Kleiber 提出以下两个条件：一是认知分离条件（the alienation condition），分离指的是回指语的指称对象能与先行词的指称对象分离开来。Kleiber（1999：352）指出，认知分离并不完全等同于物质分离，只是把认知聚焦于回指语的指称对象，将其视为一个语义独立或自治的实体，就如我们给树拍照时，我们可以聚焦于整棵树，也可以只聚焦于树干；与此不同的是，大树的颜色与大树是无法分离的，任何有关大树的照片中必然包含该棵树颜色的信息；除颜色外，材料也是无法与物体分离的。第二个条件称之为本体一致性（ontological congruence），这个因素是从本体的角度对上述第一个条件的再阐释。Kleiber 认为，联想回指中回指语指称对象的本体特征必须与先行词指称对象的本体特征保持一致。如桌子的腿与桌子具有本体的一致性，两者都具是用材料制成的，都具有一定的形状；但桌子的颜色与桌子不具有本体的一致性，颜色不占据空间，没有形状的特征，桌子的移动也没有形状特征和材料特征。因此一般不能用物体的颜色、动作等特征来回指物体。

据我们对语料的观察，Kleiber（1999）提出的两个影响整体与部分联想回指的认知本体因素在汉语并不完全适用，如 Kleiber（1999：341）举了如下一例：

Le garçon a couru sous la pluie. Les pieds etaient mouillés.

[英译：The boy ran under the rain. The feet were wet.]

Kleiber 认为该句中的“les pieds”不符合指称对象本体的一致性，因此在法语中的可接受性低，但类似的表述“男孩在雨里跑，脚全湿了。”在汉语交际中是完全可接受的。Kleiber 的研究结论虽与汉语的事实存在一定的差异，但启发了我们的思考：在指称物体时，汉语中定指的光杆名词充当整体部分联想回指当中的回指语是否受到指称对象认知本体因素的影响？如果受到影响，那么影响因素是什么？

此外，Fukumura and van Gompel（2010）通过三个实验来研究指称对象的生命度对于指称形式的影响。实验结果表明：（1）指称对象的生命度对指称形式的选择有影响；（2）充当竞争者角色的指称对象的生命度较高会降低目标指称对象的可及性，因此会对目标指称对象的指称语的选择造成影响。

虽然 Fraurud（1996）并非专门以本研究所定义的无生命具体物体为研究对象，但从所举的例子来看，该文所讨论的物体包含本研究所定义的物体。本研究同意 Fraurud 对物体认知本体的分类，并认为这三类物体的认知本体会影响对它们的指称方式。除 Fraurud（1996）所分析的影响指称物体的物体本体认知因素外，本研究所界定的物体以占据空间的方式存在，其占据空间的方式也会对指称方式造成影响。具体而言，我们在物体的本体层区分了三个世界的物体，其中用指称语指称物理世界中不同类型物体的差异主要体现在选用量词方面，这种差异受到物体占据空间的方式的影响，下面我们按照物理世界中的物体类型逐一进行说明。

我们在物理世界中区分材质物和空间物，这两种物体都占据空间，其中空间物是以自身空间构成所占据的空间，而空间是无法用质量来计算的。所以我们不能说“两斤洞”。与此不同的是，材质物不仅占据了一定的空间，本身也有质量，因此我们不仅可以说“三立方的木头”，也可以说“一百公斤的木料”。

有界物包括书、瓶子、椅子、鼠标、电扇等，这类物体以自身相对固定的形状来占据空间，我们根据物体的形状特点来指称这类物体。例如我们说“一根铅笔”，而不说“一本铅笔”；我们一般说“一张纸”，而不说“一根纸”。

无界物包括水、奶油等液体和气体。因为这类物体是无界的，因此需要借助外部物体来限定它们的“界”，比如我们借助瓶子或勺子来盛水，这时的“水”就变成有界的了，因此我们可以说“一瓶水”“一勺水”等。

需要补充说明的是，有界和无界本质上是一对认知概念。由于人的认知能力限制等原因，客观意义上的有界物体在主观上会变成无界物体。以我们喝的咖啡粉为例，我们通常借助勺子来接触咖啡粉，因此我们会说“一勺咖啡”；由于咖啡粉本身颗粒很小，且日常生活中我们很少需要关注一粒咖啡，因此我们一般认为咖啡粉是无界的，很少说“一粒咖啡”。

我们把有界物细分为可分割物和不可分割物。可分割物包括苹果、巧克力、鸡蛋、蛋糕等食品。这些物体的共同特点是可以被随意分割，且分割后该物体的功能属性并没有丧失。因此我们可以说“一个苹果”、“一片苹果”“一点苹果”，或是“一条苹果”。但是像桌子和玻璃瓶这样的不可分割物，我们很少说“一点桌子”（在指空间的情况下，“一点桌子”也可以说）、“一片桌子”，这是因为桌子分割后丧失了作为桌子的基本功能，我们通常把分割后的桌子看成是木头而不是桌子。

3.4 物体指称语系统

本节讨论三分模式中的语言体现层。为了较为全面地体现会话双方在他们所构建的话语世界里是如何使用指称语指称物体的，我们首先构建了图 3-7 所示的物体指称语系统。

由于指称现场物体、非现场物体、一类物体和混合指称时的各种指称形式都纳入了引入语和续谈语这两个指称阶段之中，所以在对物体指称语系统进行定义和说明之前，我们有必要先简要介绍一下物体指称中的引入和续谈现象。

3.4.1 引入和续谈

会话是一个动态发展的过程。在日常会话中，会话双方谈论物体、人物、事件等不同的指称对象，并且会在这些对象之间进行切换。就物体指称而言，发话人借助不同形式的指称语把物体引入话语世界之后，存在引而不谈和续谈两种情况，如下面一个我们所采集语料中的例子：

例（1）1. 李：今天啊，我，我没精神。

2. 王：我还没精神呢我。

3. 董：这堆花一杯下去，得了！

4. 李：想到当时就搞笑，“不行，**那芒果**是小莉买给我的！”

5. 董：So what?

6. 李：我后面第一个想法就是，

7.　　诶哟，那你为什么不买两个芒果呢？

8. 王：她买，她买了，她买了**五个芒果**还有一个梨子。①

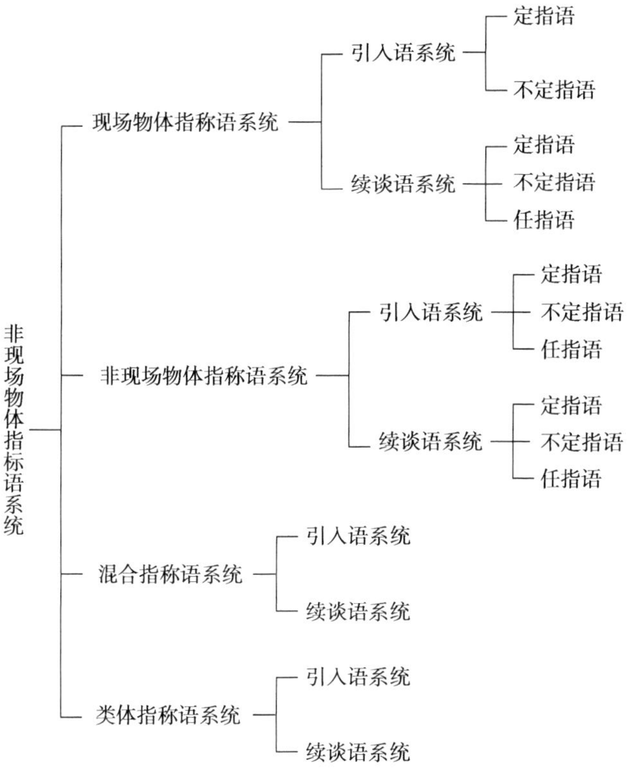

图 3–7：物体指称语系统

例（1）的语境是王、董、李三人在寝室里谈论谈话发生的前一天的

① 本研究在举例时，为了便于讨论例中的指称现象，会话内容以行为单位呈现。例中要分析的指称语采用加粗和加下划线的形式标明，与该指称语同属引入和续谈关系中的其他指称语采用加下划线的形式标明。对会话内容包含五行和五行以上的例子，我们在每行前依序标出数字。我们在举例时用括号说明例子发生的语境，或在随后讨论时说明语境。如在一例中需讨论两个具有不同指称对象的指称语，则分别用加下划横线和下划波浪线的方法区分。

经历。其中，“这堆花”指的是王在前一天喝的“堆花牌”的白酒。该物体被引入至话语世界后并未被续谈，发话人李立刻转向谈论另一物体“芒果”。该例中有关“芒果”的语境是：小王的女朋友给小王买了一些水果，其中有五个芒果，但不小心在路上掉了四个，最后只剩下一个芒果。例中的“那芒果”指的就是这剩下的最后一个芒果。该物体在后续的小句中被续谈。

本研究不考虑引而不谈的情况。

与引而不谈相对的是续谈。由于会话是一个动态的过程，在某一物体被引入话语世界后，会话双方可能续谈物体本身，或续谈该物体的组成部分。我们也可以用一类物体来续谈处于现场或非现场的具体物体，也可用具体物体来续谈一类物体。此外，我们还可以用任指的方式续谈现场物体或非现场物体。概括来说，本研究所定义的续谈包含如下四种类型：

（1）直接续谈物体本身。换言之，引入语和续谈语的指称对象完全同指。

（2）整体与部分间续谈：引入 A 后，通过谈论 A 的部分 B、C、D 来续谈 A，或是引入部分后，续谈整体。

（3）一类物体和具体物体间续谈：引入 A 后，续谈 A 所属的类 G（这种情况也包括 A 是一类物体，G 是 A 的上位类的情况）；这种情况一般是对 A 进行概括和评论；或是先谈一类物体，后续谈到具体物体，这种情况一般是举例说明。

（4）具体物体或一类物体与任指的物体间的续谈：引入具体物体或一类物体后，续谈时用任指的方式进行概括；或是引入任指的物体后，用具体物体举例进行说明。

我们把上述第一种续谈方式称为直接续谈，另外三种续谈方式称为间接续谈。我们在后续的 3.5 节分析引入语与续谈语之间的语义关系时还要涉及这四种引入和续谈的类型，在本节我们暂不举例说明。

3.4.2 物体指称语及其各个子系统的定义

物体指称语系统指的是会话双方在话语世界里指称各种类型物体的指称语系统，下分四个子系统：现场物体指称语系统、非现场物体指称语系统、混合指称语系统和类指语系统。

1. 现场物体指称语系统

现场物体指称语系统指的是会话双方在他们所构建的话语世界里谈论现场物体时使所用的指称语系统，下分两个子系统：引入语系统和续谈语系统。

（1）引入语系统：发话人把现场物体引入话语世界时所用的指称语系统；下分定指语、不定指语两个子系统。

① 定指语指发话人用来把在现场的某个或某些特定的物体引入话语世界时所用的指称词语系统；

② 不定指语指发话人用来把在现场的不确定的某个或某些物体引入话语世界时所用的指称词语系统。

（2）续谈语系统：发话人续谈已经引入话语世界的现场物体时所用的指称词语系统，下分定指语、不定指语和任指语三个子系统。

① 定指语指发话人续谈已经引入话语世界的现场物体时所使用的定指性的指称词语系统；

② 不定指语指会话双方续谈已经引入话语世界的现场物体中的某一或某些不特定物体时所使用的指称词语系统；

③ 任指语指会话双方在续谈已经引入话语世界的现场物体时所使用的表达任指性的指称词语系统。

2. 非现场物体指称语系统

非现场物体指称语系统指会话双方在他们所构建的话语世界里谈论不在现场的物体时所使用的指称语系统，下分引入语系统和续谈语两个子系统。

（1）引入语系统：发话人把非现场物体引入话语世界时所使用的指称语系统，下分定指语系统、不定指语系统、任指语系统三个子系统：

① 定指语系统指发话人估计听话人能够识别引入话语世界的非现场物体时所使用的指称词语系统；

② 不定指语系统指发话人估计听话人不能识别引入话语世界的非现场物体时所使用的指称词语系统；

③ 任指语系统指发话人用来泛指他要引入到话语世界的任何物体时所使用的指称词语系统。

（2）续谈语系统指会话双方续谈非现场物体时所使用的指称语系统，下分为定指语系统、不定指语系统和任指语系统三个子系统：

① 定指语系统指会话双方续谈已经引入话语世界的非现场物体时所使用的定指性的指称词语系统；

② 不定指语系统指会话双方续谈已经引入的话语世界的非现场物体中的某个或某些不特定物体时所使用的指称词语系统；

③ 任指语系统指会话双方续谈已经引入话语世界的非现场物体时所使用的表达任指性的指称词语系统。

3. 混合指称语系统

混合指称语系统指会话双方在他们所构建的话语世界里同时谈论现场和非现场场物体时所使用的指称语系统，下分引入语和续谈语两个子系统：

引入语系统指发话人同时把现场和非现场物体引入话语世界时所使用的指称词语系统；

续谈语系统指发话人一并续谈前续话语中出现的现场和非现场物体时所使用的指称词语系统。

4. 类指语系统

类指语系统指会话双方在他们所构建的话语世界里谈论一类物体时所使用的指称词语系统，下分引入语和续谈语两个子系统：

引入语系统指发话人把一类物体引入话语世界时所使用的表达类指性的指称词语系统；

续谈语系统指会话双方续谈一类物体时所使用的表达类指性的指称词语系统。

在讨论具体的语言体现形式之前，有以下两个问题需要补充说明：一是如何区分分属引入语和续谈语的同形式的指称语？以定指语为例，我们可以用定指语把某一物体引入话语世界，接着用定指语续谈。引入和续谈的定指语在具体的语言形式上也可能完全一致。如下例：

例（2）甲：小李的自行车怎么不见了？

乙：小李的自行车被老五借走了。

在上例中，会话双方分别用“小李的自行车”来指称同一物体。两个指称语虽形式相同，但分属引入语和续谈语系统。两者的区别是：（1）承担的话语功能不同，引入语中的定指语的功能是把一个新的指称对象引入话语世界，而续谈语中的定指语的功能是续谈该物体；（2）依赖的共享知识类型不同：用定指语把指称对象引入话语世界主要依赖于会话双方的共享知识；而用定指语直接续谈物体时依赖语言共现知识，在间接续谈时涉及双方的间接语言共现知识。

第二个问题是：我们为何不在物体指称语系统中单独讨论独一无二物体的指称语类型？我们在讨论话语世界的物体类型时曾定义过独一无二的物体这种物体类型，与之相对的是以类的方式存在的物体，但我们在物体指称语系统中没有专门分析这种类型物体的指称语形式，这是因为：①从物体类型上来看，独一无二的物体也可看做是一种特殊的现场或非现场物体；②从指称形式上来看，独一无二的物体的指称形式总是有定的。综合这两个原因，该种物体的指称语形式放入现场物体和非现场物体的定指语系统一并讨论。

3.4.3 物体指称语系统的语言体现形式

上节介绍了物体指称语系统及其各个子系统的定义，本节讨论各个子系统的具体语言体现形式，讨论主要通过举例的方式进行。我们所举的例子来自：（1）已有研究中的例子。这一类例子我们会标明具体出处。（2）北京大学中国语言学研究中心语料库（简称 CCL 语料库）中的例子。该语料库包括现代汉语和古代汉语两个子库，现代汉语子库中的语料包含多种体裁，我们选用其中的口语、北京话语料中的例子（检索 CCL 语料库时可设置检索语料的类型列表，列表中包括口语、北京话这种类型），这种语料来自于文学、电视剧和戏剧作品中的人物对话。（3）本研究自建小型语料库中的例子。这一类例子中的会话双方用姓氏表示；（4）自拟的例子。这一类例子中的会话双方用甲、乙或职业名称（如服务员、小贩）

等表示。

3.4.3.1 现场物体指称语系统

3.4.3.1.1 引入语系统

3.4.3.1.1.1 定指语

在定指语中，我们首先来看指示词指称语。在描述指称现场物体的指示词指称语之前，我们有必要对物体指称语系统中的指示词指称语的范围进行界定。从指示词的用法来看，指示词可单独作为指示代词使用，也可与作为修饰语单独或与其他修饰语一起修饰中心名词。为了与物体指称语系统中其他形式的指称语区分开来，我们把物体指称语系统中的指示词指称语的范围限定为非“的”字结构的指称语[①]，具体包括如下三种情况：（1）指示词作为指示代词使用的指称语；（2）指示词单独（或与量词一起）修饰中心名词的指称语；（3）与其他修饰语共同修饰中心词的名词短语。下面我们分别举例来说明上述三种情况。需说明的是，这三种情况中不包括指示词与疑问代词活用形式配合使用的情况。

例（3）吴：这是日本的那个餐馆吗？

哦，Ø 不是。

上例中的“这”是指示词单独作为指示代词使用的例子，属于本研究所说的“这”“那”指称语的范围。

例（4）甲：这鞋子多少钱呐？

售货员：Ø149。

该例中甲正在逛商场，他看上了一双鞋，向售货员询问价格。该例中指示词单独修饰物体名词，属于“这”指称语的范围。

例（5）甲：那个空的酒瓶子扔了算了。

乙：Ø 扔哪？

该例中的“那个空的酒瓶子”位于谈话现场。指示词“那”与其他修饰语共同修饰中心名词，我们将其归为“那”指称语。

下面我们首先来看“这”指称语。

---

① 关于“的”字结构，我们在本节的后续讨论会进行说明。

（1）“这”指称语

在指称现场物体时，用“这”、“那”指称时常伴随指向和放置（placing）等伴随动作，这些伴随动作我们在第四章将进行专门介绍。从语义上看，用“这”指称现场物体表明该物体与发话人的物理距离相对较近。

例（6）王：这个什么东西啊？

董：吃的呀。

该例中的“这个”指的是位于谈话现场的一包零食。

“这”加类属量词可用来指称现场某个特定的物体。如下例：

例（7）（语境甲和乙在逛鞋店，乙在试某双红色的鞋。）

甲：你又穿这种红色的鞋。

乙：我挺喜欢这双鞋的。

（2）“那”指称语

用“那”指称现场物体表明该物体与发话人的物理距离相对较远。

例（8）甲：那是什么呀？

Ø 脏兮兮的。

乙：那是药渣。

（3）零形式

例（9）（语境：赖和吴等在寝室聊天，寝室里有台饮水机。）

1. 赖：小婷她在烧开水。

2. 吴：我没有烧开水。

3. 赖：是烧了好不啦！

4. 吴：我真的没有开 Ø，

5. 我真的没有开 Ø，因为（被打断）……

6. 赖：再说没有开 Ø！

该例中零形式的指称对象是寝室里的饮水机。吴在早晨用饮水机烧开水后，忘了关闭饮水机的电源，导致后来其他同学用热得快烧水时寝室的电路跳闸。由于会话双方都知道曾经发生跳闸的事，且都知道寝室每天早上都要用饮水机烧开水，所以发话人吴在第四行第一次指称饮水机时便用零形式把这一物体引入话语世界。

（4）光杆名词

参照刘丹青（2002）以及王秀卿、王广成（2008）的界定，我们在本研究中所说的光杆名词指的是不带指称和量化成分的名词和名词短语，但不包含陈平（1987）所说的用作名词的“的”字结构。

例（10）（语境：俞和吴两人走在路上，天气很热，俞手里拿着伞。）

俞：要不要撑伞啊？好热耶。

吴：别撑Ø。

例（11）甲：你把桌上红色的盖子拿过来。

乙：这个？

（5）数量结构名词短语

例（12）（语境：乙喜欢在寝室里打篮球。谈话时乙正在打篮球。）

甲：看来寝室里光有一个篮球还不够，

还要装个篮球筐。

乙：我把篮球收起来。

当名词短语为数量名词短语时，数词“一”可以省略。如上例中的“个篮球筐”。

（6）参照点结构名词短语

本研究所说的“参照点”不仅包括与指称对象存在领属关系的人物，还可以是其他与指称对象有关的有定物体或人物。本研究把这两种情况统称为参照点结构。请看下例：

例（13）（语境：乙所说的杯子在现场。）

甲：你在看什么呢？

乙：他送给我的杯子好像坏了。

甲：Ø怎么坏了？

需补充说明的是，如果一个名词短语中同时出现了参照点成分和数量成分，我们根据两种成分的排序把名词短语归入相应的类别：如果参照点成分在前，我们把名词短语归为参照点结构名词短语；如果数量成分在前，我们把名词短语归为数量结构名词短语。

（7）数量称代

在指称物体时，类名和修饰语有时会被省略，只剩数词和量词。吕叔湘（2002：185—186）把这种结构称为数量称代。数量称代在引入现场物体时较为常见。

例（14）（语境：王、董在一家餐馆吃饭。）

董：你叫他过来坐。

哎呀，还有一瓶。

这瓶开不开？

该例中的“一瓶”指现场餐桌上的一瓶饮料。

（8）代词“它（们）”

例（15）1. 周：这样的，the enlightenment。

2. 龚：对呀，你上课就打算对着它？

3. 周：啊？

4. 龚：我说呆会儿你上课就打算对着它念是不？

5. 周：诶。

该例的语境是周准备把第二天上课发言的资料存入龚的手机，以便老师点名发言时照着念。该例中第二行小句中的“它”指的是龚的手机。

（9）“的”字结构

本研究所说的“的”字结构指的是所省略的中心词为物体的名词性成分。“的”字结构转指中心语的现象本质上是一种语法转喻（沈家煊，1999）。《现代汉语八百词》把这种结构称为“的”字短语，其作用是代替名词。考虑到这种结构的语法属性和功能，在讨论指称语的形式时，我们单独列出这种结构，不纳入光杆名词的范围。

例（16）甲：我这里有两个一块的，

Ø 全给你。

该例中的“两个一块的”指的是两个一块的硬币。

（10）复指语

根据刘月华（2001：644）的定义，在一个句子中，如果两个词语同指一个人或一个事物，并在句法结构中具有同等地位，属于同一语法成分，那么这两个词语就是句中的复指成分。

用复指语指称现场物体的常见形式是“它＋指示词”。

例（17）（语境：小范和同学在餐馆吃饭，他们正在谈话时服务员上了一盘土豆烧鸡。）

范：<u>它那个</u>什么呀？

著仔还是土豆？

孙：真的耶。

范：土豆，<u>这</u>是土豆烧鸡。

该例中的“它那个”指的是位于现场的土豆烧鸡这盘菜。

（11）人称代词

从修辞角度来看，用人称代词指称无生命的物体是一种拟人用法。在日常会话中，发话人一般用人称代词指称自己喜爱的物体或者外形与人相似的物体。Yamamoto（1999：18）举过一个用专有名词和人称代词指称电脑的例子，该例在3.3.4节的讨论中出现过。

例（18）I'll hit <u>you</u>, <u>George</u>, if <u>you</u> do that again.

下例是我们收集的语料中用人称代词指称现场物体的一个例子。

例（19）（语境：两人走过一家商店，橱窗里摆着一个塑料的服装模特。）

曾：<u>他</u>在干嘛呢？<u>Ø</u>思考吧？

胡：<u>Ø</u>可能是。

该例中的“他”指的是摆在橱窗里的模特。

（12）专有名词

例（20）俞：哇！<u>校友楼</u>！

宋：<u>Ø</u>换了个那个。

该例的语境是两人从食堂吃饭回来，路过学校的招待所，该招待所名为“校友楼”。

下例中的专有名词用来指称现场出现的独一无二的物体。

例（21）甲：今天太阳怎么这么晚才出来？

乙：早晨起雾了，所以Ø出来晚了。

（13）直接 / 间接引语中的定指语

引语中的定指语指发话人在直接引用或间接引用他人所说的话中包含指称现场某个特定物体的定指语。

例（22）（语境：在寝室，电脑在谈话现场。）

1. 甲：小明最近在忙什么？

2. 乙：不知道。

3. 　　每天一起来就说借你电脑用用。

4. 　　然后就坐在那，

5. 　　用完Ø就走了，

6. 　　晚上才回来。

例（23）（语境：在寝室，甲、乙和小张是室友。乙的电脑在现场。）

1. 甲：小张昨天跟你说了什么？

2. 乙：他说你晚上总是把电脑键盘弄得很响，

3. 　　他睡不着。

4. 甲：没有吧，

5. 　　我很爱惜键盘的。

例（22）是一个直接引语中出现定指语的例子，例（23）是一个间接引语中出现定指语的例子。

3.4.3.1.1.2 不定指语

发话人用不定指的形式把现场物体引入话语世界包含以下两种情况：一是会话双方在谈论现场物体时，如果现场存在多个同类物体，发话人会指称其中不特定的某个或某部分物体，这相当于廖秋忠（1992：40）在谈到框棂关系与所指的确定时提到的限指现象，他把限指定义为所指的范围受到制约，并举了下例来说明：

例（24）在比绍小住期间，我兴致勃勃地到处转悠，
有时随使馆同志一起到市场采购，
有时去商店看看行情，
但无论走到哪里，我们都会受到热情的欢迎和友好的问候（1992：40）[①]。

廖认为，在该例中，任指词“哪里”受到框“比绍”的制约，所指范围不能超出“比绍”这个地区。在这种情况下，由于指称对象不完全确定，所以可识别程度比定指的指称对象低，但比一般的不定指的可识别程度要高。

这种情况也与吕叔湘在《中国文法要略》中提到的“偏称”现象有相似之处，所谓的“偏称”就是“只就全体里面的一部分说”（2002：188）。

据我们对语料的观察，在这种情况下选择使用不定指形式引入现场物体是因为发话人认为听话人不需要识别某个具体物体，现场范围内的任何一个物体都能满足交际需要。

用不定指语引入现场物体的第二种情况涉及在指称现场物体时，物体与会话双方之间的物理共现的关系。根据 Clark and Marshall（1981）的分类，物理共现可分为三种情况：潜在物理共现、即时物理共现和先前物理共现（1981：38）。对于物体指称而言，潜在物理共现指物体在现场，但在指称行为实施时，听话人还没有注意到该物体。即时物理共现指在实施指称行为时，发话人和听话人正在关注该物体。先前物理共现指双方事先关注过该物体，但在实施指称行为时已不再关注。在潜在物理共现的情况下，由于发话人意识到听话人还没有注意到现场物体的存在，所以会使用不定指形式将某一现场物体引入话语世界中来。这种语境中的指称对象在首次引入时仍然是听话人所不能识别的。

由于上述两种情况下的物体在某种程度上都是不能具体识别的，所

① 本研究中凡是引用的例子的呈现格式都根据我们本研究举例的格式修改过，后续不再一一说明。

以本研究把在上述两种语境下引入指称对象的指称语看做不定指语。

（1）光杆名词

例（25）（语境：在食堂。余等买了饮料之后坐在食堂里休息。吸管放在座位旁边小卖部的柜台上。）

1. 俞：你觉得这可乐的味道好奇怪不？

2. 吴：不会啊。

3. 俞：我觉得像药的味道。

4. 呀！忘了拿吸管，

5. 我去拿 Ø。

该例中的“吸管”是一个不定指语，指现场喝饮料的不特定的某根或某些吸管。如果把该例中第四行小句翻译为英语的话，“吸管”应翻译为“a straw”或“some straws”，这也从另一角度说明了“吸管”的不定指性质。

（2）数量结构名词短语

在具体的语境中，数词为“一”时可省略。如下例：

例（26）（语境：在卖西瓜的水果摊前。看见有客人来，小贩起身招呼。）

客人：来个大西瓜。

小贩：我的西瓜都大。

该例中的“个大西瓜”的指称对象是现场某个不特定的大西瓜。

（3）“的”字结构

由于指称对象在现场，有时类名也会被省略。如下例：

例（27）（语境：甲在菜场的猪肉店买排骨。）

甲：老板，我要一根粗点的。

老板：粗的带肉多。

（4）数量称代

例（28）甲：我的朋友昨天买了一部 iPhone 手机。

乙：我也买了一部，

给你看一下 Ø。（乙开始从包里掏手机。）

该例中不定指的“一部”出现的语境属于前文分析的潜在共现的情况。

（5）零形式

与上例的情况类似，用零形式的方式引入一个现场物体的语境是前续话语中出现了同类的其他物体。

例（29）甲：我的包里带了零钱，你看看 Ø。

乙：我的包里也有 Ø，你拿 Ø 吧。

本研究把出现在这种语境下的零形式看成是引入一个新的物体，而不是续谈前面的物体，这也是我们在举例时没有给例（29）第一行中的指称语加下划线的原因。在介绍这样处理语料的原因之前，让我们先来看一个英语中类似的现象。

例（30）Richard bought a blue shirt and returned the red one (Murphy, 1985: 788).

Hankamer and Sag（1976）、Sag（1979） 和 Murphy（1985） 把例（30）中的“one”看作是深层回指，与表层回指现象相对应。表层回指强调回指语与先行词之间的形式和内容的一致关系，而深层回指强调概念的对应关系。Hankamer and Sag（1976）认为，两种回指方式本质上是语言提供的两种避免信息冗余（redundancy）的方式。深层回指替代出现在话语或语境中的语义单位（semantic unit），表层回指替代出现在语言结构中的表层部分。

本研究所说的续谈并不包括深层回指所体现的概念对应的情况。在如例（28）和例（29）所示，引入一个新的物体时使用数量称代或是零形式是因为前续话语中出现了同类的其他物体，这是语言为了避免产生冗余信息所采用的一种表达方式。

3.4.3.1.2 续谈语系统

3.4.3.1.2.1 定指语

（1）“这”指称语

例（31）（语境：两人在公交车站等车时，一辆货车经过。）

俞：这是货车吧？

吴：这是货车。

（2）“那”指称语

例（32）甲：书怎么都堆在地上？

乙：那书是你的啊？

在该例中，甲回到寝室后发现地面上摆放着很多书。

在会话中，同一发话人有时会用“这”“那”交替续谈同一现场物体，如下例：

例（33）（语境：在寝室。俞的热水瓶内胆曾多次爆掉。）

1. 俞：这什么原因？

2. 　　我要调查一下它的深层次原因，

3. 　　为什么每次热水瓶我用它就炸了呢？

4. 吴：因为这使用寿命只有这么长，

5. 　　你有什么办法呢？

6. 俞：不是啊，

7. 　　这个热水瓶是新的呀，

8. 　　Ø 几乎是，

9. 　　Ø 而且是新买来的时候 Ø 就胆有问题，

10. 　　然后 Ø 换了个胆，

11. 　　但 Ø 也是新的了啦，现在。

12. 黄：我跟你说只要是塑料的都好容易那个。

13. 俞：以后打水的时候就抱着那个热水瓶。

在该例的第 7 行和第 13 行，俞分别用“这个热水瓶”和“那个热水瓶”续谈处于现场的热水瓶。

（3）零形式

例（34）（语境：两人在逛商场，吴看上了一双鞋。）

吴：我觉得这个挺好看的。

俞：啊！我不喜欢 Ø。

该例中的“这个”与零形式同指，指称对象为吴看上的一双鞋。

例（35）（语境：李和张在一家名为“三福”的店逛，李正在看一双凉鞋。)

1. 李：我觉得这个鞋挺有个性的呀。

2. 张：Ø 跟扎头发样的，

3. Ø 好贵哟，

4. 就一根绳子，

5. Ø 断了就惨了。

该例中的第一个零形式指的是带状的鞋后帮，带子的外形跟一种扎头发的东西外形相像。第二个零形式指的凉鞋。第四小句的名词短语和第五小句中的零形式续谈带状的鞋后帮。

（4）代词“它(们)”

例（36）(语境：龚把存储了资料的 U 盘给刘。)

刘：你的 U 盘怎么没盖子哦？

龚：不是，可我一直没有给它穿上 Ø 而已。

（5）光杆名词

例（37）(语境：三人在描述现场一幅广告画中的内容。)

1. 俞：这身材！

2. 哇！这上面全是水。

3. 吴：水珠。

4. 俞：水钻。

5. 吴：水珠，水珠。

该例中的“水”“水珠”“水钻”同指，指的是广告画中水珠般的物体。吴认为该物体是水珠，俞认为是水钻。

例（38）(语境：两人在 704 路公交车上。)

1. 俞：好干净啊，这车。

2. 坐外面。

3. 这车好干净。

4. 赖：Ø 有股味道。

5. 俞：你开窗呗，

6. 怕你打不开窗。

该例中用光杆名词“窗”续谈前面出现的“这车”，两者之间是部分与整体的关系。

（6）参照点结构名词短语

例（39）（语境：三人去逛街，刚从公交车上下来，吴要帮赖背着她的背包。）

1. 俞：你这样背 Ø 好奇怪啊。

2. 吴：哎呀！我不这样背 Ø，

3. 我感觉这一看就是要防盗的。

4. 俞：我背 Ø，

5. 我来背 Ø，

6. 斜挎 Ø，

7. 我斜挎 Ø。

8. 吴：好啰嗦诶你！

9. 赖：我的包本来就不丑的，

10. Ø 被你们一背丑死了。

11. 俞：你的包不丑？

该例中第 9 行和第 11 行小句中两个领属格结构名词短语与前面出现的零形式同指，指称对象是在现场的赖的包。

（7）数量结构名词短语

例（40）甲：这一袋苹果真重！

乙：就六个苹果，

我来拎 Ø 吧。

该例中的“这一袋苹果”和“六个苹果”同指。

（8）数量称代

例（41）（语境：王买了两双鞋，说话的时候在试穿鞋子。）

1. 王：先穿上 Ø 玩玩，

2. 这个鞋子原价两百多，两百五。

3. 这双鞋啊（指另外一双），

4. 女人骗我一起啊，

5. 两双加起来四百多块钱。

该例第五个小句中的“两双”直接续谈前面分别提到的两双鞋。

（9）“的”字结构

例（42）1. 俞：我昨天那就买了木瓜，

2. 他说木瓜好畅销最近。

3. 吴：最近啊？

4. 俞：嗯。

（继续谈论木瓜的价格和大小）

5. 吴：我前一段时间去看的Ø。

6. 俞：**我昨天买的**，

7. Ø挺好的。

该例的语境是三人在寝室谈论水果。其中俞买了木瓜，该物体在谈话现场。该例中的“我昨天买的”是一个“的”结构的名词性成分，与第一行的“木瓜”同指。

（10）专有名词

例（43）（语境：甲和乙在餐馆吃饭。）

甲：菜来了！

乙：哇！**铁板杏鲍菇**。

（11）复指语

例（44）（语境：甲和乙两人在谈论甲新买的鞋。）

甲：看看我买的新鞋。

乙：Ø挺好的，

它这个是什么牌子的啊？

该例中的“它这个”复指前面提到的新鞋。

（12）量词叠加

例（45）（语境：两人在逛一家服装店。）

甲：你喜欢这家店的衣服吗？

乙：喜欢Ø。

我觉得**件件**都好看。

（13）人称代词

例（46）甲：这是我手机的数据线，

Ø给你能用吗？

乙：我手机的数据线是专用的。

甲：那我不是专用的。

该例中的“我”转指前面提到的“我手机的数据线”。我们将在 3.7 节专门分析物体指称语中的转指现象。

（14）直接 / 间接引语中的定指语

例（47）1. 陈：这个蛮好的嘞，

2. 两个 G，

3. 530 小时。

4. 徐：它是这个品牌里最差的，

5. 买的。

6. 陈：Ø 可以连续录五百多个小时，

7. 李：你这就是在指物了，

8. 这个东西蛮好的。

该例的语境是徐在自己的办公室用录音笔录音，录音的同时与其他同事谈起了录音笔。在该例第八行小句的直接引语中，李用“这个东西”续谈前面的出现的录音笔。下例是一个续谈的间接引语中出现定指语的例子。

例（48）甲：胖子你的这双鞋挺好看的。

乙：那天黄哥也说这鞋不错。

3.4.3.1.2.2 不定指语

在引入现场物体后，如果引入的物体中包含多个同类的物体，那么在续谈时，发话人也可能采用不定指的形式来指称其中某个或某些不确定的个体。

（1）数量名词短语

例（49）（语境：两人在食堂买早点。）

吴：芝麻球，麻圆。

余：要不买个麻圆吧，

我们俩一个人吃一半。

该例中吴看到了现场的芝麻球和麻圆，在续谈时，余用“个麻圆”指其中某个不特定的麻圆。

（2）数量称代

例（50）1. 董：你换中山装了？

2. 王：中山装？

3. 李：嘿嘿。可能我穿起 Ø 来更帅一点。

4. 董：Ø 修，修身型，

5. 最好在里面搞件衬衫，那就 perfect 啦！

6. 王：啊！小根衬衫多啊，

7. 搞一件给我穿穿 Ø 嘛。

该例的谈话发生在寝室。王正在试穿一件新的西装，想向李借一件衬衫来搭配，李的衬衫也在现场。该例第七行小句中的不定指语“一件”的指称对象是“小根衬衫”中的不确定的某一件。

（3）“有的（些）”

徐烈炯和刘丹青（2007）把“有的（些）”称为分量成分，并认为“有的（些）”本身虽然不是有定的，但是瓜分了某个有定或类指的对象（2007：199），其功能相当于专用于话题或次话题的代词（2007：200—201）。本研究中把“有的（些）”单独作为一种指称语形式。

例（51）（语境：两人在一家书店买书。）

甲：你觉得这里的书怎么样？

乙：有的还可以，

有的一般般。

该例中的“有的”指位于现场的不特定的某些书。

（4）“的”字结构

例（52）甲：我挺喜欢这家的红色 T 恤。

乙：那就买件红色的呗。

该例中的“件红色的”指称位于现场的不特定的某件红色的 T 恤。

（5）疑问代词活用

疑问代词活用的形式包含两种情况，一种是单个疑问代词活用，另一种是连用的两个疑问代词活用，前后呼应，两个疑问代词同指（刘月华等，2010：103—106）。我们首先来看一个连用的两个疑问代词活用的例子：

例（53）甲：这里的包很贵啊！

乙：没关系，哪个贵我就给你买哪个。

该例中的"哪个"指称位于现场的不特定的某个贵的包。

3.4.3.1.2.3 任指语

续谈现场物体的任指语一般用来对包含现场物体在内的任何物体的某种性状进行概括或评价，通过疑问代词的活用实现。

例（54）甲：这是我刚买的苹果，两斤，

Ø 花了我 12 块。

乙：这年头，什么都贵。

该例中的"什么"间接续谈前面引入的"苹果"，这是一个单个疑问代词活用实施任指的例子。

3.4.3.2 非现场物体指称语系统

3.4.3.2.1 引入语系统

3.4.3.2.1.1 定指语

首次把非现场物体引入话语世界时，发话人需估计听话人是否能够识别该物体。如果发话人认为听话人能够识别指称语的指称对象，那么发话人就会采用不同的定指形式来指称该物体。那么，在首次谈论某一非现场物体时，发话人根据什么来判断该物体能被听话人所识别呢？

陈平（1987）、Chen（2004）讨论了三种使用定指语进行指称的情况：第一种是续谈上文出现过的物体；第二种是谈论在现场的物体；第三种所指对象与其他人、物之间存在着不可分离的从属或连带关系。第一种、第二种情况分别涉及续谈以及谈论现场物体，因此暂不在本节考虑的范围之内。本节需要讨论的是：在哪些情况下，发话人会使用定指语把不在现场的物体引入至话语世界当中？我们认为，首次把物体引入到话语世界中采用有定形式须基于以下四种情况：

（1）交际双方在进行某一活动时谈论到该事件图式中的物体，借助图式知识，发话人估计听话人能够识别事件图式中的物体。例如在看电影的事件图式中包含着看电影时一般需要有电影票和每张票对应着一个座位这样的常识；因此，在上述情境中，当发话人首次谈论“票不见了”或“座位被人占了”等情况时，听话人能识别发话人所说的“票”和“座位”。

（2）交际双方的私人共享知识，例如交际双方在谈双方都熟知的物体时一般会采用零形式或光杆名词的有定形式，把物体引入到话语世界中来。

（3）指称对象通过某个有定的“参照点”进行了定位。这些有定参照点提供了足够的修饰和限制信息，使得指称对象变得可以识别[①]。

（4）所指称的物体是独一无二的。比如“雷峰塔”“天安门”等指称语的指称对象，听话人依据文化背景知识可把这些物体与其他物体区分开来。

下面我们介绍发话人把可识别的非现场物体引入话语世界时所使用的具体指称语形式。

（1）光杆名词

例（55）1. 吴：我对量贩没好印象，
2. 因为有一次我去买东西，
3. 我东西买就付账，
4. 钱没了，
5. 结果我急得半死，
6. 我打电话让我妈来就，
7. 然后我就一直在想我的钱哪去了。

该例第四行中的光杆名词是一个基于说话双方的事件图式知识而采用定指形式引入非现场物体的例子。

① 参照点结构也可以承担不定指的功能，这一点后续讨论会进行分析。

如果所指称的物体是双方私人共享知识中的物体，那么在首次引入该物体时，发话人也会使用光杆名词的形式来指称该物体，请看下例：

例（56）甲：牛奶送来了吗？

乙：Ø送来了。

在例（56）中，甲和乙是夫妻，在外逛街时，甲问乙家里订的牛奶是否送来了。

（2）参照点结构名词短语

例（57）1. 吴：不要说他们了，

2. 我们路局的那些都要，

3. 路局的那种处级以上干部都要，

4. 他们的护照都是统一在（被打断），

5. 黄：哎，出国啊什么的。

6. 吴：他的护照都统一保管。

该例中的“他们的护照”指的是例中提到的处级以上干部的护照。

Chen（2004：1157）指出，与英语不同，在汉语的领属结构中，领属者和被领者之间可以插入表不定标记语（indefinite marker），从而把有定变为不定。但据我们观察，所属的唯一物体加上充当不定标记的数量词后，其所指仍然是有定的。

例（58）甲：你知道吗，

小张家新买桌子的一个桌面就值三万块。

吴早生（2011）认为，汉语光杆被领者领属结构往往是表示定指的，如果没有词汇上的指称必要且仍然使用了无定标记词，一般是表示语用意义，即发话人的主观评价或态度。控制性越强的领属结构，越有可能表达定指，那么用于它上面的无定标记词就越有可能表示主观评价的语用意义（2011：56）。根据吴早生（2011）的观点，我们认为在例（58）中，发话人采用这种指称形式表达自己对桌子昂贵价格的一种主观评价。

除领属结构外，参照点还可以是其他与指称对象有关的有定物体或人物，请看下例。

例（59）甲：你俩进展地怎么样？

乙：我上次送给她的包被她扔进垃圾桶了。

甲：送的礼物都扔了？！

在该例中，“包”的身份通过“我”和“她”这两个有定参照点以及相应的行为得到限定和识别。

（3）数量结构名词短语

会话双方谈论处于他们共享知识中的物体时，有时也会采用数量词＋名词这一常用的不定指形式来指称有定物体。

例（60）甲：两双鞋都收到了吗？

乙：Ø 还没收到。

该例的语境是甲给乙邮寄了两双鞋，并告知了乙。两天后，甲打电话问乙是否收到了鞋。

在数量结构名词短语中有一种省略数词的有定形式“个＋名词”。Chen（2003）专文讨论这种形式，认为“个＋名词”表有定一般出现在“把”字句的宾语位置上，“一”通常可以省略。Chen 认为，这种用法表明指称对象在话语语境中具有较低的主题重要性（thematic importance）。如果指称对象重要，发话人倾向于使用“这”、“那”指称。

例（61）他把个皮包给丢了。（Chen，2003：1174）

Chen 认为，“把”字句中使用“个＋名词”的形式会降低“把”的宾语在后续话语中续谈的可能性。试比较：

例（62）他把皮包丢了，后来又找到了 Ø。

例（63）他把个皮包丢了，后来又找到了 Ø。（Chen，2003：1177）

Chen（2003）在解释这种现象时认为，非指称性（non referentiality）蕴含着低主题重要性，因为非指称性常用“‘一’＋‘个’＋名词短语”来编码。在语法化进程的高级阶段，这一形式也会被用来指称具有低主题重要性的定指实体，“一”经常省略也说明了这一点。从语言形式上来看，采用这一形式可以理解为具有词义指称性和低语用指称性的中和形式。从语法化的角度来看，这种形式代表了语法化发展的高级阶段，在语法化的过程中该种指称语获得了话语功能。

（4）“那”指称语

在指称非现场物体时，发话人一般用远指语“那”把可识别的物体引入到话语世界当中来。

Tao（1999）认为，双方在进行会话时，发话人会对听话人对发话人所述对象的确知程度进行推想和假设。一个在发话人看来不容易被听话人识别的新对象，倾向于用“这”指称，较容易被听话人识别的新对象用“那”指称。换言之，在把物体首次引入到话语世界时使用“那”指称表明发话人认为听话人能够识别这一物体。发话人这样认为的依据有两方面：一方面是指称对象是双方私人共享知识中的物体；另一方面是指称对象可根据语境和文化背景知识得到识别（Prince，1981）。请看下面两例：

例（64）俞：去问一下**那丝袜**来了没有？

吴：Ø 肯定没来，

要是 Ø 来了她早过来说了。

该例的语境是发话人和另一寝室的同学一起网购了丝袜。“那丝袜”的指称对象是她们已经买好的丝袜，该对象处于双方的共享知识之中，是会话双方完全能够识别的。

例（65）1. 董：然后他直接说，

2. 拿了三个，

3. 知道不？

4. 一个大的，两个小的。

5. 然后的话那个老板直接说两斤两斤，

6. 然后，其实**那秤**有问题，

7. 然后大爷说：“我们买了。”

8. 其实秤有问题。

该例中，董在讲一个抠门的老大爷在菜市场买西红柿的笑话。在该例中的第六行，董用“那秤”首次把该物体引入到话语世界中。根据文化背景知识，听话人能够识别“那秤”指的是卖菜老板的秤。Himmelmann（1996）和 Huang（1999）讨论指示词“那”的用法时，把这种用法称为可识别用法（recognitional use 或 identifying use）。

在“那”充当指示代词指称非现场物体的情况下，由于缺乏具体的类名信息，有时会造成听话人不能完全识别该物体。这种情况下，发话人会进行指称修正，通过在指示代词前补充修饰语，提供关于该物体的其他信息，以便帮助听话人识别指称对象。如下例中首次引入话语世界的“我的那个刚好放书的那个”，该物体是指发话人赖的一个朋友送给她的一个铁盒子。在该物体被引入后，发话人在后续话语中进行了多次修正。

例（66）1. 赖：早上我打开那个大柜子时候，
2. 然后我的那个刚好放书的那个，
3. 有个很大的那个，
4. 就铁的那个，
5. 就是袁拿给我的那个，
6. 然后我就用 Ø 来装东西。

（5）“这”指称语

用“这”引入或重新引入不在场的物体时，指称对象是交际双方共享知识中的物体。

例（67）甲：这车到底来不来啊？
乙：Ø 快来了吧。

该例的语境是甲和乙一边等朋友的车一边聊天，两人等了很久后，甲不耐烦地问乙。

（6）全称量词和全称量词名词短语

陈平（2004：1157—1158）认为全称量词表示所指的对象也是可以识别的。全称量词可细分为集体全称量词（collective universal quantifier）和分布全称量词（distributive universal quantifier）。前者如“所有”“一切”“全部”，后者如“每”“各”，请看下面两例：

例（68）（语境：搞好教室卫生后，学生甲跑回办公室向老师报告。）

甲：老师，全部都擦干净了。

老师：Ø 都擦干净了？

例（69）（语境：甲是酒店经理，乙是酒店的保洁员。）

甲：就下班了？

乙：我每间房间都做过了。

甲：我去看看 Ø。

（7）“的”字结构

例（70）甲：你们不是买了 BB 霜吗？

乙：对，Ø 已经到了。

甲：我们的还没到，

不知道 Ø 怎么样。

该例中的“我们的”的指称对象是甲买的 BB 霜，该物体不在现场。甲之所以用“的”字结构引入这一非现场物体，是因为前续话语中出现了同类物体，因此省略类名。

（8）复指语

例（71）吴：我今天在图书馆竟然找到那个《校园女友》那个杂志，

黄：有新的吗？

该例中“那个《校园女友》”和“那个杂志”同指。

例（72）桥上用藏文和汉文写着“团结桥”几个大字。（刘月华，2001：645）

该例中的“团结桥”和“几个大字”同指。

（9）间接零形指示

间接零形指示所指称的物体不在会话现场（这一点与零形指示不同），而且所指物体尚未被引入话语世界（这一点与零形回指不同）。使用这种形式表明发话人依据双方的共享知识估计听话人能识别发话人要引入的物体（马博森，2005：74）。

例（73）甲：Ø 送过去了吗？

乙：Ø 送了。

该例的语境是丈夫甲在上班前交代妻子乙送一些家乡特产给隔壁邻居，下班后，丈夫问起妻子这件事。

（10）专有名词

例（74）尹：大，大理，大理山塔，大理山塔好重的嘛。

苏：我我没去 Ø，

我没看到过 Ø，

大理山塔我没去。

该例中的“大理山塔”指的是位于云南的一座塔。

（11）疑问代词活用

用疑问代词活用的形式来实施定指一般需基于会话双方所具有的私人共享知识。疑问代词可以单独使用，也可以与其他名词一起使用，还可以与有定指代词一起组成复合形式。

例（75）甲：你是不是把某样东西丢我这了？

乙：害得我找了 Ø 大半天，

Ø 快还给我！

该例的语境是甲和乙是同学，乙不小心把男朋友写给她的信丢在甲处。

在上例中，甲也可以这样问：

例（76）你是不是有什么东西丢我这里了？

“那什么”表有定时，一般是因为发话人一时想不出合适的类名来指称该物体，如张伯江、方梅（1996：161）的例子：

例（77）先别说这个，

你先把那什么借给我使使，

就你上午刚买的那个。

张伯江、方梅（1996：161）认为，“那什么”这一类的有定指代词和无定指代词的复合形式的使用大致基于两种情况：一是发话人认为所要说的事物是确定的，听话人却不知其详，但发话人一时说不出准确的名称；另一种情况是发话人认为听话人知道自己所要说的事物，只是自己一时说不清楚事物的类名。例（77）中的“那什么”属于后一种情况。

另有一种特殊形式是：两个疑问代词用于同一单句，前后呼应，指物体的不同部分，表强调意义。

例（78）他是搞无线电的，

那台仪器的哪条线路通哪条线路他都一清二楚。（刘月华，2002：105）

（12）直接/间接引语中的定指语

在自然会话中，直接引语或间接引语中也会出现用定指语引入物体的情况。下面是一个直接引语的例子。

例（79）1. 吴：就是我们那个地理老师，他说哪里跟哪里接轨以后，
2. 然后它这边交通就四面八方了。
3. 哎，你们不要觉得这个道路设计是很简简单单地是为了别人邵东经济，
4. 其实还是 Ø 有军事用途的，
5. 他说只要到时候战备需要的话，
6. 就把两边的截了，
7. 然后就把那个飞机，
8. Ø 就当作一个临时性的飞机起落。

该例的语境是吴在寝室与同学谈论她家乡的一条高速公路。该例中，她在第一行和第二行间接引用地理老师的话，在第三行和第四行转为直接引用老师的话。

下面是一个间接引语的例子。

例（80）单：小燕说她今天早上挂出去的衣服都飞掉了。
李：Ø 飞掉了？

除指称形式外，Chen（2004：1168）认为句法位置也是影响指称语有定或无定的重要因素。汉语中下列位置中的指称语有定指的倾向：（1）主语；（2）“把”字句宾语；（3）动词前的宾语（preverbal object）；（4）双及物动词的第一个宾语。由于我们讨论的是指称语形式，针对这些语法位置对定指性的影响暂不举例说明。

3.4.3.2.1.2 不定指语

（1）数量结构名词短语

例（81）余：有次我男朋友送给我一朵玫瑰花，

哇！气死我了！

我马上把它扔了。

该例中的“一朵玫瑰花”是一个典型的数量结构名词短语。在这一结构中，虚化的数词“一”的指数功能可以弱化到忽略不计的程度，在句中总是轻读，不能带句子重音或是逻辑重音，因此经常可以省略。省略后对句子的意义没有任何影响（陈平，1987：86）。如下例：

例（82）甲：我那天买了双皮鞋，

Ø 花了我三百多。

吕叔湘（1999）详细描述了量词前省略“一”的各种情况：

（1）这类“一 + 名词”形式的重音总在名词上，“一”不能重读；

（2）不遵循数词“一”的变调规律，而一概说作第二声；

（3）这类“一 + 名词”不能用作跟其他数量成分对比；

（4）这类“一 + 名词”多用在宾语位置，从不作为回指形式。

关于“一”的出现与不出现的功能差异，古川裕（1996）认为汉语宾语位置不强调数量的“一个”的主要功能是突出该名词短语的前景地位。前景与背景相对应，前景是句子中最显著的部分，而背景则是句子中用来衬托前景的部分。

用这种结构表示不定时，有时指物名词或名词短语可以出现在数词前面，记账或列举的时候会出现这样的结构，请看下例：

例（83）甲：明天要开两桌。

还要买白菜三斤、韭菜两斤，猪肉十斤。

乙：这么多菜！

这种结构中的数量词也可以是存在量词（existential quantifier），如“有点”“有些”等。

例（84）甲：家里桌上还有点饭，有点菜，

你回去将就吃吃 Ø 算了。

乙：好的。

北京话中经常会出现省略量词的情况，请看下例：

例（85）路左边有一楼，

Ø 红色的，

Ø 就是著名的红楼。（方梅，2002）

在儿童会话中，这一不定指形式中的数量词有时会被省略，如下例中的“这么长的裙子”，该物体不在谈话现场，如下例：

例（86）1. 唐：告诉你，

2. 我海南姑姑送给我这么长的裙子，

3. Ø 这么长，

4. 都穿了这么长的裙子。

5. 徐：拿来看 Ø。

含类属量词的数量结构名词短语也可以用来指称非现场的具体物体。Radden（2009）认为，类指（generic reference，type reference）和个指（individuative reference，token reference）之间存在着紧密的概念联系。我们把个指的具体物体作为某一类中的物体来认知，同时把类的知识投射到对具体物体的认知中去（2009：200）。因此，用类属量词名词短语这种形式引入非现场物体可以看成是一种用类转指个体的转指现象。如下例中的“一种红色的布料”。

例（87）甲：我那天逛的时候看到一种红色的布料，

Ø 摸上去很舒服。

乙：在哪看到 Ø 的？

（2）数量称代

由于不定指语是发话人认为听话人不能识别指称对象时所采用的指称形式，因而指称语中一般不会省略指物的类名。在首次谈论某个听话人不能识别的物体时，发话人省略类名一般是因为所指的物体涉及隐私，在当前语境下不便明说；或是物体的类名是从语境中可以推知的；或是前续话语中出现了其他的同类物体。我们通过以下三个例子来分别说明这三种情况。

例（88）（语境：在公交车上。）

甲：你昨天干嘛去了？

乙：昨天去逛街了，

买了一个（拖长声调）……

甲：Ø 多少钱？

在该例中，甲正在谈论在某个女性内衣店买的胸衣。由于是在公交车上，所以她们选择了这样一种较为特殊的指称形式，并伴随具有标记性的韵律特征来指称。

例（89）1. 甲：它就是那种，

2. 比如说它有客人来你那喝酒，

3. 就是一般就是那种总裁就很有钱的那种嘛，

4. 然后就，然后就是让你喝**两杯**啊解解乏啊。

5. 乙：那里的酒肯定不便宜。

该例的语境是发话人在介绍电视剧中的一位女主角的情况。该位女主角在一个高档娱乐会所上班，需要陪人喝酒。根据语境，我们可以推知该例中的“两杯”是一个不确定的数量，省略的类名是“酒”。

例（90）甲：你明天可穿单皮鞋了吧，

我要穿单皮鞋。

乙：我想去买**一双**哎。

买一双红色的。

该例中的乙用“一双”把一个不在场的物体引入话语世界。发话人之所以使用数量代词指称，是因为甲在前续话语中谈论了同类物体。

（3）参照点结构名词短语

含不定限定词的领属格结构通常是不定指的。请看下例：

例（91）甲：**小燕的一件衣服**昨天被风吹走了。

乙：这么不幸！

红色的那件吗？

（4）复指语

下面两例均来自刘月华等（2001：645）。

例（92）他把**祝贺女儿生日的礼物一个塑料小熊猫**放在桌子上。

该例中“祝贺女儿生日的礼物”和“一个塑料小熊猫”指向同一个物体。前一成分对后一成分起修饰作用。

例（93）你觉得一本书它能承受你身体的重量吗?

（5）光杆名词

Chen（2004：1171）认为出现在存现动词“有”和其他存现句动词后的光杆名词有无定的强烈倾向，如下例中不定指的“桔子”首次被引入话语时便采用了光杆名词的形式。

例（94）1. 甲：那天我打哪儿过，
2. 看见路面上洒满了桔子，
3. 不知道是哪个小贩又被城管给吓得跑了。
4. 顾不上拿东西。
5. 乙：现在的城管挺凶的。

出现在宾语位置的光杆名词有时也是不定指的，请看下例：

例（95）1. 男子说，他叫夏俊峰，
2. 以前在“五爱”市场摆摊的。
3. 城管打他，
4. 拿凳子和水壶 Ø 往他脑袋上砸，
5. 他兜里正好有切香肠的小刀就掏 Ø 出来捅，
6. 就捅死俩，
7. 还重伤一个，
8. 自己手指也给折了。（CCL 语料库）

在该例中，“凳子和水壶”和“切香肠的小刀“都是首次引入话语世界的物体，两个零形式分别续谈这些物体。根据语境提供的领属关系信息，我们可把“切香肠的小刀”归为定指语，指的是“夏俊峰的小刀”，但“凳子”和“水壶”的身份是不确定的，缺乏定指的标记和相关语境信息来确认。

上述两例的相同之处是：光杆名词首次出现在话语世界中，指代不确定的物体。这种现象相当于 Givón（1978）提出的非定（non-definite）现象和王红旗（2004）提出的隐指现象。我们在本研究中采用 Givón

（1987）的说法，把这种现象称为非定指现象，并把其视为不定指的一个次类。关于这种现象的语言体现形式，在词汇形式方面，Givón（1978）和王红旗（2004）持同样的观点，都认为非定指通过光杆名词体现，不出现冠词或数量词等修饰语；在句法位置方面，从 Givón（1978）所举的两个例子来看，语义上实有所指而在语用上却不重要的名词性成分可以充当宾语，而王红旗（2004）认为，在汉语中，宾语是重要的句法位置，宾语位置上的有指成分要么是定指的，要么是不定指的，只有在次要的句法位置上才可以出现隐指成分，如连动结构的第一个动词的宾语和介词结构以及状语中的介词宾语。根据已有的研究和我们对语料的观察，我们认为非定指语可以出现在主语和宾语等主要的句法位置上。如 Chen（2004：1173）举的例子：

例（96）乌云飘了过来，
Ø 渐渐把月亮遮住了。

（6）“那”指称语

例（97）黄：今天有人在卖那个核桃，
Ø 十块钱一斤。
吴：干的核桃还是湿的？

该例中的“那个核桃”在首次引入话语世界时是不定指的，后续续谈所使用的零形式和“的”字结构是定指的。

（7）“这”、“那”对举

刘月华等（2010：84）认为，“这”、“那”在一个句子中，前后呼应，表示不定指，如下例：

例（98）甲：小明在玩具店玩，
这也想摸摸，
那也想动动，
什么都喜欢。

（8）零形式

用零形式引入不定指物体的语境是在前续话语中出现了同类的其它的物体，请看下例：

例（99）甲：前两天我买了一台 iPad。

乙：我也打算买 Ø，

Ø 现在贵吗？

（9）“的”字结构

用“的”结构引入不定指物体的语境是在前续话语中出现了同类的其他的物体。

例（100）1. 吴：说不清楚是什么意思，

2. 但是我们那里有个量贩超市。

3. 黄：好多那样的，我们那里。

4. 我看看，

5. 高中的地方有一个商场叫“坚强量贩”。

该例中两人正在谈论“量贩”这个词的词义。黄说“好多那样的”，意思是她家所在地开了很多店名里含有“量贩”这个词的超市。黄之所以用“的”字结构来指称，是因为前续吴的谈话中出现了“有个量贩超市”，这是语言为了避免冗余信息而采取的一种手段。

（10）疑问代词活用

例（101）甲：那天他手里拿着什么，

想用 Ø 来砸我。

乙：好像是本书吧。

例（102）甲：你相信有飞碟吗？

乙：我曾经看过某本书，

书名不记得了，

那本书提到了很多看见飞碟的故事。

丁声树等（1999）把上述两例中的指称现象称为虚指。虚指有各种情形，表明发话人或是不知道，或是想不起，或是说不上，或是不必明说（1999：166）。这一虚指的概念与陈平（1987）提出的虚指概念不同，陈平所说的虚指与实指相对，表明发话人的意图，有明确所指的为实指，无明确所指的为虚指。

（11）直接 / 间接引语中的不定指语

发话人有时会在直接或间接引语中引入不定指的物体。我们先来看一个直接引语的例子。

例（103）甲：那天张定跑来跟我说，
我们去买双鞋吧，
我没鞋穿了。
乙：你陪他去买了 Ø 吗？

例（104）是一个间接引语的例子：

例（104）甲：丹丹说他昨天看上了**一台新电脑**，
宏碁的，
Ø 三千多呢。
乙：我们什么时候一起去看看 Ø。

上述列举了把物体引入话语世界的 11 种不同形式的不定指称语。需要说明的是，不定指语还与指称成分在小句中的句法位置相关。陈平（1987：89—90）和 Chen（2004：1168）认为下列句子成分有由不定指语充当的倾向：

（1）存现句（existential sentence）中动词后的宾语；

（2）呈现句（presentative sentence）中动词后的宾语；

（3）双宾语结构中的远宾语；

（4）处所介词短语前的宾语和复合趋向补语后的宾语。

3.4.3.2.1.3 **任指语**

任指语指发话人泛指要引入到话语世界的任何物体或一类物体中的任意个体时所使用的指称词语系统。任指语的形式较少，一般通过“什么”和“哪”这两个疑问代词的活用来实现。

（1）疑问代词活用

例（105）甲：现在的超市**什么东西**都有，
一站式购物体验。
乙：是啊，买**什么**都方便。

该例中的“什么东西”泛指超市里的商品。

疑问代词表任指的另一种形式是两个同样的疑问代词，前后呼应，指同一件事物，不与“无论”“不管”等词语搭配使用，第一个疑问代词是任指的，第二个疑问代词与第一个疑问代词同指（丁声树等，1999：164），如下例：

例（106）哪个书包好，

我就买哪个书包。（刘月华等，2010：104）。

（2）直接/间接引语中的任指语

例（107）甲：那天丹丹去逛街，回来说：

“逛了一圈，随便哪个真皮的包都得四五百块。

买不起Ø。”

该例是一个直接引语中的任指语的例子。

例（108）甲：妈妈告诉我无论什么铅笔都是有毒的，

都不能用嘴巴去咬Ø。

乙：妈妈说得对。

该例是一个间接引语中的任指语的例子。

3.4.3.2.2 续谈语系统

3.4.3.2.2.1 定指语

（1）零形式

例（109）李：我那边水果先吃掉，

我给你Ø放桌子上行吗？

橘子，还有柚子。

该例的语境是李和俞在散步时聊起寝室里的水果。“我那边水果”指李放在寝室里的水果，第二个小句续谈时用零形式进行回指。

（2）代词“它（它们）”

例（110）苏：凤凰古城其实就是一个小小的古城。

但不过有一条叫那个沱江，

凤凰古城。

尹：为什么叫它凤凰古城呀？

该例中的“它”与“凤凰古城”同指。

（3）数量结构名词短语

例（111）吴：结果那天我妈还蛮吓的，

因为她刚给了我五百块钱去交补课费。

俞：你把**五百块钱**全掉了？

在该例中，吴在讲述她在家乡的超市里买东西的经历。

（4）参照点结构名词短语

例（112）吴：不是转一下账就可以了嘛。

余：她的那张卡（没说完，被打断），

赖：Ø 不是有钱在上面嘛？

余：**她的那张卡**没用了，

Ø 就是**我们学校发的那张卡**找不到了呵？

Ø 偷掉了呵？

该例的语境是两人在去市区的路上谈起交学费的事。谈话人所在的学校给每位学生发了一张银行卡，学费会自动从卡里扣缴。吴的卡不小心丢了。

（5）数量称代

例（113）黄：他在三经路有套小房子，

然后再象湖那边一套新的。

徐：分的房子。

吴：他还分了**一套**？

该例中的数量称代词“一套”的指称对象是前续小句中谈到的房子。

（6）光杆名词

例（114）1. 甲：我前不久买了辆飞鸽牌的新自行车。

2. 乙：Ø 花了多少钱？

3. 甲：Ø 花了 400 多块。

4. 可是 Ø 没骑到一个月，

5. **车**就被偷了。

该例第五行中的光杆名词“车”与前续的数量名词短语和零形式同指。

廖秋忠（1992）以先行语的形式为对比参照点，把指同表达式分为同形表达式、局部同形表达式和异形表达式。例（111）中第二个“五百块钱”相当于廖（1992）所说的同形表达式。例（114）第五行中的“车”相当于局部同形表达式，下面我们再来看一个局部同形表达式的例子：

例（115）甲：昨天他送了我一本棕色封皮的笔记本，

可是笔记本今天就找不到了。

该例中的“笔记本”与“一个棕色封皮的笔记本”同指，属局部同形表达式。

例（116）甲：我上个礼拜给我老婆买了一台 iPad3，

乙：还送礼物啊，你对你老婆真好。

该例中的“礼物”与“一台 iPad3”同指，是指同表达式中的异形表达式。

（7）“这”指称语

（8）“那”指称语

Chen（2004：1152）指出，“这”通常用来回指刚被引入话语世界的物体，“那”用来回指话语距离较远的物体，在续谈同一物体时，经常会出现交替使用“这”和“那”续谈的情况，所以我们把这两种形式放在一起讨论。下面是方梅（2002）举的一个例子：

例（117）1. 我以前在四川的时候记得，

2. 看见有些个人呐，

3. 没钱，

4. 没办法买菜呀什么等等，

5. 就弄着一碗饭啊，

6. 向这个饭上面倒上一包辣椒面儿，

7. 红辣椒面儿啊，

8. 什么都没有，

9. 就是干辣椒磨成粉呐，

10. 然后就倒到饭里和，

11. 和得那饭呐都成红颜色了。

该例中第六行和第 11 行分别用“这”和“那”指称语续谈在第五行引入话语世界的“一碗饭”。

（9）疑问代词活用

“什么”用于“都、也”前，表示在所说的范围内无例外（吕叔湘，2010：484），请看下例：

例（118）1. 甲：一进科技馆，他摸摸这个，
2. 看看那个，
3. 什么（哪样）都觉得新鲜，
4. 到处跑。
5. 乙：小孩有好奇心是好事。

此外，“什么”加“的”用在一个成分或几个并列成分后，表示“等等”，这种情况在口语中很常见（吕叔湘，2010：484）。据我们观察，用于“什么”后面的也可以是“啊”，如我们语料中的下例：

例（119）吴：那家大的它那水果感觉好像蔫的一样的。
俞：嗯。
吴：像那橘子啊，什么啊……

（10）量词叠加

例（120）甲：我那天去新华书店买了三本书，
本本都好看。

该例中的“本本”是一个量词叠加形式。

（11）“的”字结构

例（121）1. 甲：我那天买了两本书，
2. 一本花了 20 块，一本 50 块。
3. 乙：在哪买的？
4. 甲：贵的是在京东买的，
5. 便宜的是在当当买的。

该例第四行和第五行中的两个“的”字结构分别与前面提到的两本书同指。

（12）全称量词或全称量词名词短语

在使用全称量词或全称量词名词短语续谈时，类名经常会被省略，如下例中的“每一把”：

例（122）甲：我哥哥从苏州旅游回来，

送了我几把扇子，

每一把都很漂亮。

乙：你哥对你真好。

（13）人称代词

用人称代词来指称物体是一种转指现象。

例（123）章：你们买的BB霜到了没？

龚：我们的是前几天到的。

（继续谈BB霜）

章：**你们**怎么这么快就到了？

我们星期五才到哎。

该例中第三行和第四行中的“你们”和“我们”分别回指前面提到的各自买的BB霜。

（14）复指语

例（124）甲：据说毛主席老家的房子也是重造的。

乙：**毛主席家的房子它**肯定是重造的，

要不Ø能保留到现在？

该例中的“毛主席家的房子”和“它”指称同一物体。

（15）专有名词

例（125）尹：七八米，嘁（表轻视的拟声词），

一点都没有帝国大厦高。

帝国大厦你猜多少米？

该例中的“帝国大厦”指的是位于美国纽约市的帝国大厦。

（16）直接/间接引语中的定指语

发话人有时在直接引语中直接续谈引入的物体。下例是本文语料中的一个例子。

例（126）1. 路：不过我那双袜子被我妹妹穿去了，
2. 我那个时候看见那双袜子很熟悉喔，
3. 然后我就去找到我妈妈说，
4. 我说，“妈妈，我那条条纹的那双蓝色的袜子呢？”
5. 我妈妈说，
6. “嗯。不知道唉，
7. 你那么多袜子。”
8. 我说：“Ø 好像在妹妹那里唉。”
9. 然后她说：
10. “你怎么知道的啊？”
11. 我说：“我看见的。”
12. 然后她说：“穿 Ø 去么就穿 Ø 去了，
13. 没事的。”

在该例中，发话人多次直接引用自己和她的妈妈说过的话，其中第四行引语中的名词短语、第八行和第 12 行中的零形式直接续谈第一小句中引入话语世界的“我那双袜子”。

下例是一个间接引语的例子：

例（127）范：今天早上我们吃鸡蛋，
他说 Ø 弄碎入味。
王：还好他没说碎碎平安。

3.4.3.2.2.2 **不定指语**

在引入非现场物体时，发话人使用不定指的形式把一个听话人不能识别的物体引入话语世界。与此不同的是，续谈中的不定指语的功能是：（1）举例描述引入语的指称对象；（2）如果引入语的指称对象含多个物体，续谈时用不定指语指称其中的某个或某些不特定的物体。

（1）数量结构名词短语

指称非现场物体的不定指续谈主要通过“数词 + 量词 + 名词”的形式体现，其中数词为“一”时可被省略，如下例：

例（128）1. 甲：要不喝点什么饮料，
2. 我去给你买来 Ø。
3. 乙：还没想好，
4. 你看着办吧。
5. 甲：喝点果粒橙？
6. 要不来根棒冰吧。

该例中的引入语是不定指语“点什么饮料”，在后续的续谈中，发话人用不定指语列举不同的饮料，第五行和第六行中的“点果粒橙”和“根棒冰”都是不定指语。

（2）数量称代

例（129）甲：小明家有四五台电脑，
要是能给我一台就好了。

该例第2行中的“一台”间接续谈第一行中的“四五台电脑”。

（3）“那”指称语

例（130）1. 唐：可是我告诉你，
2. 我到我外婆家去，
3. 天天下来玩，
4. 看到我小舅舅跟我一起玩，
5. 还会买好多好多东西，
6. 买一个那个，
7. Ø 也是你样的东西。

该例中小朋友唐在想象她去外婆家的待遇。在第五个小句，发话人用“好多好多东西”谈论不定指的不在场物体。她在第六个小句举例说明。该小句中的“那个”是一个不定指语，用于举例续谈第五个小句引入的物体。

（4）“这”“那”对举

例（131）1. 甲：小明喜欢逛商场，
2. 但是衣服只试不买，
3. 这件也试试，

4. 那件也试试，

5. 服务员白忙半天。

该例中的“这件”“那件”连用，指称商场里不特定的某件衣服。

（5）零形式

例（132）黄：你开了网店是吧？

吴：嗯，开了一个小网店卖内裤内衣。

那你要不要Ø？

该例中的零形式是一个不定指语，如翻译成英语，应用“some”代替。

（6）“有的（些）”

例（133）甲：你觉得小明家新买的家具怎么样？

乙：有的还挺好看的，

有的一般般。

该例中的两个“有的”分说第一行中提到的家具。

（7）光杆名词

例（134）甲：现在橙子到处都有卖。

乙：我前两天刚买了橙子。

该例中出现了两个“橙子”，第一个是类指语，第二个是不定指语，对应的英语应为“some oranges”。

（8）直接 / 间接引语中的不定指语

例（135）1. 甲：那天小张来我家玩，

2. 给了我三条黄鱼。

3. 小明也在我家，

4. 走的时候我说：

5. “送一条给你？”

6. 结果他不肯要Ø。

该例第 5 行中的“一条”是一个直接引语中的不定指语。

例（136）甲：我那天买了五本书，

在路上碰到了小明。

他说要拿一本书给他看，

我还没看 Ø 呢。

该例中的“一本书”是一个在间接引语中用不定指语续谈的例子。

3.4.3.2.2.3 **任指语**

用任指语续谈可分为两种情况：第一种是用任指语把物体引入话语世界后，发话人使用任指语续谈；第二种是发话人用任指语来续谈前面通过非任指语引入话语世界的物体，这种情况一般是发话人对前面所说事物或情况的一种概括或评价。

（1）零形式

例（137）甲：考上了公务员是不是要请客啊？

乙：没问题。

到时候想吃什么，

尽管点 Ø 吧。

该例中的零形式与“什么”同指。

（2）疑问代词活用

例（138）一些游客可能是在内地买东西“砍价”惯了，

到了香港也以为什么都能“砍价”。

广东有一个“个人游”旅客在香港买东西的时候，

见着什么都“砍价”。（CCL 语料库）

该例中的两个“什么”同指。

（3）光杆名词

光杆名词表任指时，后面一般跟“都”“就”等表示总括意义的副词。

例（139）（语境：两人在谈论录音的事。）

1. 吴：我觉得刚刚应该都录到了吧，

2. 没碰到 Ø，

3. 不清楚。

4. 俞：放电脑了看一下。

5. 吴：没有数据线，

6. 没带数据线来。

7. 俞：是不是有数据线都可以啊？

该例的语境是发话人正在寝室里用录音笔录音。第二行中的零形式指的是在说话现场的录音笔。第五、六两行的“数据线”指的是购买录音笔时附带的数据线。数据线的功能是用于连接录音笔和电脑，进行数据传输。第七行的“数据线”指的任意的数据线，俞问吴是不是任意一根数据线都可以用来连接在现场的录音笔。

（4）直接 / 间接引语中的任指语

我们先来看一个在直接引语中用任指语续谈的例子。请看下例：

例（140）1. 俞：哎呀！

2. 其实什么都吃一点就好。

3. 像我妈天天跟我说吃这个好，

4. 吃那个好。

5. 我说：“你什么都吃一点不就得了，

6. 这么累。”

下例是一个在间接引语中用任指语续谈的例子，请看下例：

例（141）1. 甲：跟丹丹逛街真累，

2. 她哪家店都要进，

3. 什么衣服都要试一试。

4. 乙：呵呵，她告诉我她的理想就是当服装设计师，

5. 所以什么衣服都要看一看。

3.4.3.3 混合指称语系统

混合指称语的指称对象是同一类物体中的多个物体，其中一部分在会话现场，另一部分不在会话现场。从混合指称语的出现位置来看，有的出现在引入语位置，有的出现在续谈语的位置。引入语位置的混合指称语的功能是总说后续将要谈论的现场和非现场物体；续谈语位置的混合指称语的功能是总说前续出现的现场和非现场物体。我们在分析物体的混合指称语系统时只分引入语位置的混合指称语或续谈语位置的混合指称语，不再做进一步的细分。

由于分说和总说时的指称对象有所不同，因此我们本节举例时采用在指称语后下标数字的方式来标明具有不同指称对象的指称语。

3.4.3.3.1 **引入语系统**

（1）数量结构名词短语

例（142）甲：我那天买了两本书$_{1+2}$，

一本书 1 就是你现在在翻的，

另一本 2 在寝室。

乙：哪天有空把那本 2 带过来给我看看。

该例第一个小句中的“两本书”是引入语，同时也是一个混合指称语，其指称对象的一部分在现场，另一部分不在现场。

（2）“这”指称语

例（143）1. 龚：说实话我就用了这几种爽肤水，

2. 我觉得这款用得果然是卡尼尔，

3. 因为 Ø 用起来好自然的那种。

4. 我不是用过（自我打断），

5. 上次买洗面奶的时候不是送了一小瓶吗？

6. Ø 就是搭配的，

7. 然后我觉得 Ø 果然用起来感觉好好。

该例中的发话人龚正在与寝室的室友讨论爽肤水。说话的同时他正在使用一款名为“卡尼尔”的爽肤水。该例中的“这几种爽肤水”即包括发话人正在用的爽肤水，也包括发话人用过的不在场的爽肤水。

3.4.3.3.2 **续谈语系统**

（1）代词“它（们）”

例（144）1. 龚：你们$_1$呢？

2. 你们的$_1$到了不？

（继续谈论买的 BB 霜是否到货）

3. 因为，云姐说 Ø$_2$ 跟你们买的$_1$ 不是同一个店。

4. 郭：哦。对。

5. 龚：但它$_{1+2}$ 好像是一个牌子。

该例中的龚、郭和章（下例中会出现）是同学，龚住在一个寝室，郭和章住在另外一个寝室。三人都网购了某一品牌的护肤品。一天，龚到章所在的寝室串门。两人正在谈论所网购的护肤品 BB 霜，龚买的 BB 霜放在自己的寝室，不在会话现场；章买的 BB 霜在会话现场。第五行中的"它"是一个混合指称语，总说前面提到的两人买的 BB 霜。

（2）零形式

例（145）1. 龚：你们是，你们是在那个那个官方的那种店买的吗？
2. 还是那种旗舰店买的？
3. 章：我不知道，
4. 这个要问丽君。
5. 我不知道哎，
6. 还得要问 Ø 有什么区别吗？

该例的语境与上例相同。例中第六行的零形式是一个混合指称语，该指称语的指称对象是龚和章所买的 BB 霜。

（3）数量结构名词短语

例（146）1. 甲：我那天一共买了两个包$_{1+2}$，
2. 一个$_{1}$在这里，
3. 另一个$_{2}$给了我哥。
4. 乙：Ø$_{1+2}$在哪买的？
5. 甲：百货大楼，**两个包**$_{1+2}$一共花了 500 块。

该例第五行中的"两个包"总说前续谈到的两个包。

（4）参照点结构名词短语

例（147）1. 甲：计算器$_{1}$借我用用。
2. 乙：我在用 Ø$_{1}$呢。
3. 甲：你不是有两个$_{1+2}$吗？
4. 乙：另外一个$_{2}$借给小王了。
5. 甲：**你的计算器**$_{1+2}$还真走俏！

该例中甲有两个计算器，一个在现场，另一个不在现场。

（5）“这”指称语

例（148）1. 甲：我刚买了两条烟$_{1+2}$，

2. 一条$_1$500，Ø$_1$已经送人了，

3. 手里还剩一条$_2$，700。

4. 乙：哇，中华$_2$！你真舍得！

5. 甲：求人办事有什么办法！

6. **这两条烟**$_{1+2}$就花了我半个月的工资。

该例中的甲买了两条烟，一条在现场，另一条不在现场。

（6）数量称代

例（149）1. 甲：我那天在教室里一共捡到了两个手机$_{1+2}$，

2. 一个$_1$已经领走了，

3. 另一个$_2$还摆着这里。

4. 乙：Ø$_{1+2}$什么手机啊？

5. 甲：**两个**$_{1+2}$都是三星的。

该例第五行中的数量称代词“两个”总说前续谈到的两部手机。

（7）人称代词

例（150）1. 甲：我买了一件 Kappa 衣服$_1$，

2. 给你看看Ø$_1$。

3. 乙：我也买了这一件$_2$，

4. Ø$_2$放在家里。

5. 甲：你的$_2$花了多少？

6. 乙：200。

7. 你$_1$呢？

8. 甲：150。

9. 乙：**我们**$_{1+2}$怎么不一样？

该例中的“我们”同时指在场的和非在场的同类物体。

3.4.3.4 类指语系统

3.4.3.4.1 引入语系统

类指又名通指，它表示整个类的集合，强调整个类而不指类中的具体个体，更不指确定的或特定的个体（徐烈炯和刘丹青，2007：187）。Krifa et al.（1995：2—3）认为，类（genericity）包括两个基本的变体（basic varieties）：第一种变体是指称一类物体（kind referring 或是 kind-denoting），这种类的概念与个体（individual）的概念相对；第二种类的概念是描述一般属性（general property），而不是一个特定的事件（specific episode）或是孤立的事实（isolated fact）。这种类的概念由整个小句而不是单独某一个词来体现，这种小句被称为表征句（characterizing sentence），表达某种习惯、倾向、普遍性等。本研究所说的类的概念包含这两种变体。试比较下面两例：

例（151）香烟含有致癌的尼古丁。

例（152）他喜欢拿香烟送人。

上面两例中的下划线名词都是类指名词。例（151）中的“香烟”属于上述第一种类；例（152）中的小句是一个表征句，其中的“香烟”也是一个类指语。

（1）光杆名词

光杆名词是典型的类指形式。由于光杆名词缺乏指称标记，所以要通过小句中谓语的类型以及整个小句的意义来判断光杆名词是否是类指语。刘丹青（2002）将谓语分为属性谓语和事件谓语，事件谓语表示事件，属性谓语表示状态。充当属性谓语的主语的光杆名词通常是类指的，充当事件谓语的主语的光杆名词通常是单指的。

例（153）阿拉伯半岛淡水很稀少。（刘丹青，2002：412）

例（153）中的谓语“很少”是属性谓语，其中的“淡水”是一个表类指的光杆名词。谓语是事件谓语，但整个小句是表征句中的光杆名词也表达类指的涵义，我们将其归为类指语，如例（154）第二个小句的“海带”。

例（154）章：我是热体质，

我要吃了海带就立马上厕所。

龚：吃了海带就马上厕所啊？

刘丹青（2002：414）认为分裂式话题结构中的光杆名词或或类指量词短语充当话题，具有类指性质。请看下例：

例（155）甲：昨天干嘛去了？

乙：喝酒呗，

“四特窖”我们一人干掉了一瓶。

据刘丹青的分析，该例中的“四特窖”是一个表类指的专有名词，“一瓶”是一个不定指的数量称代。

（2）数量结构名词短语

用于类指的数量结构名词短语可分为两类：一类是含类属量词的数量结构名词短语；另一类是不含类属量词的数量名词结构。我们先来看第一类。

例（156）甲：现在新出了一种平板电脑。

乙：Ø是什么牌子的？

例（156）中的类属量词没有省略。在北京话中，类属量词可以省略，请看下例：

例（157）还有一东西是，

Ø叫疙瘩的，

就是，在山西农民，晋南一些人就吃这种东西（方梅，2002）

不含类属量词的数量名词结构中有一种特殊的类指形式：“一”+非类属量词+指物名词，用这种形式来指称一类物体较为少见。究其原因，刘丹青（2002）认为，用个体转指类主要用于指人的名词。在人的认知域里，非生命的个体还不如类突显，认知的常规是用突显的对象隐喻或转喻不如其突显的对象，因此，发话人不会用不突显的个体去转喻更为突显类体。

徐烈炯和刘丹青（2007：168）举了如下用个指形式转指一类物体的

例子：

例（158）一本小说，封面很重要。

徐烈炯和刘丹青认为，例（158）中的小句是一个表整体部分关系的双主语小句（主谓谓语结构），其中的“一本小说”是话题成分，这类话题明显排斥无定成分，即使出现了数量结构名词短语，实际上也已经是起类指作用的名词短语，这与话题的指称要求有关（1998：168）。

该种形式还会出现在“把”字句中。陶红印和张伯江（2005）把出现在“把”字句中的这种形式称为“无定式‘把’字句”。陶红印和张伯江对1620万字的现代汉语书面语料的统计表明，在现代汉语无定式“把”字句的各种用法中，表通指（以及全称）和表达偶现新信息的用法是主流，其中通指的意义是“把一个”在现在汉语中的基本语义（2005：439—442）。本研究认为，现代汉语口语中也有用无定式“把”字句表达通指（类指）的现象。

例（159）甲：听说他能把一幅画揭成两幅。

乙：画又不是白纸，

Ø 难道能分开吗？

该例第一行“把“字句中的“一幅画”具有类指意义，与后续的“画”和零形式同指。

（3）数量称代

例（160）甲：飞利浦公司现在是一个多元化的公司。

乙：是啊，当初人家也是单做一项做起来。

这一项越做越大。

该例中的“一项”是一个类指语，指某项产品。

（4）专有名词

例（161）龚：我觉得我还是比较适合用潘婷诶，

用了潘婷我的头发每次都好顺好顺。

（5）“这”指称语

本节所说的“这”指称语包括两种形式：第一种是“这”+类属量词+名词或名词短语；第二种是“这”+光杆名词或非类属量词名词短语。

我们先来看一个第一种形式的例子：

例（162）余：你说这种草怎么这么香呢，
我最喜欢这种香味了，
以后有这种香水卖的话，
我一定要买这种香水。

该例的语境是余和李在校园散步时看到一种草，这种草闻起来很香。

关于第二种形式，徐烈炯和刘丹青（1998：189）指出，在包含普通话在内的北方话口语中，类指名词短语可以带指示词“这”。表示类指的“这”决不能重读，通常不加量词而直接加在名词上。而表示有定的“这”“那”可以重读。此外，带类指性“这”的名词短语，不但都用在句首，而且后面还必定有个停顿，显示明显的话题性质，请看下例中的“这铁”：

例（163）（语境：甲正在看报纸上关于铁矿石的报道。）
甲：这铁，（停顿）都是从铁矿石里炼出来的，
现在国家的建设需要铁。

“这”加非类属量词名词短语也可以用来指称包含现场物体在内的一类物体，请看下例：

例（164）（语境：在服装店，售货员甲向顾客乙介绍某款衣服。）
甲：这件夹克是我们卖得最好的一款。
乙：我看看 Ø。

该例中的“这件夹克”（或“那件夹克”）指的是包括现场某件特定的夹克在内的某一类特定型号和款式的夹克。从转指的角度来看，该例中的类指可以理解为用个体来转指一类物体，这种转指反映了我们对一类物体的理解和概括过程（Radden，2009：201）。

（6）“那”指称语

例（165）甲：你说**那种一体的电脑**到底好不好用？
乙：Ø 应该还好，
现在很多地方都在卖 Ø。

例（165）中的“那”与类属量词搭配构成“那”指称语。除这种形

式外，张伯江和方梅（1996：156）发现，当代北京口语中，与“这”类似，“那”也可直接加在一个名词性成分的前边，但那个名词性成分不是有定的，也不是回指成分，而是类指成分。例（166）是张、方二人举的例子：

例（166）将来自个儿过日子，

那一分钱都得掰着花，

要不怎能买大件儿。（张伯江和方梅，1996：156）

在口语中，指示词和名词之间可以插入一个量词“个”，也可以省略，请看下例：

例（167）1. 黄：单鞋比皮鞋更好一点，

2. 因为它这个，比如说你穿裙子的话就穿 Ø 更好一点，

3. 比如你穿那个袜子不会露出来。

4. 吴：嗯，嗯，嗯。

5. 黄：但是你如果穿凉鞋，

6. 像我这种就不能穿袜子。

在该例中，发话人认为穿单鞋易于搭配袜子。第三行小句中的“那个袜子”是类指语，和第六行中的“袜子”同指。

（7）零形式

例（168）1. 俞：罗汉果就是那种圆圆的，

2. 赖：圆圆的。

3. 俞：然后 Ø 可以敲开 Ø 放在锅里煮，

4. Ø 有点甜，

5. Ø 放点蜂蜜的话 Ø 蛮好喝的。

该例第四行中的零形式的指称对象是罗汉果煮的水，第五行中的零形式与第四行中的零形式同指。

（8）“的”字结构

例（169）甲：我喜欢红色的包。

乙：我喜欢绿色的，

绿色的更养眼。

该例第二个小句用“绿色的”把一类新的物体引入话语世界，之所以采用这种省略形式是因为前一个小句谈到了另一种类型的包。

（9）复指语

例（170）商品这个东西，千百万人天天看它，

用它，但是熟视无睹Ø。（刘月华等，2001：647）

该例中的“商品”与“这个东西”同指，共同构成复指语。

（10）直接/间接引语中的类指

例（171）甲：小丽的爸爸虽说一个月工资不到2000块，

但对女儿，只要有人说这东西好，

Ø营养价值高，

他会毫不犹豫地掏钱去买Ø。

该例中的类指语“这东西”出现在直接引语中。

例（172）黄：我告诉你们啊，

那个那个梅梅告诉我以后买苹果要怎么挑苹果，

她说要挑一个，

就是说，两边有一个突起来的。

该例中的黄间接引用梅梅说过的话，第二行中的“苹果”是类指语。

3.4.3.4.2 **续谈语系统**

（1）代词“它（们）”

例（173）甲：木材很重要，

它是做很多家具的原材料。

该例中的“木材”与“它”同指，都是类指语。

（2）零形式

例（174）甲：你喜欢iPhone手机吗？

乙：喜欢Ø啊。

该例中的“iPhone手机”与零形式同指，都是类指语。

（3）参照点结构名词短语

例（175）甲：现在工厂都想开发自己的拳头产品，

乙：你的产品好还不够，

还得会营销 Ø。

该例中的“你的产品”与前续小句中的“自己的拳头产品”同指。

（4）数量结构名词短语

例（176）吴：那个防水台也很高。

俞：哎呀，你不要知道一个防水台就仅在说那个防水台。

该例中，两人正在商场试鞋。防水台是鞋的一部分，“那个防水台”指的是现场一双鞋的防水台。俞认为吴在卖弄自己认识这个物体。“仅”是南昌话中的用词，意思是“一直”。

（5）光杆名词

例（177）张：我不喜欢喝奶茶。

我觉得奶茶又致癌，

Ø 又增肥，

Ø 压根就没有什么好处。

该例第 2 行中的“奶茶”与前续小句中的“奶茶”同指。

（6）“的”字结构

例（178）1. 龚：我根本就不想跟他换奶粉。

2. 徐：那就不要换 Ø 呗。

3. 龚：我是不换 Ø 嘛，

4. 我继续喝那个牌子，

5. 就这样喝 Ø。

6. 徐：美赞臣的又不差。

该例中“美赞臣的”与“那个牌子”、零形式和“奶粉”同指，指称对象是“美赞臣牌的婴幼儿奶粉”。

（7）“这”指称语

例（179）1. 由于筹粮困难，

2. 每人只准备了一口袋炒青稞，

3. Ø 四五斤重，

4. **这东西**吃了不消化，

5. 常常是怎样 Ø 进去又怎样出来。（CCL 语料库）

该例中的“这东西”间接续谈前面出现的“一口袋炒青稞”。

（8）“那”指称语

例（180）还有一东西是，

Ø 叫疙瘩的，

就是，在山西农民，晋南一些人吃这种东西，

那疙瘩是，多半是白面做的吧？（方梅，2002）

该例中的“那疙瘩”续谈第 1 行中的“一东西”。

（9）“这”“那”对举

例（181）1. 章：我是热体质，

2. 　　我要吃了海带就立马上厕所。

3. 龚：吃了海带就马上厕所啊？

4. 郭：嗯。每个人体质不一样嘛，

5. 　　有的人吃了**这个**立马上厕所，

6. 　　有的人吃了**那个**立马上厕所。

该例中的“这个”和“那个”连用，指称对象为不同种的食物，对前续会话进行概括。

（10）数量称代

例（182）甲：你喜欢巧克力还是玫瑰花？

乙：**两样**都喜欢。

该例中的“两样”指的是前续提到的“巧克力”和“玫瑰花”。

（11）复指语

例（183）1. 俞：你可以吃那个天府茗茶，

2. 　　沃尔玛那边有 Ø，

3. 　　它有卖那种 10 块钱一袋，

4. 吴：散装的？

5. 俞：10 块钱。

6. 　　我不晓得 Ø 有几两，

7. 不知道Ø是几两，

8. Ø应该是几两吧，

9. 它这个茶叶都是按几两算的。

该例第九行中的“它这个茶叶”是一个复指语，续谈前面提到的“那个天府茗茶”。

（12）专有名词

例（184）甲：现在市场上豆浆机花样可多了。

乙：你觉得九阳怎么样？

该例中的专有名词“九阳”指的是“九阳”牌豆浆机。

（13）“有的（些）”

例（185）甲：你喜欢吃什么水果？

乙：葡萄。

甲：有的好吃，

有的也一般般。

该例中的两个“有的”分说前续提到的“葡萄”。

（14）直接/间接引语中的类指语

发话人有时会在直接引语或间接引语中续谈已经引入话语世界的一类物体。我们先来看一个直接引语的例子：

例（186）1. 李：那天正好江西卫视演《金牌调解》，

2. 然后一个女的讲她老公怎么样送礼物给自己，

3. 那女的还哭了哟，

4. 每次都是我向他讨礼物。

5. 我就正好把这句话逮到了，

6. 对着我老公说，

7. 你看看，

8. 我也是每次向你讨礼物。

该例的语境是李正在办公室与同事聊天，其中谈到她与丈夫之间的趣事。在该例的第二行，“礼物”在间接引语中被引入话语，在后续的第四和八两行，发话人在直接引语中续谈“礼物”。

例（187）孙：那种白片儿好像（被打断），

王：是药三分毒。

董：茯苓。

范：她说它不，没有任何那种嘛。

该例的语境是范的妹妹来学校看范，并给范带了一些中药，其中有茯苓。该例第一个小句中的“那种白片儿”是一个定指的现场物体指称语。后续的“它”指的是“茯苓”，是一个间接引语中的类指语。

至此，本研究勾勒出了物体指称语系统的全貌。除了物体指称语系统外，三分模式的语言体现层还包含其他与指称语相关的现象。在结束对物体指称语系统的讨论之前，基于本章第3.4节的分析和讨论，我们构建了一张物体指称语系统全貌图（图3-8，见插页），以便全面展现物体指称行为中会话双方所使用的各种不同形式的指称语。

3.5 物体指称语中引入语与续谈语之间的语义关联类型

从语篇回指的角度来看，引入语相当于先行词，续谈语相当于回指语。针对汉语语篇中先行词和回指语之间关系的研究主要有廖秋忠（1992）、徐赳赳（1999；2005）和马博森（2005）。

廖秋忠（1992）详尽描述了现代汉语书面语中指同表达式的类型，所谓的指同表达式是指与先行词同指的回指语。以先行词的形式为对比参照点，廖秋忠把指同表达式分为同形表达式、局部同形表达式和异形表达式。其中异形表达式又可细分为同形词、统称词、指代词和零形式或省略式四种（1992：45）。

与廖秋忠（1992）的研究类似，徐赳赳（1999）以第一次引进篇章的人名或物的指称语的形式为参照点，从形式上把名词回指词分成五类：同形、部分同形、同义、上义/下义和比喻。徐赳赳（2005）根据触发词和联想回指词之间所建立的语义关系类别把联想回指（或称间接回指）分为上下义回指和关联回指。两种间接回指又各自可细分为不同的类别。

廖秋忠（1992）和徐赳赳（1999；2005）研究的共同点是：（1）以

书面语为研究对象；（2）研究的是语篇中的回指现象，不包括指示现象。与此不同的是，马博森（2005）以汉语自然会话为研究语料，从语义关系的角度描述指称人物时引入语与续谈语之间的关系，研究的范围既包括回指现象，也包括指示现象。马博森（2005：88）认为会话双方所选用的续谈语有时与引入语的指称范围完全一致，有时又有区别，它们之间的语义关系主要包括七种：（1）同指关系；（2）整体—部分关系；（3）部分—整体关系；（4）分说—总说关系；（5）总说—分说关系；（6）个例—类别关系；（7）类别—个例关系。

在马博森（2005）研究的基础上，从本研究对续谈的定义出发，我们归纳出以下九种指称物体时引入语和续谈语之间的语义关系类别：

（1）同指关系

同指关系指的是引入语与续谈语具有相同的指称对象。

例（188）龚：哎哟！这是什么呀？天哪！
张：那个，瑜伽球，
坐一下 Ø。
龚：嗯！为什么要买这个？

该例中的“这”、零形式以及“这个”同指，指称对象为处于现场的张的瑜伽球。

（2）分说—总说关系

分说—总说关系指的是先分别指称两个或两个以上的物体，然后总说这些物体。

例（189）1. 甲：我姨妈前天从国外回来了。
2. 乙：是吗？
3. 给你们带了什么礼物吗？
4. 甲：送了我**一台 iPad**，
5. 送了我弟弟**一台笔记本电脑**，
6. **这两样**就花了我姨妈 7000 多块。

该例中甲先用“一台 iPad”“一台笔记本电脑”分说两样物体，续谈时用“这两样”总说。

（3）总说—分说关系

总说—分说关系指的是先总说两个或两个以上的物体，然后在续谈时分说这些物体。

例（190）1. 俞：不同的季节要喝不同的茶。
2. 吴：去财大买一点绿茶。
3. 俞：冬天好像是喝红茶，
4. 夏天喝绿茶，
5. 春天和秋天喝花茶。

该例中第一个小句的“不同的茶”与第二至五行中的“红茶”“绿茶”和“花茶”是总说和分说关系。

（4）整体—部分关系

整体—部分关系指的是引入语和续谈语的指称对象不完全一致，两者构成整体和部分的关系。

例（191）这座房子相当讲究，
门是楠木做的。（廖秋忠，1992：40）

该例中的“房子”与“门”是整体与部分的关系。

（5）部分—整体关系

例（192）甲：你出门的时把插头拔了吗？
乙：没有，汤锅会自动断电。

该例的语境是甲、乙是夫妻，两人在逛街时，甲突然想起出门时家里的煲汤锅忘了拔掉插头。该例中的“插头”和“汤锅”之间是部分和整体关系。

（6）类—个体

类—个体关系指的是引入语的指称对象和续谈语的指称对象之间是类和个体的关系，如下例中的“人文”和“毛主席住的房子”：

例（193）1. 俞：人文都是造的。
2. 赖：哦，对对对，
3. 然后（被打断），
4. 吴：那肯定是造的，

5. 毛泽东，毛泽东，毛主席住的房子那不是造的呀？

6. 对不对？

（7）个体—类

个体—类关系指的是引入语的指称对象和续谈语的指称对象之间是个体和类的关系，如下例中的“这个”和“卡西欧的”：

例（194）俞：我告诉你这个肯定是高仿的，

卡西欧的怎么可能两百块。

该例中的“这个”是吴在网上看上的一款“卡西欧”牌的手表，想买给他的弟弟。该例中的“这个”和“卡西欧的”是个体和类的关系。

（8）上位类—下位类

上位类—下位类关系指的是引入语和续谈语的指称对象之间构成上位类和下位类的关系。如下例中的“毛栗”与“那种超小”：

例（195）吴：毛栗我倒是见过，

那个栗子，我们那里有那种超小。

（9）下位类—上位类

下位类—上位类关系指的是引入语和续谈语的指称对象之间构成下位类与上位类的关系，如下例中的“电脑”与“电子产品”：

例（196）甲：现在电脑挺便宜的。

乙：电子产品只会越来越便宜。

3.6 物体指称语中的类名切换现象

类又称范畴，Rosch et al.（1976）把范畴分为基本层次范畴、高层次范畴和低层次范畴。在三个层次中，人们经常使用处于基本层次范畴的类名来进行指称。除 Rosch 的分类研究外，对类的类型的研究还有 Brown（1990）、Barsalou（1983；1991）、Markman and Stilwell（2001）和 Wierzbicka（1984）。其中 Wierzbicka（1984）根据语义特征和语法特征把上位类（superordinate category，Wierzbicka 将之称为 supercategory）分为层级（taxonomic）类和非层级（non-taxonomic）类，其中非层级类又可分为四类。Wierzbicka（1984）认为，层级类和非层级类反映了人类对外部世界的不同的认知方式，层级类反映的是人类对外部世界的客观认识，回答的是“那是什么？”的问题；非层级类反映的是人类从自身的利益出发认识外部环境的认知方式，回答的是诸如“那有什么用？那是从哪里来的？我们可以怎么使用它？它为什么会出现在这里？”等问题。

会话是一个动态发展的过程，在某个或某一类物体被含类名的指称语引入话语世界后，随着话语的推进，会话双方在会话过程中可能会选择用同一类名来续谈该物体，也可能会选择使用不同的类名来续谈，我们把后者称为类名切换现象。

已有的类名切换的研究主要有Downing（1977）和Halliday and Hasan（1976）。Downing（1977）一文研究在叙事语篇推进的某一时刻，发话人如何选择类名来谈论某一对象，其中谈到了人物指称时的类切换（categorization switch）现象。Downing一文把指人类名的切换归为四种类型：

（1）基本类名—基本类名；

（2）基本类名—非基本类名；

（3）非基本类名—基本类名；

（4）非基本类名—非基本类名（1977：482）。

本文所说的类名切换现象还相当于Halliday and Hasan（1976）在分析英语中的词汇衔接（lexical cohesion）时列举的同一物体用不同名词指称的衔接现象。Halliday and Hasan（1976）所列举的表同指的词汇衔接包括以下三种类型：同指的概括性名词（general word）、同指的同义词和同指的上义词（1976：282）。

在已有研究的基础上，本研究考察物体指称中的类名切换现象。首先分类描述物体指称中的类名切换现象，然后分析其原因。需要指出的是，本节所说的类名相当于Halliday and Hasan（1976）在讨论词汇衔接时所说的词条（lexical item），即指称语中不含任何指称标记和修饰语的光杆名词。

3.6.1 类名切换的类型

本研究，根据类的层级关系，把类名切换的类型分为下位类名切换至上位类名、上位类名切换至下位类名、同级类名之间切换三种类型。在判断类名之间的层级关系时，我们根据两者之间是否存在类包含（class inclusion）的关系来判断。简言之，如果在指称同一物体时出现 X、Y 两个类名，且 X 是一种 Y，那么我们说 X 是 Y 的下位类名，Y 是 X 的上位类名；如果不能说 X 是一种 Y，那么两个类名之间判断为同级关系。

（1）下位类名切换至上位类名

这种切换类型中常见的是下位类名切换至概括名词（general noun）的情况。Halliday and Hasan（1976）在讨论词汇衔接时用一小节专门讨论了使用概括名词进行衔接的现象。在英语中，概括名词包含 thing、stuff、object；在汉语中如物体、东西。从类的层次来看，概括名词属于最高层次的类名，它的主要功能是传递一种人际意义，如发话人对指称对象的态度、评价等（1976：274—276）。概括名词经常与指示词搭配使用。如下例中的“猕猴桃”与“东西”之间的切换：

例（197）（语境：吴和俞在谈论水果。）

1. 吴：我们称**猕猴桃**是甜梨，
2. 然后他们每次回去就弄**好多这种东西**来，
3. Ø就是山上自己摘的。
4. 俞：野生的。
5. 吴：Ø也还蛮甜的。
6. 俞：**这种东西**多吃点。

除切换至概括名词外，下位类名还可切换至其他层次的上位类名。如下例：

例（198）俞：以后打水的时候就抱着**那个热水瓶**，
看**它**怎么炸掉。
吴：到时候就是，（笑）就是人**财**俩失了，我跟你说。

该例中两人正在谈论寝室里俞的热水瓶。上位类名“财”指的是俞的热水瓶。

（2）上位类名切换至下位类名

我们先看一个从概括名词切换至普通名词的例子。

例（199）1. 徐：他就是研究我们成人中的语言里面的指物现象。
2. 李：什么叫指物？
3. 徐：比如说这个东西就是物，
4. 笔就是物。
5. 不是人。

该例的语境是徐在向同事介绍物体指称的概念，在举例时，徐手里拿着一支笔，该例中的“这个东西”和“笔”同指。

例（200）余：那个时候还有饭吃，
她问我要不要吃。
赖：饭吃？
余：就他们有盒饭嘛。

该例中的“饭”和“盒饭”同指，从类名切换的角度来看，是一个从上位类切换至下位类的例子。

（3）同层次类名间的切换

例（201）1. 陈：这手机连网的吗？
2. 董：Ø 连啦。
3. 李：Ø 在下载下载东西。
4. 陈：查下医院。
5. 董：下了什么软件啊？
6. 这么多！
7. 李：地图啊。
8. 陈：这种小电脑还挺好玩的。

该例的语境是李正在摆弄新买的手机。陈在指称该物体时，先是用类名“手机”指称，在最后一句改用同层次的类名“电脑”指称。

3.6.2 类名切换的原因

我们把产生类名切换的原因归纳为两个方面：一是受到人类自身认知特点的影响；二是受到语境因素的影响。

人的记忆具有逐渐概括化（generalization）的特点，如在第一次指称某物体时用基本层次类名指称，那么后续会倾向于用更为概括的上位类名进行指称（Downing，1977：478），如下例：

例（202）1. 邵：程我告诉你，
2. 那个小记者营特别好玩。
3. 有嗯（思索），卖东西，
4. 把你不想要的玩具可以放高价来给他卖，
5. 不过 Ø 要卖的合理，
6. 要不然人家不会买你东西的。

该例中的发话人先用“你不想要的玩具”把一类物体引入话语世界后，后续续谈时用更为概括的上位类名“东西”来指称。

此外，采用不同类名指称同一物体也反映了不同的人对同一事物具有不同的认知视角，如下例：

例（203）1. 陈：柠檬糖。
2. 徐：Ø 不是那一家买的吧？
3. 龚：哪一家哟？
4. 徐：就上次我们那个老外。
5. 陈：不是，不是，不是。
6. 我在超市买的。
7. 徐：叫什么进口糖果的地方。
8. 陈：我一拿 Ø 回去，
9. 他们说越南糖。

该例的语境是陈拿了一些糖给办公室的同事一起吃。在指称该物体时，陈把它称为“柠檬糖”，而在最后一行中，陈的家人把它称为“越南糖”。两种归类反映了不同的人从不同角度对同一物体的不同认识：归为“柠檬糖”是从材质方面对该物体进行归类；归为“越南糖”是从产地对该物体进行归类。

在具体语境中，会话双方对指称对象的认识在交际过程中会逐步加深，相应地会产生类名切换现象，请看下例：

例（204）1. 李：哟！领了东西回来诶，
2. “好乐买”。
3. 王：你回来太早了吧！
4. 李：买鞋子了哦，“好乐买”。
5. 王：嗯。女人骗我一起买了两双鞋。

该例的语境是王网购了两双鞋，王把鞋拿回寝室时被同寝室的同学李发现了。该例中的“东西”“鞋子”“两双鞋”同指，指称对象是王网购的鞋。由于王一开始把鞋带进寝室时，李并不清楚王买的具体是什么东西，所以他用了一个概括的类名来指称该物体。当李看清楚王买的东西后，他改用“鞋子”这一类名来指称。这一例中出现的不同类名反映了李对指称对象的认识逐步加深。

作为语境因素的一部分，共享知识在实施指称行为时扮演着重要角色。共享知识不对称易导致指称修正，在这个过程中会产生类名切换的现象，如下例：

例（205）1. 李：那个葛老就是葛源生产的，
2. Ø 就是上次我买来的那种东西。
3. 董：葛老？
4. 我忘了。
5. 李：那个饮料啊。
6. 董：噢，饮料是吧？
7. 我不记得了 Ø。

该例中的“上次我买来的那种东西”“那个饮料”与专有名词“葛老”同指，指称对象为李曾经带到寝室来的“葛老”牌的罐装饮料。之所以出现不同的类名来指称该物体，主要是因为董对该物体印象不深，因此李采用了不同的类名来指称该物体，以便帮助董识别这一对象。

3.7 物体指称语中的转指现象

转指（修辞学中称为“借代”，认知语言学的研究称之为“转喻”或“指称转喻”，本研究采用“转指”的说法。）是常见的语言现象。关于转指的定义众多（参见李福印，2008：144—149），其中较早从认知角度定义转指的是 Lakoff and Johnson（1980）。根据 Lakoff and Johnson（1980：35）的定义，转指是用一个实体指称另一个与之相关的实体。Lakoff and Johnson 认为，转指涉及同一个认知域内投射的认知过程（1980：36）。与此类似的还有 Langacker（1993：29-30）的定义，Langacker 把转指定义为一个通常用于指称某一实体的表达用于指称另一相关联的实体，并认为转指现象是一种指称参照点构式（reference-point construction）。

本节分析目标域是具体物体的转指。从指称语形式来看，实施转指的指称语既包括光杆名词和名词短语，也包括“的”字结构。之所以把“的”字结构纳入转指指称语的范围是因为已有的研究表明，“的”字结构短语不是一种简单的省略中心语的结构，它是一种转指中心语的“语法转喻”现象，其出现受到转喻认知模型的限制（沈家煊，1999）。

3.7.1 转指分类的相关研究

针对转指现象的分类，已有的研究主要采用以下五种分法：

第一种根据源域和目标域的内在联系来分类，如 Lakoff and Johnson 把转指分为部分转指整体、生产者转指产品、掌控者转指被控物等七种类型（1980：35—41）。Köveces and Radden（1999：24—43）把转指分为两大类：整体与部分之间的转指和整体中不同部分之间的转指。这里的整体与部分是抽象的概念，整体指的是理想认知模型（idealized cognitive model, ICM），部分指的是认知模型中的成分。

第二种是根据源域和目标域的本体特点来分类，如 Warren（2002）提出的命题转指（propositional metonymy）和指称转指（referential metonymy）。两种转指所涉及的实体不同，命题转指涉及的目标域和源域都是命题；指称转指所涉及的目标域和源域都是具体的事物。

第三种是根据激活的方式来分类。陆俭明（2009）认为源域和目标域之间不是基于投射，而是基于激活。从激活方式的角度出发，转指可分为单次激活转指和叠加激活转指。陆俭明一文重点描述了单次激活，把其分为相似性激活、整体部分联想激活、因果推理联想激活三个次类，其中整体部分激活又可分为七个小类。

第四种是把转指分为常规转指和非常规转指。常规转指是我们所熟知的、使用频数较高的转指，如我们常用“White House”指称美国政府；非常规转指的最大特点是不基于词语的常规意义，指称对象只能在某个特定语境中得到识别（Ward，2004 Deignan，2005；），如在餐馆里客人用指称自己的人称代词转指自己点的菜，或是服务员用餐桌的号码转指客人点的菜等。

第五种是从转指的功能角度来分类。关于转指的功能，Lakoff and Johnson（1980）认为首要功能是指称，允许人们使用一个实体指代另一实体。此外，转指它还能帮助理解（1980：36）。Panther and Thornburg（1999）根据转指的语用功能将其分为两大类：命题转指（propositional metonymy）和言外转指（illocutionary metonymy），其中命题转指又可分为指称转指（referential metonymy）和谓词转指（predictional metonymy），Panther and Thornburg（1999：335—336）通过下例来说明这三种转指：

例（206）I don’t know whether the first violin was able to pass her driver’s test.

在该例中，“the first violin”表示 the person in an orchestra playing the first violin，这是一个指称转指；

命题“The speaker does not know whether the first violin was ***able to pass*** her driver’s test”表示 The speaker does not know whether the first violin ***passed*** her driver’s test，这是一个谓词转指；

断言（assertion）“I don’t know whether the first violin was able to pass her driver’s test”表示疑问 Was the first violin able to pass her driver’s test? 这是一个言外转指。

3.7.2 物体指称转指的认知阐释

本研究借助认知语言学中认知域和突显两个概念，从物体的属性出发，对物体指称语中的转指现象进行归类和分析。

3.7.2.1 认知域及域凸显

Lakoff and Johnson（1980）、Langacker（2005a）和 Croft（1993；2002）曾对认知域这一概念进行过阐释。在 Langacker（2005a）提出的突显

（profile）与基体（base）这一对概念的基础上，Croft（2002）把认知域定义为至少一个突显概念（concept profile）充当基体的的语义结构（semantic structure），如圆的认知域包含圆弧、半径、直径、弦等概念。认知域可分为基本认知域（basic domain）和抽象认知域（abstract domain），基本认知域是直接源于人类经验的认知域，如空间、时间和物体，抽象认知域是预设了其他认知域的认知域。一个认知域可预设多个不同的认知域。以物体这个基本认知域为例，其包含了构成物体的材质（matter）、形状和空间位置等认知域，材质是基本认知域，位置和形状是基于空间的抽象认知域（Croft，2002：169）。Langacker（2005a：147）把一个概念所预设的不同认知域组合称为域矩阵（domain matrix），Croft（2002：169）称之为域结构（domain structure）。

Croft（2002）利用域矩阵中的域突显（domain highlighting）概念来解释转指现象。他认为转指是次认知域（secondary domain）和主认知域（primary domain）之间的突显关系，如下例：

例（207）鲁迅非常难读。（李福印，2008：147）

该例中“鲁迅”的转指对象是鲁迅的作品。该转指就是把次认知域“作品”置于“作家鲁迅”认知域矩阵中的凸显位置，从而实现了转指。

3.7.2.2 物体认知域的结构

Croft（2002）把认识域定义为一种语义结构。认知语义学认为语义是百科全书式的（encyclopedic），我们对某一概念的一切知识都构成了这个概念的语义（Langacker，2005a：155—158）。从这个角度出发，物体的认知域应包含与物体相关的所有知识，除上述材质、位置和形状外，还有物体部件、物体产地、物体大小、物体功能等各方面知识，这些知识代表了物体的不同属性。本研究把这些属性分为两大类：第一类是内部属性，第二类是外部属性。

内部属性指的是物体自身所具有的物理属性，如物体由不同的部分组成，不同的物体具有不同的颜色、大小、形状、气味、材质等属性。

外部属性是人类赋予物体的属性，反映了人与物体之间的关系。同一物体在不用语境中会具有不同的功能；不同的商品具有不同的价格；价格有贵和便宜之分；不同商品具有不同的品牌；不同的物体具有不同的领有者等等。我们把这些属性统称为物体的外部属性。以一件商品为例，一件商品的生产和流通过程涉及生产者、流通者、消费者、回收者等不同的人群，生产者给商品贴上品牌标签，流通者给商品定价，消费者对商品进行评价。此外，在某一特定的情景中，人会与其他物体产生语境关联，如在餐馆用餐时，点了某道菜的顾客会与该道菜联系起来。

借用 Croft（2002）提出的域突显的概念，本认为物体指称语中的转指现象是一种为了实现交际目的，借助物体认知域中的不同属性突显物体的指称行为。下面我们首先列举不同类型的转指现象，然后从认知的角度讨论物体转指现象中突显某一认知域的原因。

3.7.3 两种类型的转指

3.7.3.1 内部属性转指

在内部属性转指中，整体—部分转指是常见的类型。整体部分转指又可分为部分转指整体、整体转指部分、部分转指部分三种类型。

例（208）甲：你看现在大街上车这么多，

上下班时间堵得多厉害。

乙：是啊。

在高峰时，**四个轮子的**跑不过**两个轮子的**。

该例中的“四个轮子的”和“两个轮子的”分别转指汽车和自行车，属部分转指整体的内部属性转指。发话者选择车轮的数量这一内部属性来区分两种不同的交通工具，两者车轮的数量与它们在高峰时段的行驶速度形成了鲜明的对比。

例（209）他买了**枚 3 克拉的钻戒**。（李福印，2008：155）

该例中用整个“钻戒”转指其中的钻石材料，这是一个整体指部分的转指。

例（210）壶开了。（沈家煊，1999：5）

该例中的壶转指壶中的水。沈家煊（1999）从认知框架的角度将这种转指归为容器转指内容类的转指。从整体与部分的角度出发，我们可把壶和壶中的水视为一个整体，用壶转指水是用整体的一部分转指另一部分。

除整体部分转指外，材质、形状、大小等内部属性也可用来转指物体。如下例：

例（211）1. 俞：更坚定了我以后要买不锈钢，这个的，决心。
2. 吴：**不锈钢的**也会炸掉的。
3. 俞：**不锈钢的**还好吧。
4. 吴：你们家有**不锈钢的**啵？
5. 俞：有两个**小的**。
6. 吴：不锈钢的应该没有**大的**吧？
7. 俞：**不锈钢的**，有**大的**。

该例中的会话发生在寝室。俞的热水瓶经常爆掉，两人因此谈论起热水瓶。该例中的“不锈钢的”“大的”“小的”转指不同类型的热水瓶。该例中发话者用不同的内部属性来转指物体，这样便于区分不同类型的物体。

3.7.3.2 外部属性转指

在外部属性中，用品牌来转指物体在我们所收集的语料中较为常见。如下例：

例（212）1. 俞：你可以吃**那个天府茗茶**，
2. 沃尔玛那边有Ø，
3. 它有卖那种10块钱一袋。
（继续谈茶叶）
4. 俞：**那个牌子**还蛮好的，
5. 而且那它每次都10块钱，
6. Ø也不是特别贵啊，
7. Ø也不贵。

该例中的“天府茗茶”和“那个牌子”用来转指“天府茗茶”牌的茶叶。

发话人也会用物体的产地或出处来转指该物体，如下例：

例（213）（语境：谈话人在餐馆一起吃饭时谈到学校的其他餐馆。）

1. 孙：上次是在哪吃，
2. 　　它也是偏咸。
3. 　　跟小颖、晓玲一起那次。
4. 范：老树啊？
5. 董：嗯。
6. 范：建安。
7. 　　我们就跟小玲吃过建安和老树。

该例中的“建安”和“老树”是谈话人所在高校里两家餐馆的名称，用来转指这两个餐馆的菜。根据我们的日常生活经验，不同餐馆的菜具有不同的口味和特点，因此用餐馆的名称来转指各自的菜肴不仅符合我们的生活经验，而且便于区分。

对象为物体的人的行为和动作也归为物体的外部属性，请看下例：

例（214）（语境：甲乙两人在食堂吃饭，两人都点了盖浇饭。）

甲：我先吃 Ø 了。
乙：你先吃 Ø 吧。
　　我点的怎么还没好？
　　都等 Ø 半天了。

该例中的“我点的”转指乙点的盖浇饭。

在外部属性中，有一种属性与语境密切相关，这种属性把物体与事件框架中的人关联起来。如下例：

例（215）我是杂酱面。（沈家煊，2008）

设想该例的语境是一位顾客告诉服务员他所点的食物，这个语境为该例中的转指提供了显著关联（沈家煊，1999）。从字面意义分析，该例中“我”和“杂酱面”之间的等同关系有悖于我们的常识，通过“我”转指“我点的食物”，该句中的等同关系得以成立。

3.7.4 指称物体时选择转指策略涉及的认知因素

在会话中，发话人选用内部或外部属性转指受到人类自身的认知特点和发话人对语境和交际目的的认知的影响。

从人类自身的认知特点来看，沈家煊（1999：7）提出了解释转指的认知模型。该模型包含“认知框架”和“显著度”两个核心概念。“认知框架”是人类根据经验建立的概念与概念之间的相对固定的关联模式，是人类认识自身的产物，也是人类与外界交互作用的产物，反映了人类认识自身和世界的方式。A 转指 B，A 和 B 除了必须在同一认知框架内，A 还必须比 B 显著，并能附带激活 B。用显著的东西来转指不显著的东西是一般规律。如当我们说“电视机坏了”时，“电视机”的字面意义和实际所指（电视机的某个零件）并不完全一致，但是对于普通人（而非电视机专业维修人员）来说，电视机的整体比电视机的零部件更具有认知上的显著性，因此我们用整体转指部分，这种现象在日常交际中很常见。

对语境和交际目的认知同样会影响发话人选择何种属性来转指物体。一方面，在具体语境中，发话者选用某种属性转指物体可以突出物体该方面的特点和属性，如下例：

例（216）1. 李：我等下回家去把它抄掉。
2. 张：你有的抄？
3. 李：有的抄啊。
4. 我家有一台<u>高科技</u>呀。
5. 张：<u>电脑</u>啊？
6. 李：嗯。

该例中的张和李是同学，两人正在谈论平时是如何完成家庭作业的，其中李谈到她经常在电脑上收到班上其他同学通过网络传递的作业答案，该例中的“高科技”转指电脑。结合语境，我们可以推测发话者之所以用“高科技”来转指电脑，目的是想强调电脑这一高科技产品的先进和强大功能。

另一方面，如果语境中存在多个同类物体，发话人为了区分这些物体，会选择具有区分性的某一方面的属性来转指物体。如下例：

例（217）徐：原来我们不要求他们买什么版本的。
李：我觉得我会要求他们买<u>**商务印书版**</u>，
因为那样不会买<u>**盗版**</u>。
都是<u>**正版**</u>。

该例中发话人用出版公司和盗版或正版这些字典的外部属性来转指不同类型的字典。究其原因，市场上存在由不同出版公司出版的字典，还有正版和盗版的区别。为了确保质量，发话人李建议学生买商务印书馆出版的字典。

3.8 物体指称语中的修正现象

3.8.1 修正的概念

会话中的修正现象（conversational repair）受到语言学家、心理语言学家、计算语言学家和神经学领域研究的关注（马文，2004：4—14）。在修正概念的定义方面，Schegloff et. al（1977）一文首先区分了改正（correction）和修正（repair）两个概念。改正指用正确的信息替代错误的信息；修正的范围更广，包含在会话的过程中搜索词（word search）、补充信息、没有明显错误时的修正等情况。根据Schegloff et. al（1977）的定义，改正是修正的一个次类。Levelt（1983）根据引发修正的原因区分了适恰性修正（appropriateness repair）和错误修正（error repair），错误修正指的是由于说错而引发的修正；适恰性修正指的是由于表述方式不当而引发的修正。Geluykens（1997）称适恰性修正为信息量修正（informativeness repair，简称I-repair）。

本节所讨论的物体指称修正现象指的是适恰性修正。从修正产生的原因来看，适恰性修正是由发话人对于听话人的认知状态的估计产生了偏差而引发的。换言之，发话人在选用指称形式时会考虑指称对象在听话者意识中的认知状态，如果发话人采用了某一个信息量不当的指称形式，从而导致听话人无法识别指称对象，就会产生指称修正现象。

3.8.2 修正的类型

对于修正现象的描述取决于以何种参数为标准进行分类。Geluykens（1994：17）归纳了分类所采用的三种参数：（1）所修正“错误”的类型；（2）会话的哪一方引发修正，哪一方加以修正；（3）修正出现的时间。马博森（2005：160）在此基础上，把形式参数，即需修正部分的语言形式和已修正部分的语言形式，作为划分指称修正类型的另一参数。下面我们结合语料中的实例依次描述这四种参数。

首先来看 Levelt（1983）所区分的适恰性修正（appropriateness repair）和错误修正（error repair）。我们所收集的语料中既有指称信息错误修正，也有指称语信息量不足导致的修正，下例同时包括这两种修正类型。

例（218）1. 李：就是品牌定位嘛，
2. 他品牌定位定得好，
3. 别人会做品牌，
4. 那就是强势，
5. 你能说LV的包包就能比什么什么牌子的好多少啊？
6. 那不一定的，
7. 别人就是品牌定位高，
8. 它就是钱全部花在那个品牌定位上面。
9. 董：Ø给大众树立了一个高档品牌的意识。
10. 李：对啊，
11. 它其实可能他成本（被打断），
12. 董：根深蒂固。
13. 王：Ø高档吗？
14. 美的很高档吗？
15. 董：LV（强调语气）！
16. 李：说的是LV。

该例的语境是发话人李正在谈论 LV 产品的营销策略。在该例中的第 13 行，发话人王误解了董和李两人的谈话内容，他先用零形式指称“美的的产品”，在随后的第 14 行中接着用专有名词“美的”进行修正，这是一个发话人估计指称语的信息量不足而引发的自我修正。在随后的第 15 行中，董对王提供的错误的指称信息进行了修正，在第 16 行，李进行了确认。董的修正是一个由于指称信息错误而引发的修正，我们后续的讨论中不包含错误修正这种修正类型。

根据由谁发动修正和完成修正，Schegloff et. al（1977）区分了四种修正现象：自发的自我修正（self initiated，self-correcting）、他发的自我修正（other initiated，self-correcting）、自发的他者修正（self-initiated，other correcting）、他发的他者修正（other initiated，other correcting）。对于上述四种类型修正的优先顺序，Schegloff et. al 认为自我修正优先于他者修正，原因是：（1）自发修正的机会空间先于他发修正的机会空间出现；（2）自发修正的机会多于他发修正；（3）同一话轮内启发的修正易产生同一话轮内成功的自我修正；（4）他发修正的策略易导致自我修正，他发修正的作用主要是确定需修正的信息（trouble source）。

下面分别举例对这四种修正方式进行说明。

（1）自发的自我修正

例（219）1. 龚：我提前两个月就跟她讲：
2. “我要过生日了，
3. 我要过生日了，
4. 我要过生日了。”
5. 我老公就会问我：
6. “你又看中了什么？”
7. 李：我才不嘞，
8. 我是直接刷信用卡，老公的信用卡。

在该例的第八行，李先是用“信用卡”指称她爱人的信用卡，由于信用卡的普及，这种指称易导致听话人误解李刷的是自己的信用卡，所以李立刻又进行了自我修正。

（2）他发的自我修正

例（220）袁：你交了那个么？那个。
刘：什么？
袁：支教的呀。
刘：Ø交了。

该例的语境是会话双方正在谈论暑期支教的申请表格。发话人袁估计听话人刘能够识别该物体，所有用“那个”来指称。由于袁的估计错误，在第二行，发话人刘发起了修正，修正在第三行由袁自己完成。

（3）自发的他者修正

例（221）1. 黄：我骑回来的时候，我看他，
2. 他本来是站在那个门旁边的那里，进口的那里的嘛，
3. 然后等我回来的时候，
4. 他就直接站在那个，那个房间，那个（被打断），
5. 俞：传达室。
6. 黄：哦，对，传达室的旁边。

该例中发话人黄在第四个小句首先用“那个房间”指称位于学校旁边部队的大门旁的传达室，但黄自己觉得指称信息不够准确，自己开始搜寻更合适的词来指称，在黄未完成搜寻前，俞打断了黄的思索，直接用“传达室”完成了修正。在该例中，会话双方都能识别该指称对象，因此该例是一个指称信息不准确而引发的指称修正。

（4）他发的他者修正

例（222）徐：辣味饭。
服务员：薯仔辣味饭？
徐：嗯。

该例的语境是徐等在餐厅点餐。虽然徐等在前面谈到过薯仔辣味饭，但由于菜单上有多种辣味饭，所以服务员发起了修正，对徐点的饭进行确认。

在讨论上述四种修正类型时，所举的例子都是引发了修正且修正成功的例子，所谓的修正成功指的是由于指称语的改变，听话人成功地识别了指称对象。与引发修正且修正成功不同的是，语料中还出现了引发了但未修正的例子，以及引发后也进行了修正，但修正未成功的例子。我们首先来看引发了但最终未得到修正的例子：

例（223）1. 徐：装个这个，
　　　　　2.　　我先把这个箍起来，
　　　　　3.　　再对付那个。
　　　　　4. 黄：箍哪个哦？
　　　　　　（沉默）
　　　　　5. 徐：好啦，
　　　　　6.　　Ø 可以飞来飞去的。

该例的语境是两人在玩蜻蜓玩具车，这个玩具车有两个轮子。在指称这两个轮子时，发话人分别用了指示词来指称。由于在这一指称过程中存在指代不清的情况，因此另一谈话人黄发起了修正，但徐没有回答黄的问题，最终这一指称问题没有得到修正。

下例是一个引发且进行了修正，但修正未成功的例子。

例（224）1. 黄：我们玩上次那个不？
　　　　　2. 徐：哪个哦？
　　　　　3. 黄：我们玩上次那个公主的不？
　　　　　4. 徐：什么公主的？
　　　　　5. 黄：就是上次那个，第一次来的那一次的那个。
　　　　　6. 徐：不知道。
　　　　　7. 黄：第一次来我，你们家，玩的那个那个公主的。
　　　　　8. 徐：忘记了 Ø。

该例的语境是黄和徐在另一小朋友萱萱的家玩玩具时，黄突然想起上次两人一起玩过的一个玩具。在指称这个玩具时，为了让徐识别这个玩具，黄进行了多次修正，但如第 8 行所示，徐最终没能识别这个玩具。

第三种参数是时间参数。Geluykens（1997：20）根据发动修正的时机将修正分为即时修正和延时修正，前者指出现指代不明现象时，随即加以修正；后者指对指代不明现象的修正出现在小句末尾。

我们先来看一个即时修正的例子。这种修正类型在我们收集的语料中较为常见。

例（225）俞：达芙妮，
上次我们看到我看到的那个呢，
叫你试过的那个。
我还是比较喜欢那个。

该例的语境是俞和吴等在逛商场时来到名为“达芙妮”的鞋店，这时俞想起吴曾经试穿过的一双“达芙妮”牌的鞋子。

下例是一个延时修正的例子。这种修正类型在我们收集的语料中较为少见。

例（226）1. 妈：那么那里还有什么让你比较开心的？清清。
2. 清：我还有。
3. 妈：清清还有补充。
4. 清：就是那个就是，皇家英里大道。
5. 妈：皇家英里大道？
6. 清：它的路上有几面哈哈镜。就是，就是爱丁堡城堡下来的那条街。
7. 妈：那条叫做皇家英里大道。

该例的语境是清清和妈妈回忆去苏格兰旅游的经历。在指称皇家英里大道时，妈妈发起了修正（第五行），但清清并没有立刻修正，而是待讲述完“哈哈镜”之后才进行了修正。我们把这种修正称为延时修正。

第四种参数是形式参数。从形式参数入手，指称修正可分为：（1）名词短语式替换代词；（2）名词短语替换零形式；（3）代词替换零形式；（4）信息量高的名词短语替换信息量低的名词短语四类（参见马博森，2005：163）。本节所说的名词短语包含我们在物体指称语系统中谈到的数量结构名词短语、参照点结构名词短语、光杆名词、“的”结构、专有名词、含“这”“那”的名词短语等名词性形式。代词包含“它（们）”、指示代词、人称代词和数量称代等形式。从信息量来看，名词短语的信息量高于代词，代词的信息量高于零形式。

下面我们先举例说明前三种情况。

（1）名词短语替换代词

例（227）龚：对了，你们不是买了那，

不是，丽君和谁买了 BB 霜。

该例的是龚和同学一起网购了 BB 霜，在指称这一物体时，由于双方具有共享私人知识，所以龚先是选择用指示代词指称，在自我修正时她用名词短语进行指称。

（2）名词短语替换零形式

例（228）1. 俞：没事，

2. 多吃点饭嘛，

3. Ø 你居然吃得下去！

4. 吴：这个菜有点苦。

5. 俞：我说你居然吃得下去**那整个大蒜**。

该例的语境是俞和吴等在食堂吃饭，其中吴点了水煮花生和虾米炒萝卜这两道菜，虾米炒萝卜里有蒜瓣。俞在指称“蒜瓣”时先用零形式引入这一物体，吴以为俞指的是萝卜，在第五行，俞用名词短语自发进行了修正。

（3）代词替换零形式

这种情况在语料中较为少见，下例是一个指称现场物体的例子。

例（229）赖：然后 Ø 充了不到两分钟，

“啪”，Ø 没了。

俞：充什么？

赖：就是**那个**。

该例的语境是赖和俞在谈论早晨吴在寝室里用热得快烧水导致电闸跳闸的事，热得快在谈话现场。在该例中，赖先用零形式引入“热得快”这一物体，俞在第三行引发修正，赖随后用指示代词进行修正。

（4）信息量高的名词短语替换信息量低的名词短语

据我们对语料的观察，用信息量高的名词短语替换信息量低的名词短语主要包括以下两种情况：（1）用语义更明确的名词短语替换语义较为宽泛的名词短语。一般来说，修饰语更多的名词短语语义更为明确；（2）用专有名词替代其他名词短语。这两种替换的共同点是用语义更为明确的指称语替换语义较为宽泛的指称语。语义之所以能更为明确可能是因为修正后的指称语提供的信息指向了会话双方的共享知识，为对方在共享知识中寻找指称对象提供了线索。

我们先来看第一种情况。

例（230）1. 余：对你有益的啊，
2. 我今天一定监督你把你买的东西全部吃完，
3. 怎么样？
4. 李：我什么时候买的东西啊？
5. 余：你晚上吃晚饭买的东西啊。

该例的语境是余和李在散步时聊到寝室里李买的零食。余首次指称时用了语义相对而言较为宽泛的指称语“你买的东西”，她在第五行自我修正时用了另一个语义更为具体明确的指称语进行修正。两个指称语相比较，第二个指称语的修饰语更多，指称信息更为准确。

下面我们来看用专有名词替代名词短语的情况。从语义上来看，专有名词的语义更为明确。

例（231）1. 俞：七点的快车，半个小时，
2. 快车，
3. Ø 真的很快的，
4. 给你们一个机会坐快车嘛，
5. 还不要呀？
6. 赖：什么呀？
7. 俞：704 呀，
8. 昨天我坐了一下 Ø，Ø 好快呀。

该例中两人在谈论学校新开通的一路直达市区中心的 704 路公交车。在谈论该物体时，发话人俞先用光杆名词“快车”指称，赖在第六行发起修正后，俞在第七行改用专有名词指称。与光杆名词和带修饰语的名词短语相比，用专有名词指称更为明确。

3.9 物体指称语中指示词"这""那"的用法

3.9.1 "这""那"用法研究综述

指示词"这"、"那"是指称物体时常需借助的语言形式。除了充当基于空间距离的近指和远指标记外，现代汉语中指示词的用法逐渐虚化。张伯江和方梅（1996：175—184）把"这""那"语法意义的虚化归纳为两种变化——非指代化倾向（成为指称标记）和指示域的扩展和转移。

在非指代化倾向方面，张伯江和方梅（1996）、方梅（2002）研究了完全虚化的"这"充当类指标记的用法，并归纳了"这"虚化用法的三个方面的特点（张伯江和方梅，1996：181）。许家金（2005）从韵律特征、话轮位置和话语功能三个方面区分指示词"那（个）"的四种话语标记用法：开启话题、转换话题、思索填词和其他用法，这些用法是完全虚化的话语标记用法，几乎不受所指名词或者指示中心的制约（2005：96—111）。

在指称域的扩展和转移方面，"这""那"在物理空间的距离差异投射并转变为在时间、心理距离、语篇距离方面的"远"和"近"的差异。如吕叔湘和江蓝生（1985）认为，近指和远指的区别，基本上是空间的，但也往往是心理的，因此有同一事物，先说"那"，后说"这"的，这是由于心理距离的改变，也可以说是观点的移动（1985：188）。Zhang（1991）认为，近指语倾向于用来指称空间、时间和情感上与发话人较近的前景物体；远指语倾向于用来指称空间、时间和情感上与发话人较远的背景物体；Zhang 还认为汉语指示词"这"和"那"的研究集中于研究它们的语义差别，而忽视了话语功能的研究。Shi（1998）有类似的观点，Shi 认为"这"和"那"的使用兼有使处于激活但非焦点状态的指称对象前景化和表明话题转移（topic shift）的功能，而零形式的使用则标示着话题焦点的延续。Wu（2004）把指示词的使用分为情景指示用法（situational deictic use）和拓展指示用法（extended deictic use），后者表明指示代词的使用从具体空间投射到了抽象空间。这一投射的认知基础是类比（anaology）和象似关系（iconic relationship）。从情景指示用法演变为拓展指示用法会产生指示中心的投射（deictic center projection）和指称中心的转移（deictic center shift）以及空间距离的再概念化（reconceptualisation）。所谓的再概念化是指在拓展的指示用法中，近指表明发话人移情于指称对象且指称对象受到发话人的高度关注，而非近指则表明指称对象受到较低程度的关注。从信息状态的角度来看，近指的对象处于前景之中，属于新信息；而非近指对象处于背景之中，属于旧信息。

Himmelmann（1996）试图回答在不同的自然语言中，指示词的哪些用法具有普遍性？该文以五种语言的口语叙事语篇为语料，描述了指示词的四种普遍用法（universal use）：情景用法（situational use）、话语指示用法（discourse deictic use）、示踪用法（tracking use）和认同用法（recognitional use）。Himmelmann（1996）指出，前三种用法已得到跨语言的验证，但对于认同用法的研究还不够深入。我们在后续的第 3.9.2 节分析认同用法时还要具体谈到 Himmelmann 对这一用法的分析，这里先做一简要交代。

在汉语指示词"这""那"的具体用法研究方面，Tao（1993）主要讨论了近指词与远指词超出具体空间的用法。Tao 指出，"这""那"的选择受下面五个因素的影响：（1）话语模式（discourse mode）；（2）语篇性（textuality），如用来指称前面相邻小句所叙述的内容，而不是某个具体对象时，倾向于用"这"；（3）指称对象的现实性属性，对现实事件中的对象倾向于用"这"指称，对非现实事件中的对象倾向于用"那"指称；（4）推断性通晓（assumed familiarity），指的是发话人推想听话人对他所述对象的确知程度。一个在发话人看来不容易被听话人识别的新的对象，倾向于用"这"指称，较容易被听话人辨识的新的对象用"那"指称；（5）社会距离（social distance），即发话人的态度（参见方梅，2002：349）。Huang（1999）把汉语中"那"的用法归为六类，并认为"那"已经虚化为一个定冠词。这六种用法中有两种与指称现象无关，属于"那"的虚化用法。方梅（2002）把指示词的用法归为四类：情景用法、示踪用法、语篇用法和认同用法。此外，丁启阵（2003）讨论了"这""那"的八种用法。

上述汉语指示词用法的研究达成如下共识：汉语指示词“这”“那”的使用存在方梅（2002）所述的四种基本指称用法。同时，这些研究间也存在截然相反的观点，如方梅（2002）认为“这”的虚化程度比较高，其主要表现之一就是“这”已经成为一个定冠词，但“那”还没有虚化成为一个定冠词（2002：352）；Huang（1999）则试图说明汉语中存在定冠词，这一定冠词是“那”。两个研究相比较，方梅（2002）是根据Himmelmann（1996：210）提出了如下两条标准来判断“这”已经虚化为定冠词：（1）指示词不可用于首次引入话语的某一语言社区中独一无二的的指称对象，但冠词可以；（2）指示词不用于概念关联而确定的对象，但是冠词可以。需要指出的是，依据这两条标准，“那”同样可认为已经虚化为定冠词，这一点我们在下面举例时还要具体分析。

3.9.2 物体指称语中指示词“这”“那”的用法

在已有研究的基础上，本节分析物体指称语中指示词“这”“那”的用法。我们同意 Wu（2004）的观点，认为指示词的不同用法表明指示词的使用从具体空间投射到了抽象空间。在指示词使用的具体语言体现方面，我们在 3.4.3.1.1.1 小节（第 61 页）举例说明了“这”“那”使用的三种情况：（1）做指示代词使用；（2）单独做修饰语，修饰中心名词；（3）与其他修饰语共同修饰中心名词。就已有的指示词用法研究来看，Tao（1993）举的例子仅限于上述第二种情况；Huang（1999）举的例子包含第一、第二和第三种情况；方梅（2002）所举的例子仅包含第一和第三两种情况。为了较为地全面分析指示词的使用情况，与我们在 3.4.3.1.1.1 所限定的指示词指称语的范围有所不同，本节的研究范围不仅包括上述“这”“那”使用的三种情况，还包含含指示词的“的”字结构和复指语，以及与疑问代词活用搭配使用的“这”和“那”。

在已有研究的基础上，结合本研究所收集的语料，我们“这”“那”用法归为以下七种。请看表 3-1（“√”表示具有这种用法，“×”表示不具有这种用法）。

表 3-1：物体指称语中指示词“这”和“那”的七种用法

“这”“那” / 用法	“这”	“那”
指示用法	√	√
可识别用法	√	√
指向其他修饰语界定的指称对象	×	√
类指兼话题标记用法	√	√
续谈用法	√	√
后指用法	√	√
不定指用法（“这”“那”对举）	√	√

下面通过举例分别说明指示词的上述七种用法。

（1）指示用法

这种用法相当于 Himmelmann（1994）和方梅（2002）所说的情景用法。在指示用法当中，发话人一般以自我为中心，根据指称对象与中心的物理距离的远近来选择指示词。

例（232）（语境：余和李两人在学校的蛋糕店里买蛋糕。）

1. 余：那个小的也是两块啊？
2. 老板娘：哪个？
3. 余：那个。
4. 那这个蛋糕呢？
5. 老板娘：那个三块。

该例第三个小句中的“那个”与第一个小句中的“那个小的”同指，第五个小句中的“那个”与第四个小句中的“这个蛋糕”同指。由于会话双方与指称对象的距离有远近之分，所以上例中发话人余用“这个蛋糕”将蛋糕引入后，老板娘用“那个”来续谈这个指称对象。

（2）可识别用法

可识别用法相当于 Tao（1993）所说的推断性通晓和方梅（2002）

所说的认同用法。可识别用法所依赖的共享知识主要是私人共享知识，包含当前会话的前续话语中提到的信息和会话双方共有的经历。Shi（1998）也持类似观点，此外，Shi 把基于会话双方社区共享知识（general knowledge）的"那"的使用也归入可识别用法的范围。

综合已有研究的论述和分析，我们认为可识别用法中的"那"相当于提示语（reminder），提示听话人的意识指向双方共享知识中的某一物体（Gundel et al.，1993；Shi，1998：94）。与之不同的是，指示用法中的"那"指向的是现场语境中的物体，续谈语中的"那"指向的是前续话语中谈论的物体。这三种用法的所依赖的共享知识类型也各不同：指示用法中的"那"对应的是物理共现知识；续谈用法的"那"对应的是语言共现知识；而可识别用法中的"那"对应的是共享背景知识。

在具体用法方面，Tao（1993）认为，如果指称对象的可识别程度低，或发话人认为听话人对指称对象不熟悉，那么他会使用"这"进行指称，反之则用"那"指称。吕叔湘和江蓝生（1985：204）同样认为，"那"反映了发话人对听话人对指称对象的熟悉程度的估计，如果发话人认为听话人能够识别指称对象，那么发话人便会用"那"指称。

我们先来看一个用"这"的例子：

例（233）我去了，
结果呢，他说，在一个叫做证物室啊，
就是，专门存放的地方，
哎，存放<u>这些证物</u>的地方（Tao，1993：91—92）

该例的语境是说话人在向另一个人讲述他的包遭偷窃后，与警察局打交道的故事。由于"这些证物"是第一次出现在话语之中，且发话人认为听话人不能识别该指称对象，所以用"这"指称。

例（234）俞：<u>上次我们看到我看到的那个</u>呢？
<u>叫你试过的那个</u>呢？
我还是比较喜欢<u>那个</u>。

该例的语境是俞等在商场买鞋时想找到上次逛街时看到过的一双鞋。该例中划线部分的三个指称语是同指的，其中前两个指示词指称语的用法是认同用法，发话人借助指示词“那个”和其他修饰语提示听话人这一指称对象存在于双方那的私人共享知识中；与前两个指称语的用法不同，第三个“那个”作代词使用，属续谈用法。

从可识别用法的类型来看，可识别用法可分为首次引入话语时的可识别用法和后续再次提到时的可识别用法。大部分的可识别用法用于首次引入指称对象。在区分后续再次提到时的可识别用法和指示词用于续谈这两种用法时，Himmelmann（1996）指出，续谈中可识别用法的指称对象一般是话语中非主要信息，用来提示对方该指称对象在前面谈到过，且再次提到时并没有增加新的信息。Shi（1998）也提到类似的用法，但上述两个研究中均没有出现汉语会话中的例子。

本研究认为，如果某物体处于会话双方的注意力焦点当中，前面曾经谈论过，后被重新谈起时，那么这个物体对于双方来说也是可识别的。如在我们语料中出现的下例中，发话人用“这”来指称可识别的物体。

例（235）1. 吴：Ø 来了 Ø 来了，
2. Ø 真的来了。
3. 俞：哦，走，走。
4. 她们又不见得坐 704。
（转而谈论其他话题）
5. 俞：没有公交车过来呀，
6. 姐姐，你欺骗了我们，
7. 亏你还带个眼镜，哼！
（谈论公交站旁路过的货车）
8. 吴：哎呀！这车到底来不来呀？

该例的语境是谈话人在学校的公交站台等 704 路公交车。例中谈话的开始部分，吴误以为 704 车来了。在该例的第八行，吴用“这车”重新把她们在等待的 704 路公交车引入。

我们所收集的语料中没有出现用“那”来重新引入可识别物体的例子。

（3）指向其他修饰语界定的指称对象

在这种用法中，指示词指向的不是会话双方共享背景知识中的物体，而是指向其他修饰语所界定的物体。Clark（1992）（参见 Huang，1999）把这种“那”的用法称为“无用的‘那’”（unavailable use），因为指称对象的身份（identity）主要靠其他修饰语确立的。

可识别用法中的“那”起到的是提示作用，可充当代词或与其他修饰语一起使用。与可识别用法不同的是，与其他修饰语共同建立指称对象的指示词一般出现在其他修饰语之后。如下例：

例（236）1. 俞：蒜头是什么？
2.　　大蒜的头呀？
3. 赖：蒜茎吧，
4.　　白色的那段。
5. 俞：大蒜的白色的那一段呀？
6. 吴：不是呀。

（4）类指兼话题标记用法

徐烈炯和刘丹青（2007：189）指出，在包含普通话在内的北方话口语中，类指名词短语可以带指示词“这”，表示类指的“这”不能重读，通常不加量词，随后跟名词，而表示有定的“这”、“那”可以重读，且后面可以加量词。

例（237）这老婆我好有一比，
好比手里这烟。
这烟对身体有害是谁都知道的，
为什么还有那么多人抽 Ø？（张伯江、方梅，1996：156）

张伯江和方梅指出，这种用法出现的语境是“上文出现了某个人或事的某种行为，下文评论说‘这一类人或事都是如此’”，其作用是引出一个话题。张、方同时指出，这种用法的“这”比“那”用的多，可能是因为近指词更便于表达与上文事物的关联。由于这种用法既实现了类指功能，同时表明一个话题的引入，所以我们把这种用法称为类指兼话题标记用法。在区别方面，当一个新的话题被引入时如果用“那”，则表明与前面谈论的对象形成对比或相反的情形（方梅，2002：350），如我们的语料中出现的下例：

例（238）1. 黄：单鞋比皮鞋更好一点，
2. 因为它这个，
3. 比如说你穿裙子的话就穿 Ø 更好一点，
4. 比如你穿那个袜子 Ø 不会露出来。
5. 吴：嗯嗯嗯。
6. 黄：但是你如果穿凉鞋，
7. 像我这种就不能穿袜子，
8. 你穿袜子只能穿黑色的。

该例的语境是吴等人在寝室里谈论新买的鞋子，在上例中，她们谈到了鞋子如何与袜子进行搭配。在该例中的第四行，发话人黄把袜子引入话语时使用了类指语“那个袜子”，根据我们的分析，之所以用“那”是因为鞋子和袜子是经常搭配的物体，发话人黄在后续的会话中把两者在颜色方面的搭配进行了对比。

（5）续谈用法

指示词在会话也用来续谈引入的非现场物体和一类物体，这种用法称为续谈用法。

例（239）1. 龚：然后呢我爸爸就想，
2. 竹笋摆在这里 Ø 就是天然的食物，
3. 怎么不能偷 Ø 啊，
4. 难道山下面那里店里的人就不能来偷 Ø 吗？
5. 然后我爸爸正好看到看着一个竹子长得蛮高的，
6. Ø 这么高。
7. 徐：嗯！
8. 龚：然后呢就拔了三个，
9. 你知道那三个到哪了不？

该例的语境是龚向同学讲述去爬山的经历。其中第九行的“那三个”和第八行的“三个”同指，指称对象是偷拔的三根竹笋。

一般认为，近指语“这”用于指称距离较近的指称对象，远指语“那”用于指称距离较远的对象（Zhang，1991：37；吕叔湘，1985：203）。但在上两例中，“这大饼”与先行词所在的指称语的指称距离是三个小句，而“那三个”距先行词所在小句的指称距离只有一个小句，由此可见用于续谈的“这”“那”并不完全受指称距离的限制，据我们分析，发话人与指称对象的心理距离也应是影响因素之一。

除直接续谈引入的物体之外，“那”也可以用来间接续谈引入的物体。Shi（1998）讨论了“那”的联想回指用法，如下例：

例（240）我看到现在一些出租车，
那个后视镜，
那个杠上他们有的时候吊一个毛泽东像，
毛泽东小的画像。

Shi（1998）认为，上例第二行和第三行中加粗的名词短语是有定的，“那”的使用表明“后视镜”和“杠”这两个指称对象处于出租车的“联想集合”（associative set）中。

下例是一个指示词用来续谈一类物体的例子。

例（241）徐：我比较喜欢是魔仙女王的王冠、魔法棒还有她的耳环，
我喜欢**这些东西**。

例（245）中的“这些东西”续谈第一行中提到的各种不同的玩具。

此外，Tao（1999）认为，发话人对指称对象的态度也会影响指示词的选择。在汉语中，“那”可表示发话人对指称对象的否定态度或情感，“这”较为中性。由于这种用法在续谈时出现，因此在本节把这种用法纳入续谈用法的范围。如下例：

例（242）甲：我们去买点榴莲吃吧？
乙：**那东西**我才不吃呢。

（6）后指用法

已有研究普遍认为“这”可以用于后指，但对于“那”是否可以后指存在争议，如吕叔湘等（1985：205）指出，“这”可以用来指示下文即将说明的事物，“那”没有这种用法。曹秀玲（2000）基于书面语语料的研究发现“那”也可以用于后指。但曹同时指出，用于后指时，“这”出现的概率远远高于“那”。此外，我们收集的有关指示词后指研究中的例子全是指称对象为抽象物体的例子。后指的出现是否受到指称对象的本体特征的影响还有待进一步的讨论。

本研究收集的语料中没有出现“这”的后指用法，“那”的后指用法在儿童语料中出现了一例。

例（243）徐：你还喜欢看什么书？

李：我现在发现我最喜欢看的书是那一本，

Ø 叫《福尔摩斯案全集》。

（7）“这”“那”对举

“这”“那”连用可以用来指称不确定的物体，请看下例：

例（244）采点儿这，

摘点儿那，

一会儿 Ø 就装满了一小筐。（吕叔湘，2010：657）

上述我们依次举例说明了物体指称语中指示词“这”“那”的七种用法。需要指出的是，Himmelmann（1996：210）提出了两条区分定冠词和指示词的标准，如按照这两条标准来判断的话，“那”与专有名词搭配的可识别用法和联想回指用法同样表明“那”也已经虚化为定冠词，因此“这”“那”在虚化程度上面是否存在不对称还需要进一步的研究。此外，我们在讨论指示词的后指用法时指出，“这”“那”的使用是否受到指称对象的本体特征的影响也是一个值得研究的课题。

3.10 编码非现场物体时指称语的分布模式

在编码现场物体时，由于会话双方共享物理共现知识，所以引入语和续谈语的信息高低度差异不明显。但在编码非现场物体时，引入语和续谈语之间不能混用，否则会导致指称交际失败。那么在编码非现场物体时，会话双方对引入语和续谈语形式的选择是否有规律可循？规律是什么？换言之，指称非现场物体时，指称语的分布模式是什么？

本研究所说的指称语分布模式相当于回指分布模式，相关研究成果主要有 Fox（1987）和马博森（2005）。Fox（1987）指出英语会话中回指的基本分布模式是：

（1）在一个序列中，第一次提及的指称对象用完整名词短语表示；

（2）指称对象第一次提及之后，后面选用代词意味着会话者认为该序列尚未结束；

（3）后面选用完整名词短语则意味着会话者认为多次提及同一指称对象的前面一个序列已经结束（转引自马博森，2007a：25）。

Fox（1987）研究结论表明：汉语和英语中回指语的分布模式基本一致，即先使用信息度高的名词短语形式引入，后使用信息度低的代词或零形式回指或续谈。区别在于英语中较少使用零形式，而汉语是一种意合型语言，大量使用零形式。

上述所谈的是两种语言中回指分布的基本模式。在具体会话中，偏离基本模式的现象也时有发生。

除上述两项研究外，马博森（2005）根据如下三方面的要素提出了编码非现场人物时理论上的八种可能性结构：（1）指称人物的时机：先发时机和后续时机；（2）指称人物的形式：名词短语、零形式和代词；（3）指称形式所表达的元功能：引入和续谈。根据指称形式所表达的元功能排除了其中的四种可能性结构后，剩下的四种分布模式经基于语料的统计结果验证，按照典型性的高低等级从上至下排列如下（马博森，2005：153，其中的符号“^”表示续谈）：

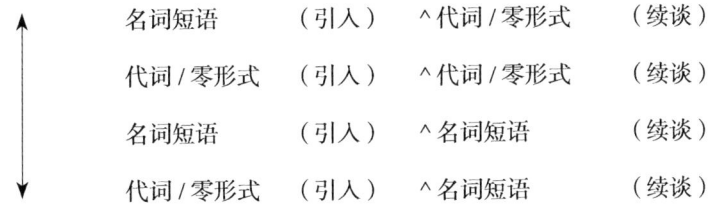

典型模式

名词短语	（引入）	^代词/零形式	（续谈）
代词/零形式	（引入）	^代词/零形式	（续谈）
名词短语	（引入）	^名词短语	（续谈）
代词/零形式	（引入）	^名词短语	（续谈）

非典型模式

由于指称语的分布模式涉及对分布模式典型性的假设和基于语料统计结果的验证，所以我们把这一块内容主要放在后续第六章中的6.10小节进行详细讨论。这里之所以先简要讨论这个问题，目的在于完整阐述我们在本章所建构的研究自然会话中物体指称的三分模式。我们先通过下面两个例子来说明会话双方是如何编码非现场物体的。

例（250）1. 邵：我还看了一本书，
2. Ø是本连环画，
3. 我反复地看Ø，
4. 因为家里的书都看腻了，
5. 反复地看Ø，
6. 反复地看Ø，
7. 就这本书和一本书反复的看，
8. 看不厌Ø，呵呵。

在该例中，发话人邵先用名词短语“一本书”把非现场物体引入，后用零形式和名词短语“这本书”续谈。

例（251）1. 邵：你看这个小公主漂亮吧？
2. 就是因为它满身粉红，
3. 而且我也喜欢粉红，
4. 我就买了它。
5. Ø才一块钱呢。

在该例中，发话人邵在谈论印有公主图像的玩具贴纸。邵先用名词短语将该物体引入，后用代词“它”和零形式续谈。

至此，我们已经勾勒出了研究自然会话中物体指称的三分模式的全貌。除使用指称语外，物体指称行为还需借助涉手模式，这是第四章将要讨论的内容。

第四章
物体指称行为中的涉手模式及涉手模式与指称语的互动分析

4.1 引言

已有的指称研究主要聚焦于语言模式，大都没有考虑实施指称行为需借助的其他模式。Jewitt（2009）指出，交际和表征运用多种模式，语言只是多模态聚合体（multimodal ensemble）中的一部分（参见曾小荣和马博森，2012：418）。作为日常交际中常见的活动类型，实施物体指称行为除了使用指称语外，还常常需要借助或伴随非语言手段。这些非语言手段通常由手掌和手臂实施。在本研究中，我们借用多模态研究中的模式（mode）这一概念，把这些伴随指称语出现的，由手掌和手臂实施的非语言手段称为涉手模式，把语言手段称为语言模式。语言模式和涉手模式都属于 Norris（2004：13）所定义的涉身交际模式（embodied communicative mode）①。

本章以汉语交际中的物体指称行为为切入点，初步构建了一个涉手模式的分析框架，结合自建小型录像语料库中的实例（有关这一语料库的详细情况我们将在第五章进行说明），系统描述汉语交际中指称物体时所涉及的不同涉手模式的形式与功能。在此基础上，我们进一步分析物体指称行为中指称语与涉手模式的互动方式。

需要特别说明的是，对于本研究而言，理想的研究方案是我们先设计一个整体分析框架，并运用这个框架对自然会话录像语料中的指称语和涉手模式进行全面细致地分析。我们之所以不把对涉手模式的分析放入第

---

① Norris（2004）把模式分为涉身模式和非涉身（disembodied）两类，口语交际和身体姿势为涉身交际模式；音乐、布局、印刷品等为非涉身交际模式。与语言和非语言的说法相比，Norris 认为涉身和非涉身这两个概念摆脱了非语言模式附属于语言模式的偏见。

三章，与三分模式一起构建一个物体指称行为的整体分析框架，主要是因为本研究用于对比分析的语料是相互独立的两种语料，其中一种是录音语料，另一种是录像语料。之所以采集两种语料，一方面，本研究需要观察录像中会话双方指称物体时的涉手模式，而自然会话中的会话双方会经常移动，尤其是儿童。若要捕捉到自然会话中会话双方产出的涉手模式，拍摄角度需经常变化，拍摄者难以做到及时清晰地捕捉；另一方面，由于容易涉及个人隐私，在日常生活中，成人（包括儿童的监护人）通常不愿意在日常生活场景中被当作研究对象进行摄像。因此，本研究一方面通过录音采集真实生活场景中的自然会话，另一方面通过固定位置录像的方式采集录像语料。固定位置录像的优点是易于捕捉到各种涉手模式，且录像质量清晰，便于后续分析；其缺点是研究者无法要求拍摄对象自然地、长时间地坐在固定位置进行交谈，尤其是儿童。为了弥补这点不足，有效地抓住会话参与者特别是儿童的注意力，本研究设计了基于指称交际任务的多个诱发实验来收集录像语料。

基于上述分析，本研究采集了两种语料，其中自然会话的录音语料用于分析和对比两类人群在使用指称语方面的异同；基于诱发实验的录像语料用于分析和对比两类人群在使用涉手模式以及涉手模式与指称语的互动方式方面的异同。这样的安排兼顾了语料的自然性和研究的可操作性，但在一定程度上损失了框架的完整性。

由于本研究基于两种语料，相应地，本研究分两个章节来分别讨论两种模式的分析框架。在讨论涉手模式的分析框架之前，我们首先简要回顾已有的涉手模式和多模态视角的指称研究。

4.2 涉手模式及多模态视角的指称研究综述

手势是身体姿势的一种。已有的姿势和手势研究成果众多，较有代表性的包括 Kendon（2004）、McNeill（1992）和 Kita（2003）。这三部专著分别研究姿势、手势和指向三种模式。Kendon（2004）把姿势当成一种符号进行分析和描述，细致梳理了姿势研究的历史，讨论了姿势的分类、姿势的描述方法、姿势与语言的语义互动，其中专门谈到了手势。

McNeill（1992：76）根据手势的指称意义把手势分为四类，分别是像似性手势（iconics）、隐喻性手势（metaphorics）、指示性手势（deictics）和节拍性手势（beats）。Kita（2003）关于指向的专著中收录了13篇研究论文，包括了语言学、人类学、心理学、符号学等不同领域的研究者对这一行为的研究。

从研究角度来看，已有指称研究或从句法角度展开，或从语篇角度展开，或从语用和认知角度展开。从语篇角度来看，既可单独研究语篇中的指称语，也可分析实施指称行为常需借助的非语言手段，后者属语篇层面的多模态指称研究，如Hindmarsh and Heath（2000）、Moore（2008）和Eriksson（2009）。Hindmarsh and Heath（2000）研究交际双方如何运用语言和肢体动作共同完成工作场所的指向行为。该研究涉及的肢体动作不仅包括用手指向，还包括注视以及肢体的朝向。Moore（2008）认为在实施指称行为时，交际者从类名（verbal categories）、指向、语言描述、像似手势以及使用道具比拟等模式中选择某种模式或模式的组合进行指称。这些模式可分为三类：类名指称（categorical reference）、明示指称（ostensive reference）和描述指称（depiction reference）。三种模式各具不同的承担特质（affordance）和受限特征（constraints）。Moore发现，根据省力原则，上述三种指称方式在使用时存在优先顺序：即发话人优先考虑使用类名指称，然后是明示指称和描述指称，且描述指称常在指称修正的场合出现。Eriksson（2009）把指称行为置于会话序列中进行考察，该研究细致分析了指称行为中涉及的多种身体动作，除用手指向外，还包括拿起指称对象、触摸指称对象、凝视指称对象以及与上述动作相连的一系列动作，如拿起指称对象前需转身后弯腰再从地上拿起来，还包括把指称对象推至受话者的视线范围内等。

已有的多模态指称研究中尚没有以某一类指称对象为切入点展开的研究，也没有系统描述和分析指称行为中涉手模式的研究。本章以汉语交际中的物体指称行为为切入点，系统描述其中的涉手模式。在研究范围方面，本章限于研究与指称语共现的涉手模式。需要说明的是，在日常交际中，涉手模式还涉及与交际者身体其他部分的配合，如眼神的注视和身体躯干的移动（Kita，2003：307—327；Norris，2004：52—56），这些模式与语言模式共同配合完成指称行为。本研究只谈涉手模式，在必要时才提及与之配合的其他身体模式。

4.3 涉手模式的分析框架

为了全面勾勒出物体指称中的涉手模式，本研究拟在已有研究的基础上，构建一个物体指称行为中的涉手模式分析框架，请见图 4-1。

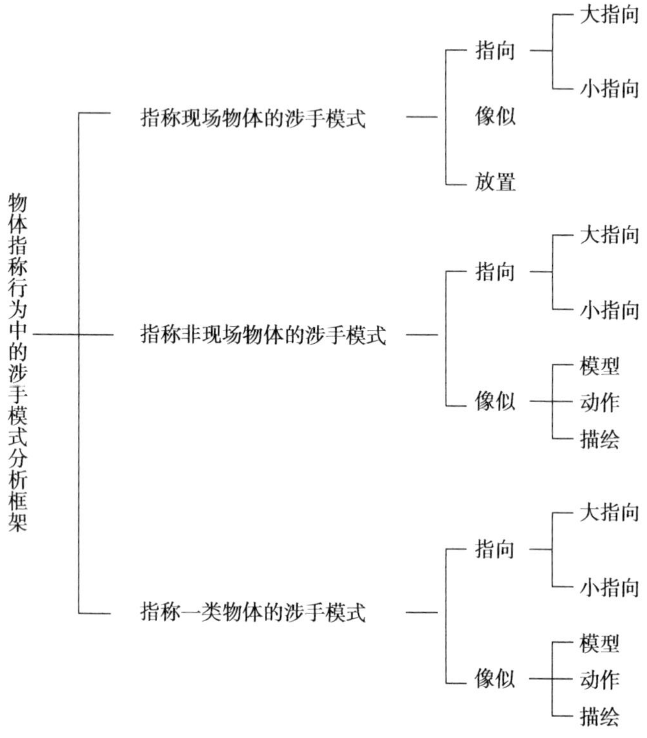

图 4-1：物体指称行为中的涉手模式分析框架

该框架首先把物体分为三类：现场物体、非现场物体和一类物体。现场物体和非现场物体的区分标准是物体是否出现在会话现场。一类物体的定义涉及类的概念，类的概念与个体的概念相对，强调整个类而不指类中的具体个体，更不指特定的个体（徐烈炯和刘丹青，2007：187）。

在上述分类的基础上，该框架进一步区分指称三类物体时所使用的涉手模式。在本研究中，我们把与物体指称语共现的指向、像似和放置这三种模式纳入涉手模式的研究范围。如图 4-1 所示，三类物体涉及的涉手模式类别既有重合，也有不同，如放置模式只在指称现场物体时出现。

在区分三种模式时，如仅根据形式分类，三种模式会存在重合的情况，如用双手的两个手指指向与表示长度的像似模式在形式上相似。因此，我们需结合具体的语境和功能来区分。在功能方面，指向和放置的功能是指明（indicating）；像似的功能是描述。Clark（2003：243—247）认为指明具有三方面的特点：（1）指明的所指与能指具有内在的联系（intrinsic connection），而语言的所指与能指之间的关系是任意的规定性（arbitrary convention）；（2）这种内在联系使得交际对方的注意力投向所指明的物体；（3）这种联系以某种特定的方式阐释所指对象。指明与描述相比较，指明的所指是某一具体物体或一类物体，而描述表征的是物体的特征，如形状、大小等。

在上述讨论的基础上，我们在图 4-1 的框架中把指向模式细分为大指向和小指向，把像似模式细分为模型、动作和描绘三种模式。此外，描述现场物体的像似模式中只包含模型模式这一次类，具体原因我们将在 4.3.1.2 小节进行阐述。

本章所举的例子均来自研究者自建的小型录像语料库，下面我们结合实例来逐一分析指称不同类型物体的涉手模式。

4.3.1 指称现场物体的涉手模式

4.3.1.1 指向

我们先来看指称现场物体的指向模式，请看下例。

该例的语境是男同学教女同学用积木搭农庄。在搭农庄里的房子时，男同学告诉女同学要拿某块积木。在指称该积木时，他同时使用了语言模式和指向模式，这两种模式的指称对象是女同学手里拿的积木。

男：然后，还有两个就是，

<u>你手上那个</u>。

例（1）

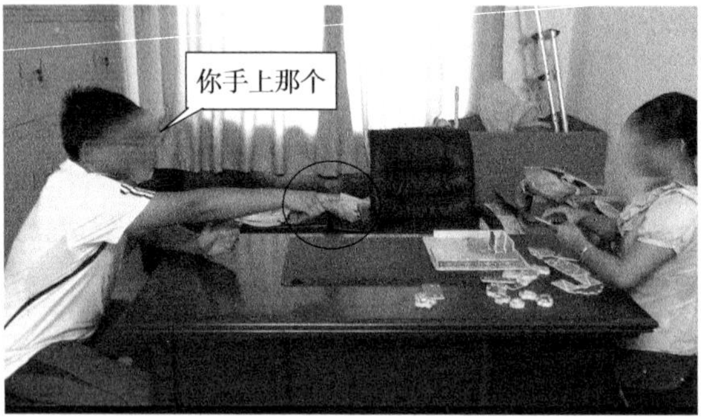

图 4–2：指称现场物体的指向

Enfield et al.（2007）把指向分为大指向（B-points）和小指向（S-points）两种形式。所谓的大指向是指向动作幅度大，整个手臂参与，有眼神注视与之配合的指向；而小指向是动作幅度小，主要由手进行，比较随意的指向。

本研究借鉴 Enfield et al.（2007）对指向的分类，把指向模式分为大指向和小指向两种类型，如下面两例：

例（2）

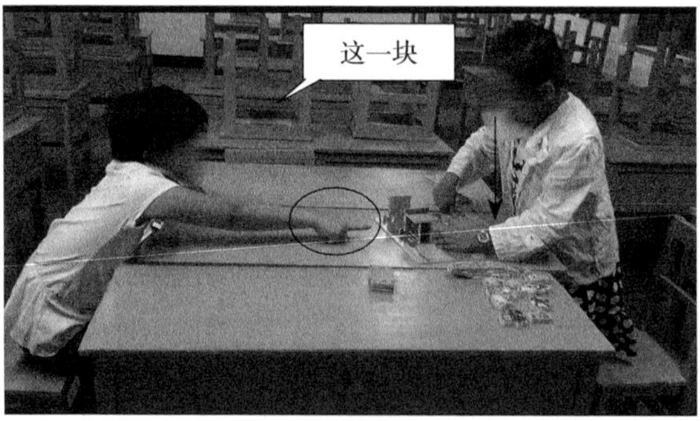

图 4–3：指称现场物体的大指向（1）

女（左）：你是不是把它放前了？

再弄后面一点，

这一块，这一块再弄后面一点。

（女〈右〉开始挪动拼图板）

在该例的语境中，有多块形状类似的红色积木，为了帮助听话人辨认，发话人同时使用了语言模式和指向模式。单独使用指示词指称的话，听话人将无法辨认指称对象。

例（3）

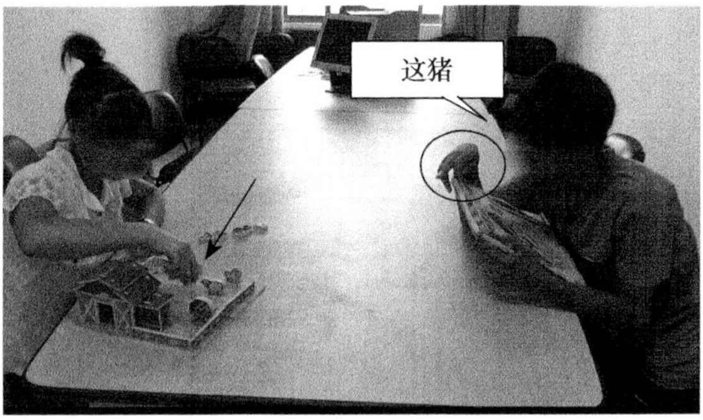

图 4–4：指称现场物体的小指向

1. 男：那里是猪。

2. 女：这里是猪？

3. 男：没有。

4. 　　这上面没按那个图案，

5. 　　然后，这猪放在羊的那里。

在该例中，男同学正在指导女同学搭农庄，任务的后半段是摆放各种动物形状的积木。当男同学指称猪图案拼块的时候，他同时使用了语言模式和指向模式。该指向行为形式较为经济：在手臂姿势保持不动的情况下，男同学用右手的中指迅速地、小幅度地指了指女同学手里拿着的猪图案拼块。我们把这种较为"经济"的指向模式称为小指向模式。

上面两例中指向的形式与 Enfield et al.（2007）对两种指向形式的描述一致。除形式上的区别外，Enfield et al. 指出两种指向具有不同的语用功能：大指向表明指称对象是交际中的前景和主要信息；而小指向主要起到澄清、补充的修饰功能。两种指向出现的语境也不相同，大指向出现的语境大都是指称语不能单独完成指称行为的场合，因此它的出现有其必要性；而小指向一般用于指向双方都识别的对象、澄清相关信息等。

我们同意 Enfield et al.（2007）一文对两种指向的语用功能及其出现语境的分析。结合对本研究语料中两种指向的观察，我们发现，大指向还具有把听话人的注意力转向某一物体，从而达到把某物体与其他物体区分开来的功能。此时，大指向所指称的对象尚未进入听话人的注意力焦点，请看例（4）。

例（4）

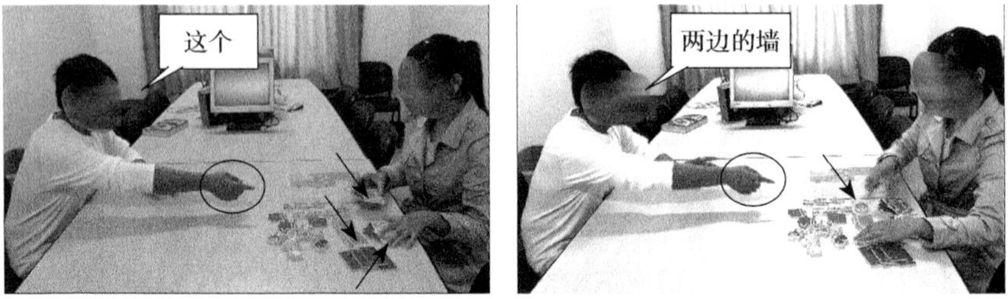

图 4–5：指称现场物体的大指向（2）

1. 男：然后我们就要搭建这个房子，
2. 　　你把<u>这个</u>，

（女拿起左图中虚线箭头所指的两块拼块）

3. 男：不是，先搭<u>**两边的墙**</u>，
4. 　　这边，
5. 　　对。

（女拿起右图中细箭头所指的两块拼块，其中一块被手挡住了。）

在该例中，男同学开始教女同学搭房子。我们在这一过程中截取了两帧图像。在左边一帧中，他用语言模式和指向模式指称其中的两块拼块，由于这两块拼块（细线箭头所指）与另外两块拼块（虚线箭头所指）相邻，因此女同学误以为男同学所指的是虚线箭头所指的拼块。男同学进行了纠正，并再一次用指向模式指称右边一帧中细箭头所指的两块拼块。在实施这两次指称行为时，男同学均使用了大指向模式。

小指向相当于指称语中形式较为简洁经济的回指语，它出现的语境一般为指向已经处于听话人注意焦点的物体，如在例（3）中，男同学小指向的指称对象是女同学已经拿在手中、正在摆放的拼块。在这种语境中，由于听话人已经识别了发话人的指称对象，因此发话人会采用一种较为经济的指向形式。此外，在物体已被指明后，再次指向该物体时发话人也会使用与初次指向时相比更为简洁的小指向模式，如例（5）。

例（5）

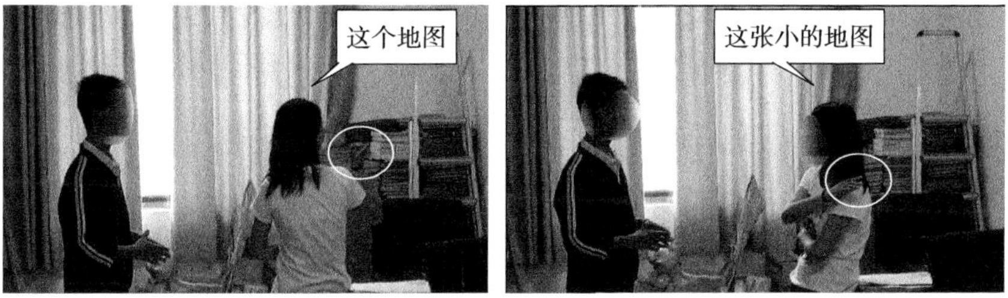

图 4–6：指称同一现场物体时在大指向之后出现的小指向

女：还有，你看<u>这个地图</u>，
　　我觉得应该再，
　　除了<u>这张小的地图</u>以外，
　　还要挂一张大的中国地图。

该例的语境是两人在办公室里谈论如何装饰这个办公室。办公室的墙上挂着一张市区地图，女同学认为还应该再增加一幅中国地图。在首次指称市区地图时（图 4-6 中的左图），由于背对墙，女同学转过身来用手指向该幅地图（左图中的圆圈），但在随后第二次指向（图 4-6 右图中的圆圈）该地图时，由于指称对象已被指明，她背对地图，目光朝向听话人，小幅度地抬起交叉在胸前的右手指了指身后的地图。根据我们的判断标准，第一个指向是大指向，随后的指向是小指向。

指称现场物体的指向模式还涉及指称语的所指与指向模式的所指分离的情况，如在指称一类物体时会出现指称语的指称对象是一类物体，但指向的对象却是现场物体的情况。这种分离一般出现在交际双方以现场物体为例谈论一类物体，或是以现场物体为例谈论非现场物体的语境之中，与语言模式中的转指现象性质类似。

在本研究语料中，这种分离在指称一类物体时出现了一例，请看例（6）。

例（6）

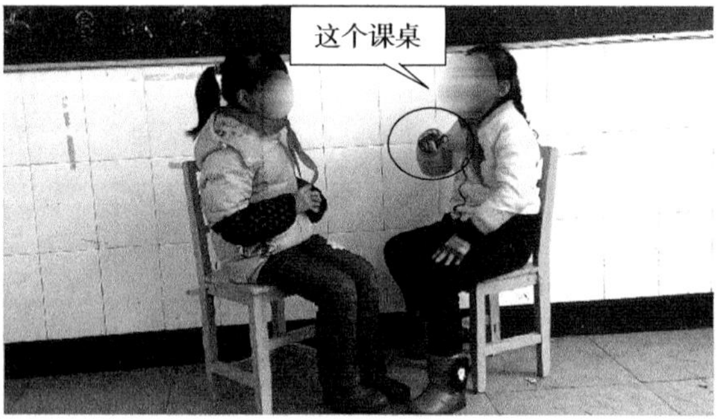

图 4–7：指称现场物体的指向与指称语的所指分离

女（左）：我希望学校的课桌呢，

（双方继续谈课桌）

女（右）：我跟你说，

如果这个课桌中间有一些裂缝和，

有一些发了疯的学生在那上面用铅笔这样摩。

该例的语境是两人谈论未来的教室，谈话的地点是两人所在班级的教室。图中右边的女同学谈到未来教室的课桌时，她用手指向旁边的课桌。在这个指称行为中，指称语为类指语，但指向模式的对象是现场物体。在分析指向模式时，我们把这个指向归为指称现场物体的大指向，不归为指称一类物体的指向。

本文收集的语料中没有出现指称非现场物体的指称行为中指称语与指向模式的所指分离的情况，这可能是受到固定位置拍摄的限制。

4.3.1.2 像似

Kendon（2004：160）按照手势的动作形式把像似手势分为模型手势（modeling）、动作手势（enactment or pantomime）和描绘手势

（depiction）。本研究采用这一分类，并把这三种手势分别称为像似模式中的模型模式、动作模式和描绘模式。对于物体指称而言，模型模式一般用一个动作来表征物体的大小和形状；动作模式借助与物体相关的动作来转指物体；描绘手势则通过连续的动作在空中“画”出物体。

我们语料中的像似模式大部分用于表征非现场物体，表征现场物体的像似模式很少。Kendon（2004）在描述像似手势时举的也都是表征非现场物体的例子。究其原因，在指称或表征现场物体时，相比而言，指向模式比像似模式更加经济、直接和准确。因此，交际双方更多地用前者而不是后者来指称现场物体。

本研究的语料中指称现场物体的像似模式不仅数量少，而且类型单一，都是模型模式，如例（7）。

例（7）

图 4–8：指称现场物体的像似模式

男：<u>房子的基</u>架好了，

然后搭那个屋檐。

如图 4-8 所示，该例中男同学在指称已搭好房子的主体部分时，同时使用了语言模式和像似模式。他的两个手掌掌心相对，垂直放在桌面上，用来表征“房子的基”（图中箭头所指）。根据我们的定义，这是一个模型模式。

4.3.1.3 放置

Clark（2003）认为放置和指向的共同点是使听话人的注意力聚焦于要指明的物体上，两者的主要区别主要在于：指向是引导听话人的注意力转向物体；而放置是把物体置于听话人的注意力范围之内[①]。此外，两者还存在如下区别：

（1）在指向模式中，发话人需要创设一个指明范围（indexing site），物体位于该范围之中；而在放置模式中，发话人利用已经存在的指明范围，如商店的柜台。

（2）指向的交际意义通常来自于伴随的语言行为；而放置的交际意义一般来自于约定俗成的解释，如顾客将东西放置于商店的柜台上，一般就意味着这些东西是"顾客要买的东西"。

（3）在时间延续性方面，相比而言，指向持续时间短，而放置具有延续性。

此外，在放置模式中，物体可以放在不同的地方，如商品可以放在货架上、柜台上、顾客的手里、收银员的手里或包装袋里，不同位置表明不同的物体身份和交际意义。除了物体的位置之外，交际双方所处的位置也传递不同的交际意义。

下面通过语料中的一个例子来说明这一模式，请看例 8。

在例 8 中，女（右）正在告诉女（左）找第一块要拼的积木。女（左）连续尝试了很多次才找到女（右）要她找的拼块。在这个过程中，女（左）使用了多次放置模式，如图 4-9 所示，女（左）把一块拼块拿在手上，眼神注视对方，并询问对方是否是她手中拿的这一块。

在本研究所收集的语料中，放置模式出现的语境为当交际一方需要对方确认指称对象时，他会使用指向或放置模式来进行确认，为后一步行为做准备。从放置的位置来看，物体可以拿在手上，也可以放在桌上。从放置行为本身来看，既可以是用手拿，也可以是推至听话人的视线范围之内（Eriksson，2009）。由于这些体现形式的功能并无区别，因此我们对放置模式不做进一步细分。

① 本研究在描述小指向时，提到交际双方的注意力不一定投向指向行为本身，而 Clark（2003）认为指向的主要特征在于引导听话人的注意力转向物体。对此，需要说明的是，此文的重点在于比较指向和放置两者的异同，并没有对指向行为本身进行细分。

例（8）

图 4–9：指称现场物体的放置模式

女（左）：说来说去还是这个。

女（右）：不是，这个的另外一个颜色。

女（左）：这个啊？

女（右）：不对。

4.3.2 指称非现场物体的涉手模式

4.3.2.1 指向

McNeil（1992）和 McNeil et al.（1993）把指称非在场实体的指向称为抽象指向（abstract pointing；abstract deixis）。McNeil et al. 认为，抽象指向揭示了从物理空间到心理空间的心理投射，使得处于心理空间中的物体具有了物理实在性（physical reality）。

据本研究对语料的观察，指称非现场物体的指向同样可分为大指向和小指向，请看例（9）和例（10）：

例（9）

图 4–10：指称非现场物体的大指向

1. 男：你可以搭起一个房子，（指向开始）
2. 　　等下你可以看，
3. 　　就是一个什么，大院子。
4. 女：一个牧场。
5. 男：一个牧场，
6. 　　有篱笆，
7. 　　一个房子，
8. 　　然后旁边一个小房子。（指向结束）

该例的语境是男同学正在向女同学描述将要搭建的房子、牧场和篱笆。在描述这些不同的物体时，男同学同时使用了语言模式和指向模式，女同学注视着男同学指向之处，两人仿佛正在谈论在现场的物体。该指向行为一共延续了 11 秒，在此期间，由于涉及指向多个物体，指向的方向有些变化，体现为两个指向的手指左右移动。我们结合该指向出现的语境、动作幅度和两人的眼神配合判断这个过程中的指向是大指向。

例（10）

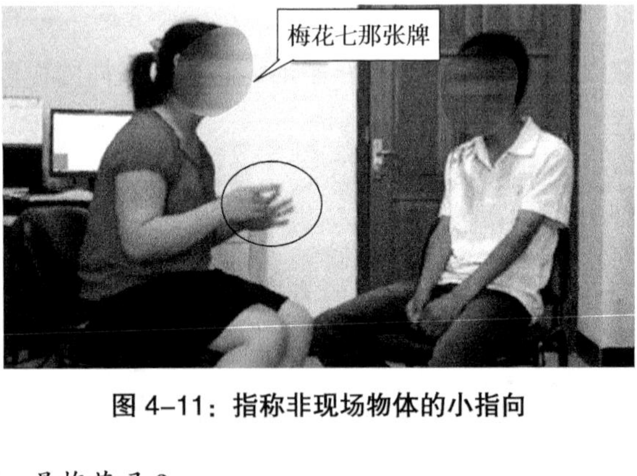

图 4–11：指称非现场物体的小指向

男：是梅花吗？

女：梅花，梅花，梅花七，梅花七那张牌。

该例的语境是女同学正在向男同学讲述魔术大师刘谦表演的猜扑克牌魔术。当女同学第一次用指称语“梅花七”指称刘谦猜中的“梅花七”时，她没有使用指向手势；当她第二次指称同一物体时，她同时使用了语言和指向两种模式。该指向动作幅度小、持续时间短，且交际双方都没有注视这一指向行为，我们把这个指向归为小指向。

4.3.2.2 像似

我们在 4.3.1.2 小节已简要介绍过像似模式的模型模式、动作模式和描绘模式三种类型。在本研究的语料中，这三种模式在指称非现场物体时经常出现。我们首先来看模型模式（见下页）。

例（11）

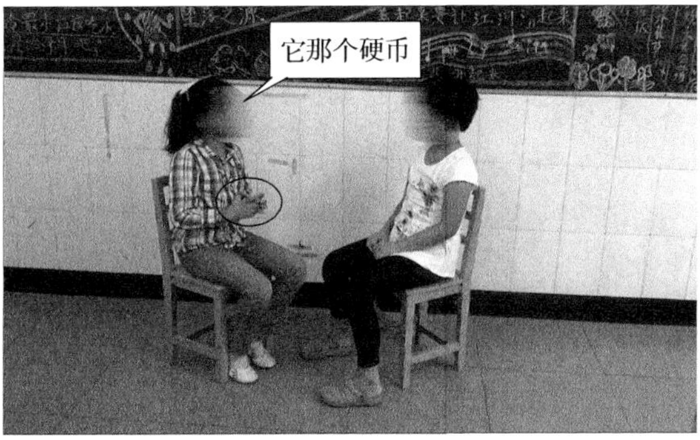

图 4–12：指称非现场物体的模型模式（一）

女（左）：它那个硬币哎，抽出来，

纸币抽出来的时候。

在该例中，位于图中左边的女同学正在给右边的女同学讲述刘谦表演的纸穿硬币的魔术。在指称硬币时，左边的女同学同时采用了语言模式和像似模式。她双手合成一个圆形，表征硬币的形状（如图中圆圈所示）。我们把这个手势称为模型模式。

在模型模式中，有一种较为抽象的类型，即用手掌、握拳，或不同的手指代表不同的物体，如图 4-13 中的圆圈所示。

例（12）

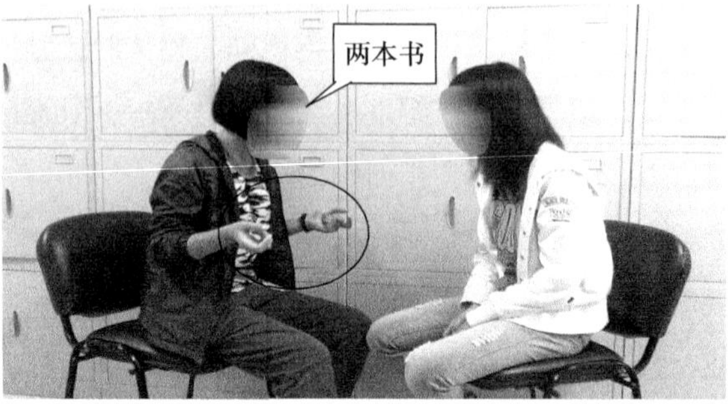

图 4-13：指称非现场物体的模型模式（二）

女（左）：我拿出，
　　　　　就是表示我现在就是刘谦，
　　　　　然后我拿出两本书。

在该例中，当发话人指称“两本书”的时候，同时使用了语言模式和模型模式。她用两个手掌分别代表两本书，这一模式在这段视频中多次出现。

动作模式是借助与物体相关的动作来表征物体，如本研究语料中有通过手握的动作来表征杯子把手的动作模式；有通过写的动作来表征写出来的字的动作模式。动作模式的表征方式与语言转指现象中用动作转指物体的方式类似。下例是语料中出现的用点钞动作表征纸币的例子。我们从录像语料中截取了两帧来说明这一模式。

例（13）

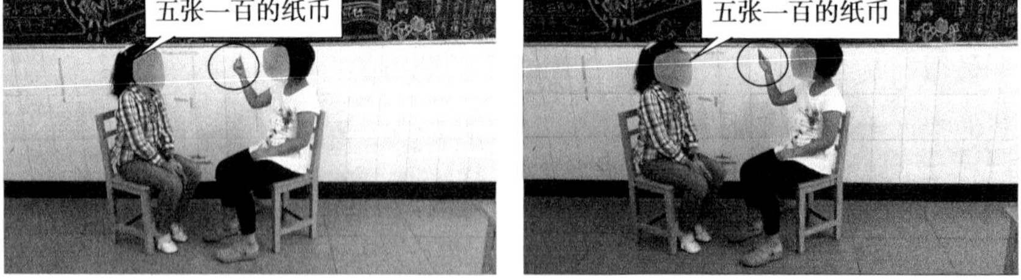

图 4-14：指称非现场物体的动作模式

女（左）：今天中午我看了一个电视。

女（右）：什么电视？

女（左）：纸币穿硬币。

就是讲刘谦请一位女嘉宾掏出了五张一百的纸币。

该例的语境是两个同学在讲刘谦的魔术。当左边的女同学用指称语指称“五张一百的纸币”时，右边的女同学做出了点钞票的动作，以此表征纸币。一般情况下，语言模式和涉手模式均由发话人产出，但该例中的语言模式是发话人产出的，动作模式却是由听话人产出的。

下面我们来看一个描绘模式的例子。

例（14）

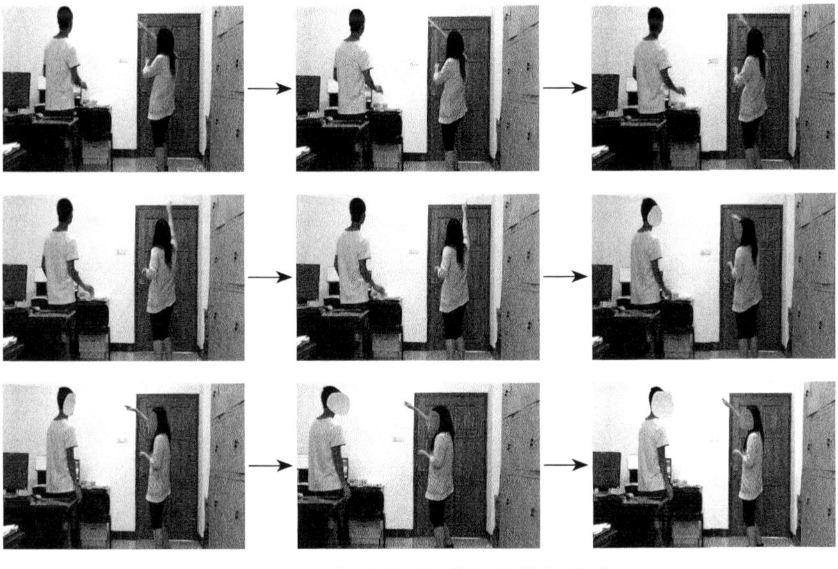

图 4–15：指称非现场物体的描绘模式

1. 女：你觉得这里应该挂什么东西比较好？

2. 男：我觉得这边应该挂一种，那个，

3. 　　或者一幅那个毛笔字。

4. 女：对，毛笔字，

5. 　　或者是十字绣那种。

该例的语境是两位同学在谈论装饰办公室。他们均认为应该在办公室的墙壁上挂上一幅装裱好的书法或是十字绣作品。在谈到这两种物体时，女同学同时使用了语言模式和像似模式：她用右手的手指在空中“画”出一个框，以此表征装裱好的书法作品或十字绣作品。我们从视频中截取了九帧图像来说明这个过程。根据定义，本研究把这个模式归为描绘模式。

Kendon（2004：158—161）认为手势具有三种功能：指称功能、人际功能与语用功能。从指称功能来看，在指称非现场物体时，像似模式的功能是描述物体的大小形状等外形特征，用手“造出”一个指称对象，使“非在场”变为“在场”。在被引入话语后，这个模式可被交际者继续用来谈论物体，或与其他动作一起，构成一个组合像似模式，共同表征与物体相关的行为，如例 15：

例（15）

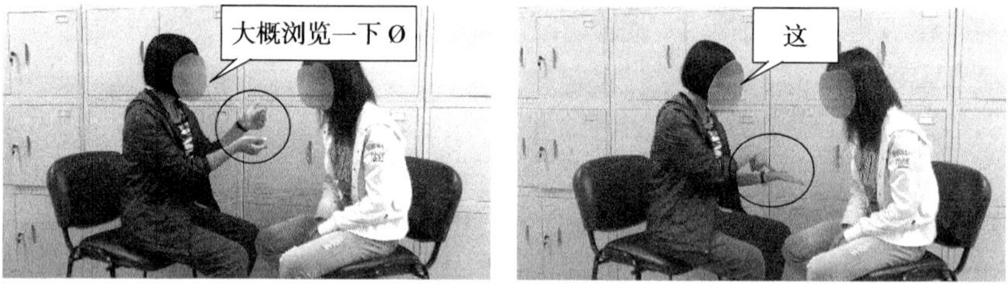

图 4–16：像似模式的功能

1. 女（左）从第一页翻到最后一页，
2. 就这样，
3. 就这样大概浏览一下 Ø。
（继续谈魔术）
4. 女（左）：比如说那位观众上来翻的是 147，
5. 这是 146、147。

该例是例（12）后续谈话中的片段。双方讲述刘谦表演的名为“读心术”的魔术，这个魔术的主要道具是两本书。女（左）第三个小句用零形式指称用作道具的书时，同时使用了像似模式（左图圆圈中的右手），这个模式与例（12）中的像似模式类似，与这个模式同时出现的还有发话人左手做出的翻页的动作，这两个动作共同组成了一个表征翻书行为的像似模式。在右图中，发话人用指向模式指向左手表征的书页。

较早的像似手势研究（如 Birdwhistell，1970；Krauss, Morrel-Samuels and Colasante，1991）认为像似手势所表征的意义是多余的，因为其意义已经包含在言语之中，这显然与经济原则相悖。实验心理学的研究已经表明，与单一的语言模式相比较，语言模式与像似模式的组合能够使信息传递更为准确（Beattie and Shovelton，1999）。据本研究对语料的观察，与指称语同现的有些像似模式传递的信息是交际中不可或缺的新信息，若缺少这个信息，后面的话语便难以理解。而有些像似模式在前面的话语中已经出现过，是旧信息，发话人借助这类模式来说明或提醒对方“这是前面提到过的物体”，如下面两例。

例（16）

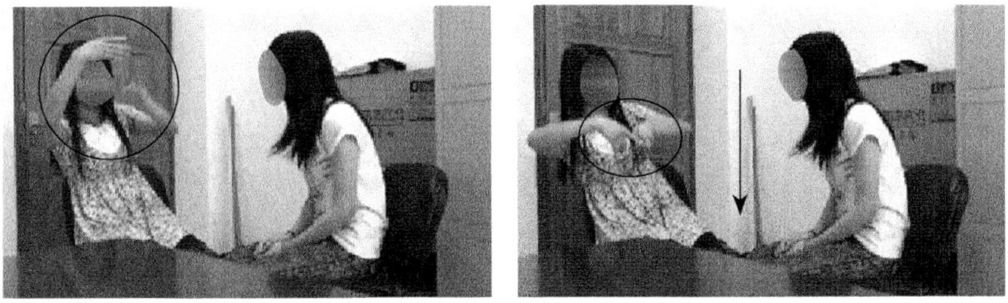

图 4–17：传递新信息的像似模式

女（左）：那个容器，它一边是开着的嘛，
然后那边不是有个缝吗？
然后闫妮就从那个上面把那个杯子往下拿嘛。

该例的语境是两位同学在谈论刘谦表演的隔空碎瓶魔术，表演该魔术需使用一个方形的带柄玻璃容器，容器其中的一面自上而下开了一条缝。在谈到这条缝的时候，发话人同时使用了语言模式和描绘模式。本研究从中截取了两帧图片来说明发话人是如何表征“缝”的。这个模式表明这条缝是从上而下垂直的一条缝。由于后续话语中谈到“闫妮从那个上面把那个杯子往下拿”，因此这个特征对于听话人理解闫妮的动作是不可或缺的。

例（17）

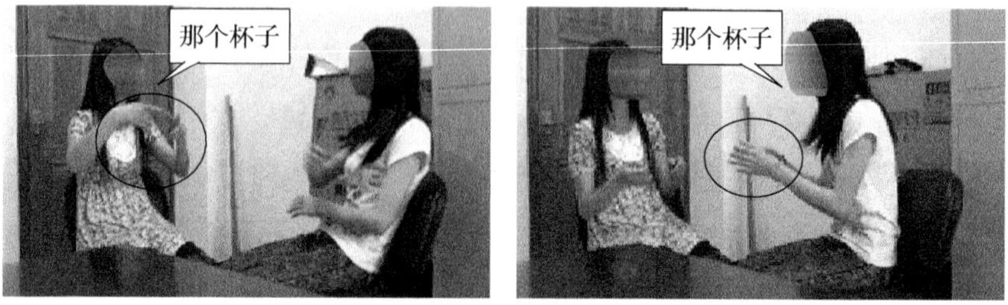

图 4–18：表征旧信息的像似模式

1. 女（左）：他用那个杯子嘛，

2. 我们平常喝水的那种，

……（继续尝试描述）

3. 女（左）：他用那个杯子倒，

4. 刚开始倒了两杯橙汁给别人喝，

5. 然后证明那个杯子是有用的嘛，

6. 证明那个杯子是有用的嘛。

7. 女（右）：刚开始那个杯子里有饮料吗？

该例的语境与上例相同。女（左）先用语言模式和像似模式描述刘谦表演用的杯子（左图），这一行为尝试了多次，直至对方识别了杯子的外形后，女（左）才开始描述魔术的表演过程。女（右）在第七个小句提问时，同时使用了语言模式和像似模式（右图），这一像似模式与左图中的像似模式的形式基本一致，同时发话人还使用了回指语“那个杯子”来回指女（左）描述的杯子。综合两种模式来判断，我们认为该像似模式的功能在于与指称语配合，提示听话人指称对象是听话人前面提到的杯子。

4.3.3 指称一类物体的涉手模式

与非现场物体相比，一类物体同样具有非现场性。据我们对语料的观察，指称非现场物体和一类物体的涉手模式在类型和功能方面基本一致，因此本节仅举例简要说明指称一类物体的涉手模式，对模式的形式和功能不再具体分析。

4.3.3.1 指向

我们把指称一类物体的指向同样分为大指向和小指向。请看下面两例：

例（18）

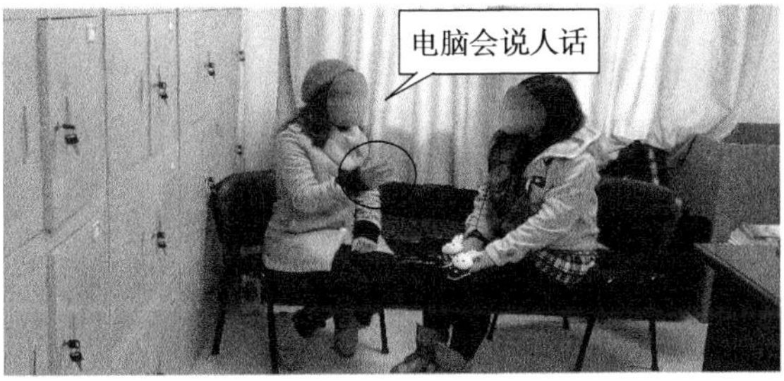

图 4–19：指称一类物体的大指向

女（左）：我觉得以后的话，

电脑会说人话这绝对是一个趋势。

该例的语境是两位大学生在想象未来的教室时谈到了未来教室的电脑。左边的女同学把电脑这一类物体引入话语时同时使用了指称语和指向模式。结合语境和动作幅度来判断，本研究把这个指向归为指称一类物体的大指向。

例（19）

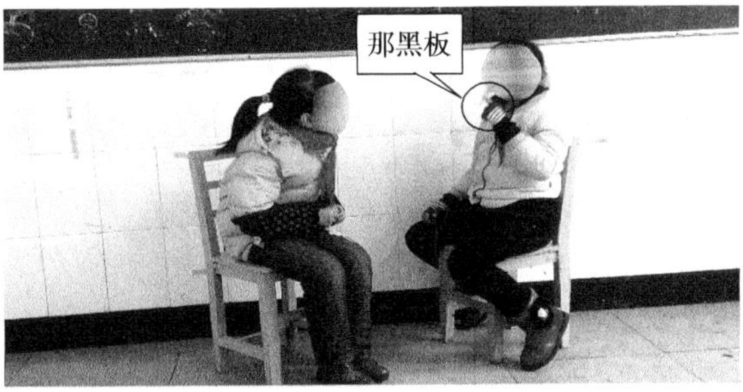

图 4–20：指称一类物体的小指向

1. 女（左）：这个黑板它不会走出教室，
2. 女（右）：这样子还有点（听不清）。
3. 女（左）：但是你如果是（被打断）。
4. 女（右）：不过我跟你提个意见，
5. 那黑板只要是不跟老师走，
6. 可以这样子。

该例的语境是两位小学生坐在她们的教室里谈论未来的教室。在该例的第五行，当发话人续谈“那黑板”时，她同时使用了指称语和指向模式。在手臂不动的情况下，她迅速伸出左手的食指，完成了一个指向的动作。该指向的持续时间很短、动作幅度小，且指向发生时发话人的眼神并未投向这一行为。本研究把这个指向归为指称一类物体的小指向。

4.3.3.2 像似

我们首先来看一个模型模式的例子。

例（20）

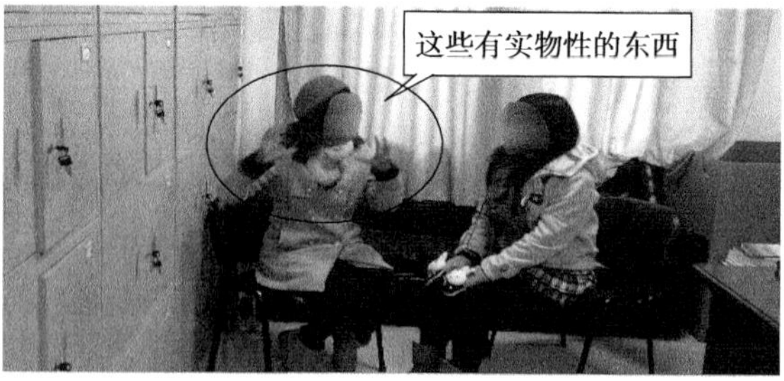

图 4–21：表征一类物体的模型模式

1. 女（左）：到了高中，我们就会有那种，嗯……
2. 女（右）：幻灯片。
3. 女（左）：幻灯片什么的，
4. 现在到了大学，我们有了多媒体、PPT，
5. 一步一步在进步。
6. 我想啊，在未来的话，我们可以不用这些有实物性的东西。

该例的语境是与例（18）相同。发话人（左边的女同学）先回顾了在她求学不同阶段见到的不同教学设备，然后在第六行用“这些有实物性的东西”进行总结。在指称这一类物体时，发话人同时使用了模型模式，如图中圆圈所示。

下面来看一个动作模式的例子。

例（21）

图 4-22：表征一类物体的动作模式

1. 女（左）：我们看那种《谍中谍》，美国的好莱坞大片，
2. 按一个地方，
3. 然后它会出现一个模，一个虚拟的系统模型，那种的。
4. 然后你只需要在上面，
5. 不用再用笔，
6. 不用再用粉笔，
7. 也不用再用笔。

该例的语境与上例相同。发话人在谈论到“笔”和“粉笔”时，右手做出了一个拿笔的动作。

下面是一个描绘模式的例子。我们从视频中截取了六帧图像来说明这个过程。

女（左）：你知道窗户应该怎么设计吗？

女（右）：窗户，窗户就是像平常。

该例的语境与例（19）相同，当女（右）谈到窗户时，她同时使用了指称语和描绘模式，在空中用双手的两个食指画出一个框的形状，用来表征窗户。

例（22）

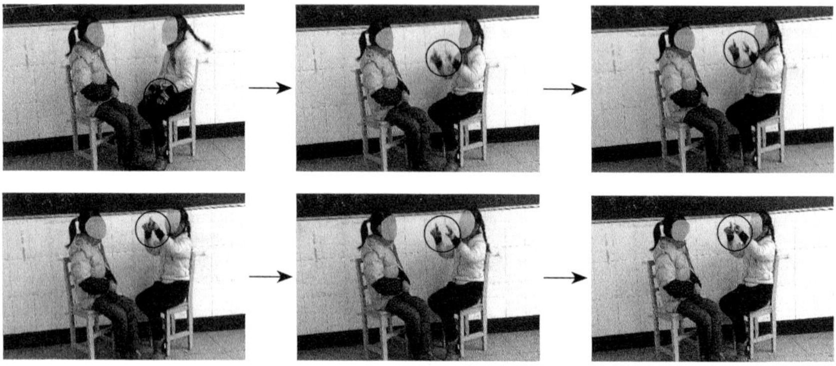

图 4-23：表征一类物体的描绘模式

至此，本节已经结合实例分析和描述了指称现场物体、非现场物体和一类物体时出现的涉手模式的类型、体现形式及其承担的功能。在涉手模式分析的基础上，下面本研究将结合实例分析物体指称行为中指称语与涉手模式的互动方式，换言之，分析它们是如何相互配合完成指称行为的。

4.4 物体指称行为中涉手模式与指称语的互动分析

4.4.1 多模态研究的三种路子

在综述已有的模式互动研究之前，有必要先简要介绍多模态领域的三种主要研究路子，这将有助于我们了解模式互动研究的理论背景。

Jewitt（2009）比较分析了多模态分析领域中三种主要研究路子的特点，这三种路子分别为：社会符号多模态分析、多模态话语分析以及多模态互动分析。比较从四个方面展开：理论背景、对语境的强调程度、对模式系统的强调程度以及对符号生成者的强调程度（参见曾小荣和马博森，2012）。

社会符号多模态分析以 Halliday 提出的社会符号理论和系统功能语法为理论基础，以 Gunther Kress 和 Theo Van Leeuwen 的研究为代表（Jewitt，2009：29），这条路子着重描述在一个给定的社区（community）或社会语境中，人们是如何使用模式资源（modal resources）的。这条路子把符号生成当作一个社会过程，强调符号生成者和语境在符号生成以及多模态分析中的重要作用。

与社会符号多模态分析类似，多模态话语分析也以 Halliday 提出的系统功能语法为理论基础。这条路子强调模式的元功能以及模式系统，重点描述每种模式的元功能系统以及模式互动的机制，并认为基于模式系统的选择产生意义。从具体研究方法来看，基于这条路子的研究把系统功能语法中的“阶”（rank）的概念运用于分析从高到低各层级的模式。

多模态互动分析主要聚焦于社会行为者如何利用多种模式来构建社会行为、社会身份和关系，其理论基础为互动社会语言学，特别是中介话语分析（mediated discourse analysis）理论。受到其理论背景的影响，这条路子着重强调语境和即席互动（situated interaction），目的在于理解和描述一个给定的社会互动行为，分析不同个体对不同情景的表达和反应（Norris，2004：4）。与多模态话语分析相比，这条路子不再强调模式是模式系统的选项，而是认为互动和行为构建模式，脱离具体的语境讨论模式特征并无意义。

上述三种研究路子相比较，前两种路子较为强调模式的系统性，特别是多模态话语分析，这与它们的理论背景紧密相关；多模态互动分析更强调语境，强调行为者在实施交际行为时的利益考量。

4.4.2 模式互动研究综述

已有的模式互动研究主要有图文互动（visual-verbal intersemiotics）研究和手势与语言互动的研究。

图文互动的研究包括 Lemke（1998）、O’Halloran（1999）、Royce（1998；1999；2013）、Martinec and Salway（2005）、Unsworth and Cléirigh（2009）等。这些研究的共同点是都以系统功能语法理论为基础，认为语言模式和非语言模式都是意义生成资源，具备系统功能语法强调的符号的三种元功能：信息功能、人际功能和语篇功能。

Lemke（1998）认为科技内容文本中的图和文本模式具备呈现功能（presentational function）、指向功能（orientational function）和组织功能（organizational function），这三种功能与系统功能语法所述的三种元功能类似。O'Halloran（1999）重点分析数学公式及其表征形式的三种元功能，其中提到公式与文字的互动关系，并借用语法隐喻的概念，把这种关系比作为符号隐喻（semiotic metaphor）。Martinec and Salway（2005）重点描述具有普遍性的图与文之间的逻辑语义联系以及这种联系的具体体现。该文所建立的图文互动关系系统包含两个子系统：图与文的地位高低等级系统以及逻辑语义系统，其中等级系统包含两个参数：图文地位平等和地位不平等；逻辑语义系统可细分为两个系统：投射系统（projection）和阐释系统（elaboration）（Martinec and Salway，2005：358）。Royce（1998；1999）认为图文之间是语义互补关系（semantically complement），并把图文之间的互动关系分为信息功能互补、人际功能互补以及语篇功能互补。以信息功能互补为例，Royce 认为两种模式信息功能互补的类型有重复、同义、反义、上下义、部分整体义以及搭配义等类型；语篇功能互补类型有视觉框架（visual framing）、视觉同义（visual synonym）和阅读路径（reading path）等。Unsworth and Cléirigh（2009）分析了图像与文字两种模式互动构建信息和人际意义的过程。作者借助系统功能语言学中的关系过程概念提出了一个研究图文互动的模式间识别模型（intermodal identification model），该模型认为图文关系相当于互为标记（token）和价值（value）的关系（参见曾小荣和马博森，2012：419）。

已有的姿势与语言互动的研究主要集中于手势与语言互动的研究，特别是其中的像似性手势（Holler and Beattie，2002；Beattie and Shovelton，2002；Holler and Beattie，2004；Chui，2005；Holler and Wilkin，2011；Ping and Goldin-Meadow，2010；Wu and Coulson，2007；Gerwing and Allison，2009）。这些研究大多采用对比实验方法，从传递的信息入手揭示手势在交际中承担的角色（communicational role）以及手势和语言两种交际手段的互动，相关论文大多发表在认知科学、心理学、非语言手段交际等领域的期刊。如 Holler and Beattie（2004）一文综述了已有研究对手势与语言互动所持的三种看法：从两种手段所提供的信息来看，第一种看法认为相对于语言提供的信息来说，手势提供的信息是多余的；第二种看法认为手势和语言提供的信息是互补的；第三种看法认为手势与语言互动方式非常灵活。该文还以像似性手势为例，通过分析实验语料中信息被表征的方式，认为手势与语言存在六种互动关系。这六种关系是：（1）信息没有得到语言和手势的表征；（2）信息只得到了手势的表征；（3）信息只得到了语言的表征；（4）信息得到语言隐性表征，没有得到手势表征；（5）信息不仅得到了语言的隐性表征，还得到了手势的显性表征；（6）信息得到了语言和手势两者的显性表征。这六种方式说明语言和手势的互动关系复杂，不能简单用多余或互补来概括。

语言和手势的互动还可从时间维度展开。McNeill（1992：83）把手势的发生大致分为三个阶段：准备阶段（preparation）、实施阶段（stroke）和收回阶段（retraction）。在这三个阶段中，实施阶段传递手势的意义，是必要阶段，其他两个阶段是可选阶段。针对三个阶段如何与语言模式在时间维度上协调，已有研究基本认为两种手段整体上在时间方面保持同步（参见 Chui，2005 的综述）。Chui（2005）通过录像采集汉语会话交际语料，探讨了手势的三个阶段与语言模式在时间维度上的配合。根据实施阶段与语言模式的时间配合方式，Chui 把手势分为三类，先于语言模式发生的手势（gesture preceding speech）、与语言模式同时发生的手势（gesture synchronizing with speech）和后于语言模式发生的手势（gesture following speech）。大部分手势（占 60%）的实施阶段与语言模式同步发生，其余少量的或先于语言模式发生（占 36%），或后于语言模式发生（占 4%）。Chui 认为，这三种配合方式在传递信息方面并无差异。此外，Chui 还分析了会话在遇到搜索寻词、重复、迟疑、修正等非流利状态下两者的配合情况。

以上简要介绍了图文互动与手势语言互动这两块研究的已有成果。从这两块研究所走的路子来看，图文互动研究走的是社会符号多模态分析的路子；手势与语言互动的研究探讨语言和非语言这两种手段在交际中扮演的角色，大多走的是实验心理学研究的路子。

在其他模式的互动研究方面，Loehr（2004）的博士论文探讨了姿势与语调的互动方式。该研究基于自建的小型语料库，从语义一致、类型匹配、单位边界（unit boundary）一致等方面探讨了两者的互动关系。

除上述研究外，Norris（2004）在这一多模态研究领域的专著值得重点关注。该专著提出结合交际者的意识和模式的体现两个方面来分析多模态互动行为。意识的概念注重外在表现而不是内在意图（intention），具体包括以下两个方面：（1）交际者内在感知、感觉的外在表现；（2）不同程度的注意力 / 意识（awareness）状态（Norris，2004：6），状态有前景、中景和背景之分。在模式体现方面，Norris 认为多模态互动分析的单位是行为（action），一个高层次行为（high-level action）涉及多种交际模式，由多个低层次行为串（a chain of low-level actions）构成，一般有一个起点和结束点，如两人之间的谈话、家庭聚餐等。高层次行为是一个相对的概念，一个高层次行为还可以内嵌在另一个高层次行为之内（Norris，2009：81—82）。在充当最小意义单位的低层次行为中，交际者利用某一种模式，如手势、姿势、语言和布局等来构建意义。需要特别指出的是，Norris 认为，真实的交际行为可能存在多个高层次行为，确定多模态互动分析的高层次行为不仅要依赖于互动发生的语境，同时也取决于多模态研究的焦点（Norris，2004：100）。

分析行为涉及的概念包括行为的模式密度（modal density）（以下简称模式密度）和行为的模式结构（modal configuration）（以下简称模式结构），其中模式密度是多模态互动分析的核心概念（Norris, 2004：80）。模式密度的高低反映了交际者对这一行为的注意力程度的高低。模式密度有模式复杂度（modal complexity）和模式强度（modal intensity）两种实现形式（见图 4-24，图中的 1 表示模式复杂度；2 表示模式强度，引自 Norris，2011：133）。模式结构是一个由模式密度派生出的概念，指的是模式之间的等级关系（hierarchical relationships）。需要指出的是，模式间的高低等级关系并不是一种内在的联系，而是不同的模式在共同完成一个行为时产生的，具有可变性，因此判断某一行为中的某一模式是处于主要地位还是从属地位受到语境、行为者等多种因素的影响（Norris，2004：79—80）。

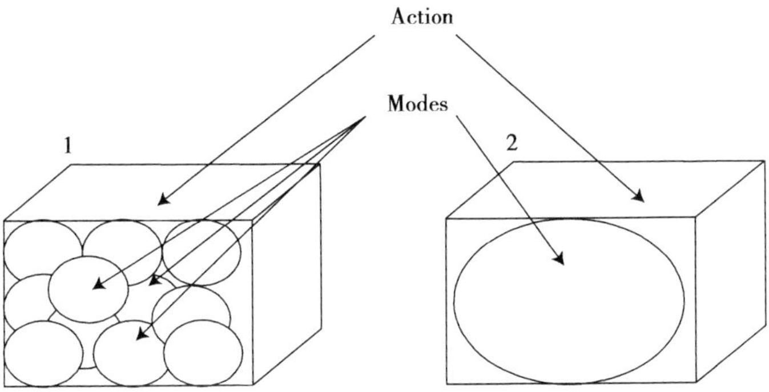

图 4-24：两种实现模式密度的方式

在上述分析的基础上，Norris（2004：97—101）提出模式密度—前景背景连续体概念（Modal density foreground–background continuum）（见图 4-25，引自 Norris，2004：99）。这一概念表明，交际个体在交际的某一时刻可以同时构建多个高层次行为，每一个行为由多个低层次行为构成，而每一个低层次行为又由多个涉身和非涉身模式构成。模式密度可用来分析一个高层次行为中模式之间的结构和关系；注意力 / 意识的前景背景连续体可以用来解释和分析不同高层次行为之间的关系。

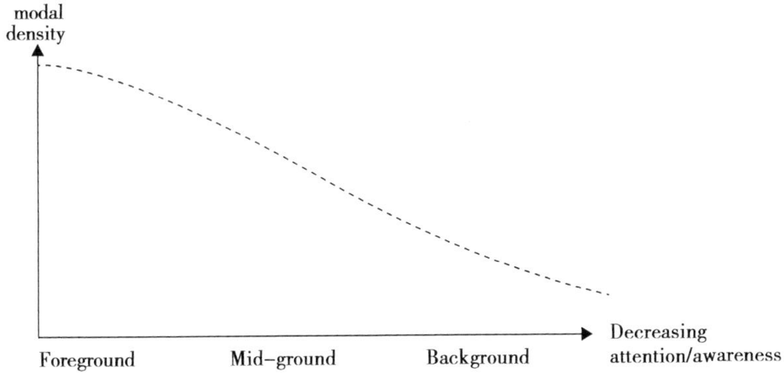

图 4-25：模式密度—前景背景连续体

如图 4-25 中的曲线所示，如果我们把模式密度的高低与注意力 / 意识水平的高低看成是两个变量，那么这两个变量之间存在一种大致的正相关关系（Norris, 2004：98）。

概括而言，Norris（2004）的多模态互动分析包含如下四个方面的基本观点：

（1）交际涉及多种模式，不同的模式具有不同的结构和物质性（materiality）。

（2）模式的互动分析要结合具体的语境，同一模式在不同语境中可能传递不同的交际意义。

（3）模式的互动分析与交际中的认知状态紧密相关：高模式密度行为意味着该行为位于交际者注意力的前景；低模式密度行为意味着该行为位于交际者注意力的背景（如图 4-25 所示）；之所以能在交际的同一时刻发生不同的高层次行为是因为交际者的注意力有前景背景之分。

（4）语言并非总是交际中最重要的模式；交际过程中模式之间的互动关系随着语境的变化而变化。

Norris（2011）在 Norris（2004）年提出的多模态互动分析的框架内描述了指称行为中指向模式与指称语之间的三种高低等级关系：一是指向模式处于从属（subordinate）地位，语言模式处于主要（superordinate）地位，这种情况最为常见；二是两者处于平等地位，构成一个模式聚合体（modal aggregate）；三是指向模式处于主要地位，语言模式处于从属地位。Norris 称这种等级关系中的指向模式为语义 / 语用手段（semantic/pragmatic means），其作用在于表明行为方已经转移了注意力的焦点（2011：144—145）。需要指出的是，从指称对象来看，Norris（2011）一文中的指称对象都是现场物体，没有涉及到非现场物体和一类物体。

4.4.3 涉手模式与指称语的互动分析

在 Norris（2004）和 Norris（2011）的基础上，本节从多模态互动分析的角度分析和讨论物体指称行为中涉手模式与指称语的互动方式。之所以选择多模态互动分析作为本节的分析方法是因为与静态的图像和文字模式相比，自然会话中的涉手模式和指称语处于动态的交际语境之中，因此对两者的互动分析必须结合具体的、动态的语境，而这一特点与多模态互动分析强调语境的基本观点是契合的。

在多模态互动分析的视角下，指称行为是一种高层次行为，这是因为指称行为往往由多个包括语言模式和涉手模式在内的低层次行为组成。与此同时，作为实现交际目的必不可少的行为之一，指称行为也常内嵌于另一个更高层次的行为当中。以搭积木的交际任务为例，在这一过程中，交际一方需多次借助指称行为来帮助另一方顺利完成搭积木的任务。从这一角度来看，指称行为就变成了内嵌于搭积木这一更高层次行为中的一种高层次行为。

需要指出的是，在交际的某一时刻，除指称行为外，交际双方可能同时实施多种行为，如双方可能在交谈的同时欣赏音乐，或是在咖啡厅里品尝咖啡。在这一特定时刻，某一高层次行为可能处于交际者意识的前景，也可能处于背景，指称行为也是如此。本研究的分析包含交际中处于交际者意识的前景和背景中的指称行为。此外，在实施指称行为时，交际双方除了借助语言模式和涉手模式外，通常还需借助其他模式，如注视、空间关系、身体姿势等，这些模式共同配合完成指称行为。在本研究中，我们只聚焦于其中的指称语与涉手模式。

在具体分析时，本研究借用模式结构（modal configuration）这一概念来分析涉手模式与语言模式的互动（参见 Norris，2004；2009；2011），即分析两者在共同配合完成指称行为时的高低等级关系。

Norris（2009：87—88）根据如下三个方面来判断一个高层次行为中不同模式间的高低等级：

（1）哪些模式是实施行为所必需的？

（2）哪些模式不是实施行为所必需的但仍然使用了？

（3）哪些模式与实施行为不相关？

针对上述三个问题的回答从高到低依次表明了某一模式在高层次行为的重要性程度。在分析涉手模式与指称语的互动时，我们从实施指称行为这一目的出发，结合涉手模式的功能，根据上述 Norris 提出的三个方面中的前两个方面来分析和判断模式间的高低等级关系。在讨论高低等级关系时，我们借鉴 Norris（2011）的研究成果，把涉手模式与指称语的互动方式分为三类：涉手模式从属于指称语、涉手模式和指称语居于平等地位，以及指称语从属于涉手模式。

下面我们结合实例依次分析指向、像似与放置这三种涉手模式与指称语之间的高低等级关系。需说明的是，除个别标明出处的例子外，其它例子均来自本研究收集的录像语料。

4.4.3.1 指向与指称语的互动方式

指向模式与指称语共同配合实施指称行为的目的在于指明某一物体（Clark，2003）。从这一目的出发，结合具体语境、指向的形式和指称语本身所传递的语义信息，我们判断在实施指明行为时，两种模式中哪种更为重要。需要指出的是，在探讨指向与指称语的互动时，本研究所说的三种互动与 Norris（2011）提出的三种互动在概念内涵上并不完全一致，这一点在后续讨论时还会具体说明。

4.4.3.1.1 指向从属于指称语

指向从属于指称语的情况是指在具体语境中，指称语本身已能指明指称对象。指向一般是小指向，指称对象或是不在场的物体，或是已经指明的物体。请看例（23）：

例（23）

图 4-26：从属于指称语的小指向

女（右）：刘谦再拿出一瓶水，

让另一个女嘉宾上来，

打开水瓶，

让她检查一下这瓶水有没有什么问题。

该例的语境是两人在描述刘谦表演的“神奇止水瓶”魔术。在魔术表演的一开始，刘谦拿出一瓶矿泉水作为道具。在首次把该物体引入话语世界时，发话人使用“一瓶水”进行指称，在续谈同一物体时，她不仅使用了指称语“这瓶水”，同时还使用了小指向模式。在该例中，指称对象的确认主要依靠指称语，因此该例中的指向从属于指称语。

4.4.3.1.2 **指向和指称语居于平等地位**

这种情况下的指称语一般不由指示代词充当，而是由含类名的名词短语充当，指向的类型一般为大指向，指称对象为现场物体。指向所起的作用是指明指称对象所在的大致范围，而指称语的功能是帮助听话人在所指明的范围内确定指称对象。如下例：

例（24）

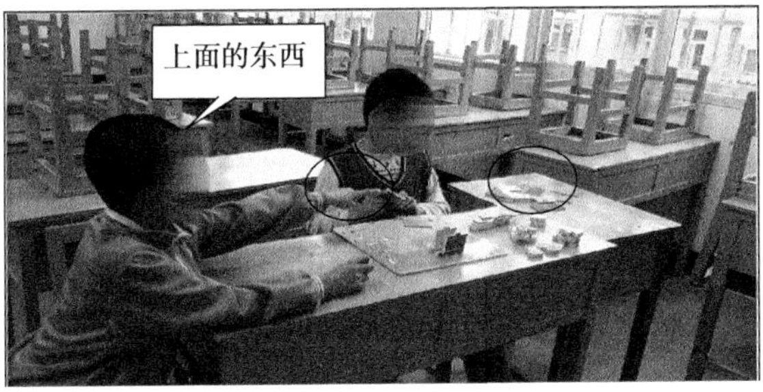

图 4-27：与指称语居于平等地位的指向

男（左）：然后呢，再把上面的东西拿过来，

红色的小方块。

在该例中，男（左）告诉对方拿某一块拼块搭在图中箭头所指积木的上面。在指称该块拼块时，他同时使用了指向和指称语两种模式。从这个指称行为发生的语境来看，在男（左）指向的方向有很多拼块（见图中圆圈），且发话人与拼块之间有一定的距离，因此仅靠指向模式无法指明指称对象。发话人同时运用了指称语“上面的东西”来指称，且发话人意识到这一指称语提供的信息仍不够，因此后续用“红色的小方块”进行了

修正。该例中的指明行为是通过指称语与指向模式共同配合来实现的，因此两者处于平等地位。Norris（2011：139）把在一个高层次行为中处于平等地位的多个模式称为模式聚合体（modal aggregate）。

4.4.3.1.3 **指称语从属于指向**

指称语从属于指向的情况在本研究所收集的语料中较为常见。从语境来看，这种情况在指称现场物体时出现；从形式来看，指称语通常是指示代词，指向类型为大指向。由于指示代词本身不含有关指称对象的类名信息和修饰、区分信息，因此，指称行为主要依赖指向来指明指称对象。如下例：

例（25）

图 4-28：指称语从属于指向

男：就是你这边，（停顿约 1 秒）
这边反了，
这边也反掉了。

该例的语境是两人共同完成搭农场的交际任务。图 4-28 中细箭头所指处有上下两块红色的积木，当男同学试图指明其中的一块时，他同时使用了语言模式和指向模式。结合具体语境来看，该例中发话人主要依靠指向模式来实施指明行为，因此，该例中的指向模式是主要模式，指称语从属于指向模式，是次要模式。

在这种情况下，由于指称语提供的信息很少，且有时指向模式只能指明一个大致的方向，不能具体指明指称对象，因此会发生指称修正的情况，如下例：

例（26）

图 4–29：指称语从属于指向时的指称修正

男：先用那块，就是橙色的小的。

在该例中，男同学先是使用指向模式和指示词指称语实施指称行为。由于距离指称对象稍远，且指向的方向有多块拼块，因此发话人随后进行了指称语修正，用“橙色的小的”这一指称语来指称图中箭头所指的拼块。

Norris（2004；2011）主要根据指向行为在话语理解和话语功能方面承担的角色，而不是指向行为在完成指称行为中承担的角色来分析指向行为与指称语的互动关系。因此，Norris 把指称语从属于指向中的指向行为看成一种语义和语用手段，如下例所示（引自 Norris，2011：141）：

例（27）

图 4–30：指向作为语义和语用手段

Sandra: jethz hab ich die USB，(Now I have the USB，) ①

was stehtn da? (what does it say here?)

该例中第二个小句中的"it"指的是USB接口上的标签。在两个小句中间有一个停顿，发话人在这个停顿间隙用手指向了USB接口上的标签（小图3）。如图4-30所示，Norris所分析的指称语从属于指向的体现形式为：指向行为出现在独白的两个小句中间，其功能是表明发话人的注意力焦点发生了转移，对该指向行为的理解无须借助前后小句。该例中的指向与指称语的互动方式也属我们定义的指称语从属于指向的情况，不同的是，Norris所说的指称语从属于指向的情况比本研究所定义的范围要窄，但功能更加丰富：除了指明对象外，还承担了表明注意力焦点转移的功能。

4.4.3.2 像似与指称语的互动方式

像似的功能是描述指称对象的特征，能使信息传递地更为准确。与指称语所提供的信息相比较，有些像似模式提供的信息显性或隐性地包含在指称语的信息当中，这种情况下的像似模式信息的冗余度较高；而有些像似模式所表征的信息是理解话语必不可缺的新信息，信息的冗余度较低；另一些像似模式提供的信息直接决定了对指称语的理解，这种情况下像似模式的信息冗余度最低。

在分析像似与指称语的互动方式时，我们主要根据像似模式的话语功能和所表征信息的冗余度把两者的高低等级分为如下三种情况：像似从属于指称语、像似和指称语处于平等地位、指称语从属于像似。

4.4.3.2.1 像似从属于指称语

像似模式从属于指称语指的是像似模式提供的信息与指称语提供的信息重复或隐含在指称语的语义信息中，是对指称语所提供信息的形象化表征，且缺乏像似模式也不会影响对话语的理解。在这种情况下，像似模式的主要功能是使指称语提供的信息变得更为准确形象，或是发话人借助

---

① 该例中Sandra是用德语交谈的，括号中是对应的英文译文。图4-30中文字和图像在一起的转写方式详见Norris（2011）的说明。

这类模式来说明或提醒对方“这是前面提到过的物体”，这种情况下的像似模式的信息冗余度最高。

例（28）

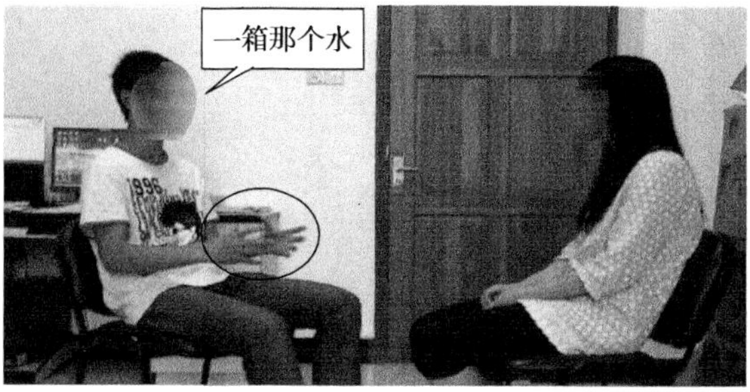

图 4–31：从属于指称语的像似模式

男：他首先拿了<u>**一箱那个水**</u>，

然后划开 <u>Ø</u>。

该例的语境是男同学和女同学在谈论刘谦表演的神奇止水瓶魔术。当男同学谈到刘谦拿出一箱水时，他同时使用了指称语和像似模式，该像似模式所表征的是箱子的外形。从信息冗余度来看，该信息已经隐含在指称语的信息当中（我们对于“箱”这个概念的认识一般包括其外形的信息，且例 28 中像似模式表征的外形信息较概括，并没有表征更为具体的信息），缺乏这个信息也不会影响听话人对话语的理解。

有些像似模式在前面的话语中已经出现过，从功能来看，发话人借助这类模式来说明或提醒对方“这是前面提到过的物体”。我们在 4.3.2.2 小节举过一个这种情况的例子，下面我们来看下页的例（29）。

该例的语境与上例相同。该例中的提到的杯子已经被引入，在该例中再次被谈及。在指称该物体时，男同学同时使用了像似模式和指称语，且该像似模式与第一次引入该物体时所使用的像似模式在形式上基本一致。从信息冗余度来看，这个像似模式表征的信息是旧信息，缺乏这个信息不会影响听话人的理解，其功能是与指称语共同配合续谈前面提到的“杯子”。

例（29）

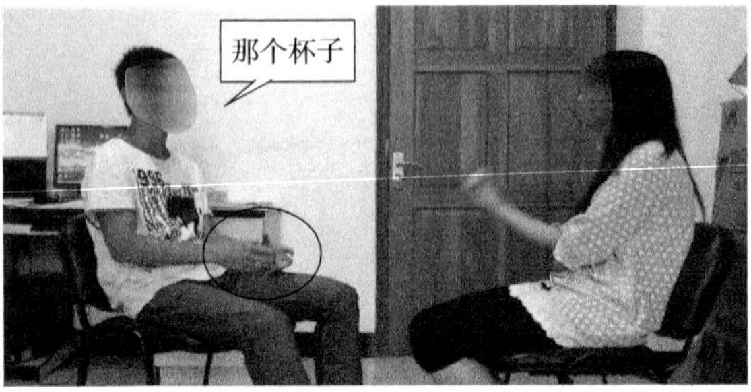

图 4-32：从属于指称语的像似模式

女：那个杯子是玻璃的还是什么？

男：那个杯子是玻璃的。

4.4.3.2.2 **像似和指称语居于平等地位**

这种情况下的像似模式所表征的信息与指称语有重合之处，但同时还补充了指称语没有提供的信息。从信息冗余度来看，这种像似模式的信息冗余度居中。从理解话语的角度来看，缺乏这个信息会对听话人理解话语造成障碍。

像似模式和指称语处于平等地位的情况在本研究语料中只出现了一例，我们在讨论像似模式的功能时曾经举过这个例子，下面再次引用这个例子进行说明。

例（30）

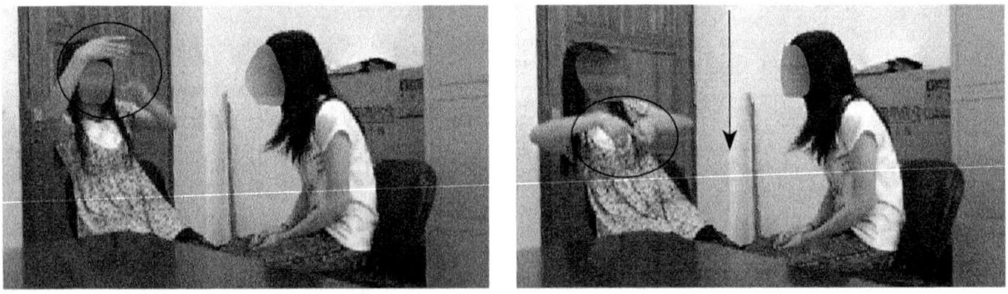

图 4-33：传递新信息的像似模式

女（左）：那个容器，它一边是开着的嘛，

然后那边不是有个缝吗？

然后闫妮就从那个上面把那个杯子往下拿嘛。

该例的语境是两位同学在谈论刘谦表演的隔空碎瓶魔术。表演该魔术需使用一个方形的带柄玻璃容器，容器的一面自上而下开了一条缝。在谈到这条缝的时候，发话人同时使用了指称语和像似模式中的描绘模式。图 4-33 中的这个模式表明这条缝是自上而下垂直的一条缝。由于随后一个小句中谈到“闫妮从那个上面把那个杯子往下拿”，因此这条缝的特征对于听话人理解闫妮的动作是不可或缺的。

4.4.3.2.3 指称语从属于像似

Gerwing and Allison（2009：314）提到交际一方会用指示语把另一方的注意力引导至自身正在实施的手势上，如发话人一边在说“这是厨房”时，一边用手指在桌上画出一个方形，代表厨房。这种情况下的指称语一般为指示代词或零形式，像似模式通常是动作模式或描绘模式。发话人借助这一模式描绘或表征一个或一类不在现场的物体，同时用指示代词或零形式指称这个物体。从信息冗余度来看，这种情况下的像似模式信息冗余度最低；从理解会话的角度来看，缺乏这个像似模式，听话人仅凭指示词指称语便完全无法确认或识别指称语的指称对象。由于仅凭像似模式无法准确表征物体信息，所以发话人在指称语所在小句的谓语部分一般会提供类名加以说明。

例（31）

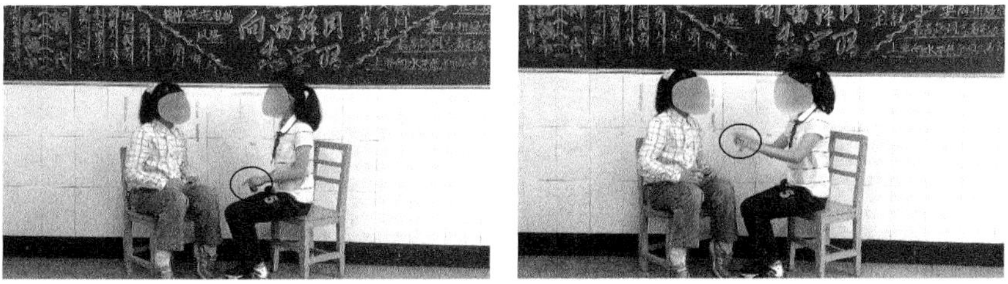

图 4-34：指称语从属于像似模式

女（右）：比如说这是一个袋子，

你就这样拍 Ø 下去。

该例的语境是两人在谈论刘谦表演的魔术，在这个过程中女（右）举例说明刘谦如何表演魔术。与指称语“这”搭配的是一个描绘模式。女（右）用两个手指在空中比划出一个袋子的外形。根据本研究的分析，该例中的指称语从属于像似模式。

4.4.3.3 放置与指称语的互动方式

4.3.1.3 节分析放置模式时指出，当交际一方需要对方确认指称对象时，他会使用指向或放置模式来进行确认，为后一步行为做准备。从两种模式互动的形式来看，放置模式大多与带疑问语气的指示词指称语共现，表明发话人希望得到听话人对指称信息的确认。从两者的互动关系来看，由于放置的交际意义一般来自于约定俗成的解释，因此在具体的语境中，缺乏指称语通常不会影响对指称行为的理解，相比而言，放置行为在确认指称对象这一交际目的中扮演的角色更为重要，因此本研究认为指称语总是从属于放置模式。

例（32）

图 4-35：放置与指称语的互动

女（左）：你先把这一块。

女（右）：这一块?

如图所示，该例的语境是两人配合完成搭农庄的任务。图中右边的桌子上有多块类似的积木，女（右）在无法确认对方所指的指称对象的情况下，为了确认，她同时使用了放置模式和指称语：她用左手拿着一块积木，然后问对方是否是“这一块”。缺乏这个放置模式，听话人将无法理解女（右）具体指的是哪一块积木。

以上分别分析了实施物体指称行为时三种模式与指称语的互动方式。需要指出的是，多模态互动分析的一个基本观点是同一模式在不同语境可能传递不同的交际意义，因此模式之间的互动关系会随着语境的变化而变化。就本节所讨论的涉手模式与指称语的互动而言，在指称同一物体时，某一类涉手模式与指称语的高低等级关系也会随着语境变化而变化，我们把这种现象称为模式互动关系波动。指向模式和像似模式与指称语互动时都存在这种情况。下面以指向模式为例进行说明，请看下例：

例（33）

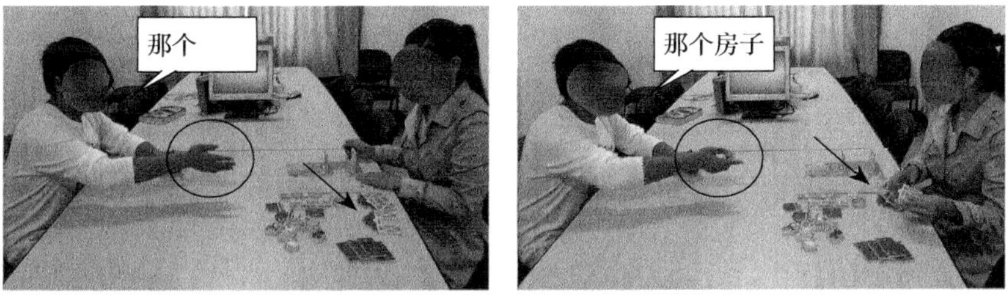

图 4–36：指向的模式间互动关系波动

男：把那个（左图中的指向），

对，就拿那个房子（右图中的指向）。

在该例中，男同学第一次指称图中箭头所指的拼块时（左图），他同时使用了指称语和指向模式，根据以上对三种互动方式的分析，左图中指向的重要性高于指称语。随后，男同学再次指向这个物体（右图），这时女同学已正确识别了男同学的所指，并把拼块拿在手上，男同学对女同学的选择进行确认。根据指向的形式（该指向持续的时间较短，且与前一个指向相比形式更为简洁）、指称语的形式以及语境来判断，第二个指向从属于指称语。该例中的两个指向指称的是同一物体，且都是大指向，但前后两个指向与指称语的高低等级关系发生了变化。

至此，本节结合实例对三种涉手模式与物体指称语之间的互动方式进行了分析。Norris（2011：145）认为，在理论上，模式与模式之间都存在从属和平等两种关系，但这一点还需要更多实证研究来验证。我们对于物体指称语与涉手模式互动关系的分析在一定程度上推进和丰富了模式间关系的研究。此外，本章研究也进一步表明：首先，在交际中，交际者运用多种模式来共同传递信息，实现某一交际功能，在这些模式中，语言模式并非总是处于主要地位；其次，在具体语境中，模式之间的互动关系也会随着话语的推进而变化。

本节中物体指称语和涉手模式互动分析的局限性在于：一方面，我们把模式当作一个独立的、可被分离的单位，但真实语境中的模式并不是一个有明确边界（boundary）的单位（Norris，2004：152）；另一方面，本章分析是在假定指称行为只依靠指称语和涉手模式这两种模式的前提下展开的。但在真实交际中，其它模式同样重要，如 Norris（2011）就举了一个注视模式、语言模式和放置模式处于平等地位的例子。据对本研究语料的观察，注视在指称行为中扮演着重要角色，特别是指称现场物体的指向与注视模式关系密切。后续研究将把注视和其他模式纳入多模态指称行为的分析范围。

4.5 本章小结

本章首先构建了物体指称行为中涉手模式的分析框架，然后结合实例分析了框架中各种涉手模式的形式和功能。在此基础上，本研究借鉴多模态互动分析的概念和方法，分析了三种涉手模式与指称语的互动方式。

在结束本章之前，有一点需要补充说明：本章关注的涉手模式只限于交际中与指称语共现的涉手模式。在本研究的语料中，有些像似模式表征的是物体某方面的特征，但这些模式并不与指称语共现，本研究暂不包括这些模式。

第五章
自建语料库中语料的采集、加工处理、转写与标注

本书中的对比研究基于自建的小型语料库。语料库研究的核心问题包括以下五个方面:（1）建立语料库;（2）对语料进行转写;（3）对语料进行标注;（4）开发出管理和利用语料库的软件;（5）利用建好的语料库对语言的某些方面进行研究（顾曰国，2000：F17）。本研究基本按照这五个步骤展开。

5.1 自建语料库的语料构成

本研究的自建语料库由成人语料和儿童语料两块构成，每一块语料又由录音语料和录像语料两种语料构成（见图 5-1）。录音语料用于对比分析成人和儿童在指称物体时所使用的指称语，录像语料用于对比分析两类人群在指称物体时所使用的涉手模式以及涉手模式与指称语的互动。

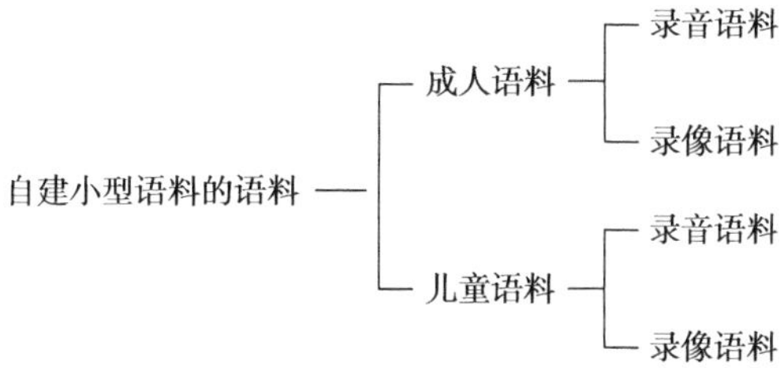

图 5-1：本研究自建小型语料库的语料构成

本研究通过录音收集了约 40 万字左右的自然会话语料，并从中精选部分语料用于对比研究；通过摄像采集了六个小时左右的录像语料，用于研究和对比分析涉手模式以及涉手模式与指称语的互动方式。用于本研究

对比研究的语料库规模总体较小，究其原因，一方面，指称物体是日常交际中常见的行为类型；另一方面，本研究的研究基于录音语料和录像语料，相对于采集书面语语料，这两种语料的采集和加工需要花费更多的时间；其中录像语料的收集、转写和标注尤为耗时耗力。

5.2 语料的采集

5.2.1 录音语料的采集

本研究采集日常生活中的自然会话为录音语料。口语语料的采集首要关注的是“自然性”（naturalness）的问题（Meyer，2004：56）。为了保障会话的自然性，一方面，在采集成人会话录音时，研究者本身并不参与录音，而是由录音对象其中的一人负责录音；在采集儿童会话录音时，我们主要请儿童熟悉和信任的班主任或他们的家长来录音，这样有助于他们配合和自然地谈话；另一方面，录音均在真实的生活场景中进行，如餐馆聊天、寝室聊天、一边玩玩具一边聊天等。

录音设备为数码录音笔（Sony ICD-PX820M）。语料的采集分两个步骤进行，第一步先采集成人会话语料，第二步采集儿童会话语料。采集的成人会话中没有儿童参与，少量儿童会话中有成人（主要是父母）参与。下面我们分别介绍两块录音语料的采集过程。

成人会话录音主要在某省会城市的一所高校进行，录音时间为 2010 年 9 月至 2012 年 5 月，录音对象是该校英语专业的本科生，录音时的年龄为 20-21 岁。在录音活动进行之前，我们先向录音对象阐明了录音的目的，征得了他们的同意和配合。在录音工作开始之前，我们向负责录音的同学介绍了录音设备的使用方法及录音记录卡的填写方法。录音记录卡的内容包括录音对象姓名、录音地点、谈话主要内容、出现在谈话中的现场物体四项内容。大部分录音在学生寝室里进行，寝室之外的录音地点包括学生食堂、逛街途中和聚餐的餐馆三处，这三个场所的录音质量总体比较理想。录音语料中还有两段在该省会城市的市区采集，其中一段是研究者的妻子与她的同事在办公室的谈话录音，另一段是研究者本人和朋友在茶馆聚会时的录音。这些录音同样征得了录音对象的同意。此外，录音语料中还有两段是研究者在攻读硕士期间在另一省的某所高校采集的寝室谈话录音，其中的两名谈话人均是研究者的同学。

除上述主要会话人之外，成人会话中还出现了其他的会话人，如大学生小范的妹妹及男友曾来学校看望她，他们之间有过交谈；小俞等在逛街时与公交车司机和商场售货员有过交谈；研究者与朋友在咖啡厅聚会聊天时与服务员之间也有过简短的交谈等。

儿童会话的录音对象为四岁至九岁的儿童，一部分儿童为上述省会城市某所区属小学一年级某班和三年级某班的学生。除小学生外，还有一部分儿童为研究者亲属、同学及同事的孩子，这些儿童的年龄为四岁至七岁。在征得监护人的同意后，儿童会话录音由儿童的父母和研究者本人进行，其中，我们对四岁至七岁儿童的自然会话进行了录像，录像中的音频转换成 MP3 后进行转写。进行录像的原因是我们在采集儿童会话语料时发现，当会话涉及多个现场物体时，会话双方由于年龄小的原因，无法回忆起会话中究竟涉及了哪些现场物体；语料的采集者有时也无法准确回忆起相关信息，因此需要借助录像来保存会话的语境信息。

5.2.2 录像语料的采集

相对采集录音语料而言，采集录像语料操作难度更大，这是因为本研究要观察录像中交际双方指称物体时的涉手模式，而日常生活的场景中交际双方会常移动，尤其是儿童；若要捕捉手势，拍摄者的拍摄角度需经常变化，难以及时清晰地捕捉。因此，本研究采用固定位置诱发实验的方式采集录像，这样便于拍摄和捕捉。诱发实验包含四个交际任务：一是谈话双方合作用拼块搭建一个农庄，一方用语言和手势指导另一方搭建（见图 5-2）；二是一方看过魔术师刘谦表演魔术的视频后，向另外一方描述魔术的表演过程所采用的魔术视频包括“读心术”“神奇止水瓶”“纸币穿硬币”“隔空碎瓶”“神奇俄罗斯转盘”，这些视频可从互联网上下载，然后在电脑上播放；三是交际双方互相描述自己去过的某个景点或某个地方；四是想象未来的教室，然后相互描述。在这四个交际任务中，我们希望通过第一个交际任务采集指称现场物体的涉手模式，通过第二、三个交际任务采集指称非现场物体的涉手模式，通过第四个交际任务采集指称一类物体的涉手模式。

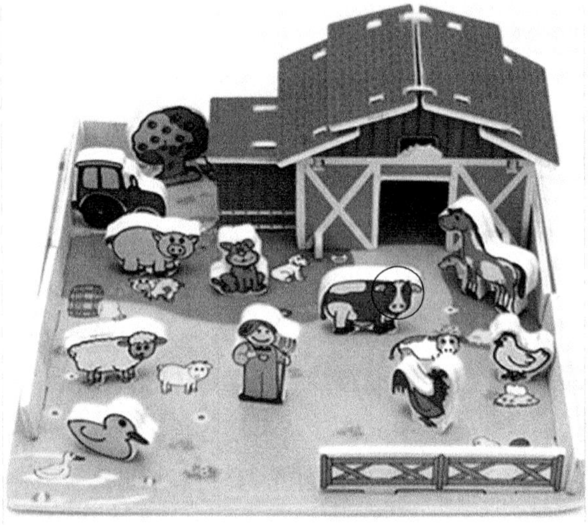

图 5-2：农庄效果图

（图片来源：http：//www.360buy.com/product/1000178973.html，Access Date：2012-11-15）

成人录像的拍摄地点为学生所在学院的一间教师办公室，儿童录像的拍摄地点分别为他们所在班级的教室以及他们班主任的办公室。拍摄参与对象为上述省属高校的英语专业的本科生和上述省会城市某所小学的三年级学生（具体参与人员与录音语料中的参与人员基本不重合，在拍摄前均征得了参与人员或参与人员监护人的同意。）。

拍摄由研究者本人实施，录像设备为数码摄像机（Sony HDR-CX270）。拍摄采用固定位置拍摄的方式进行，会话双方坐在两张靠背椅上，面对面交谈，数码摄像机固定摆放在他们的前方，如图 5-3 所示：

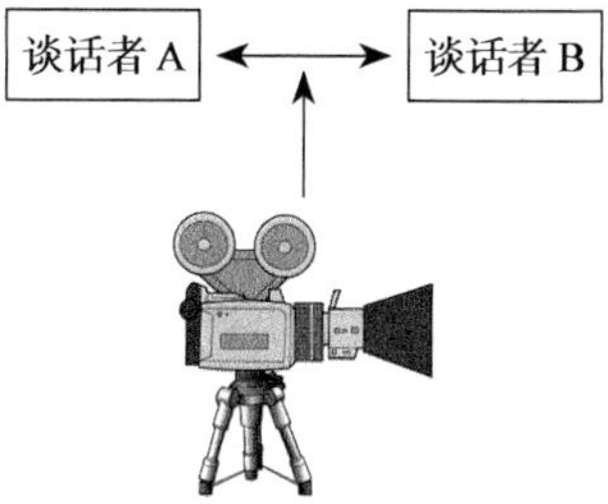

图 5–3：固定位置摄像的布局

5.3 语料的加工处理及转写

5.3.1 录音语料的加工处理及转写

我们把所采集的录音语料从录音笔中传输出来后存储在电脑硬盘里，录音格式与储存格式均为 MP3 格式。针对部分录音音量较小的片段，我们采用扩大音量等技术手段进行处理，以便后续的转写。

根据 Edwards（2003）的定义，转写是一个借助书写和空间的媒介捕捉话语信息流的过程。转写主要包含如下信息：谈话人、谈话内容、谈话方式和谈话环境。Edwards 同时指出，转写决不是穷尽性的（exhaustive）和完全客观的（objective），而是选择性（selective）和阐释性（interpretive）的。研究者在转写时会根据研究目的选择保留某种信息以及信息呈现的方式。同时，随着对研究问题的理解逐步加深，研究者需要反复听录音材料，以免遗漏研究所需的信息。在谈到具体的操作时，Meyer（2004：72）认为，口语转写时的明智选择是寻找一条折中的办法：首先准确地记录人们在会话中所说的内容，然后在资源允许的条件下再添加其他信息，如标注语调特征。

从本研究的研究目的出发，我们在转写录音语料时首先考虑忠实记录下会话双方的谈话内容。在完成录音语料的转写之后，我们对转写文本中涉及物体指称的内容进行了仔细核对。除了要解决转写内容、特别是指称语的转写是否准确外，核对工作的重点是明确转写文本中每个指称语的指称对象，特别是明确现场物体指称语的指称对象，这是因为交际双方在指称现场物体时，经常使用信息度低的指称形式，如代词、零形式；特别是在现场存在多个物体时，仅凭语言信息很难分辨指称对象。借助录音记录卡，成人语料的转写文本首先由研究者本人进行核对，并对文本中指称对象不明的情况进行批注；由于录音采集人本身也是会话参与者，所以第二步我们请录音采集人边听录音边对批注的问题进行核对。在核对儿童录音的转写文本时，由于我们对年龄较小儿童的谈话过程进行了录像，借助录像，研究者本人可以确认指称对象；针对录音对象为小学生的转写文本，我们请在场的录音采集人（班主任和家长）和录音对象一同进行核对。从核对的情况来看，绝大部分指称语的指称对象都得到了确认。

此外，为了保护谈话者的隐私，在转写时，我们对会话中出现的姓名一律用化名替换；转写语料时需要在每个话轮前标明说话者，我们仅用姓氏或名字中的单字标明。

在转写工具方面，录音语料的转写采用了语音转写辅助软件 f4（www.audio-transkription.de//english//f4.htm）。该软件是免费软件，其优点是能给每行转写语料自动增加精确的时间标签，方便转写文本与录音同步进行核对。

5.3.2 录像语料的加工处理及音频内容的转写

用数码摄影机所采集的录像语料的格式为 MOV 格式，这种文件格式的优点是视频和音频清晰度高，缺点是文件体积较大，且与我们用来标注的 ELAN 软件存在格式不兼容的问题。因此，在加工处理录像语料时，我们首先把视频文件从数码摄像机导入电脑硬盘，然后利用格式转换软件 Format Factory① 把 MOV 文件转换为 AVI 格式，在保证了画面清晰度的同时，格式转换后的文件大小压缩至原来的一半左右，这样便于文件的保存以及后续的标注。

由于本研究要分析与指称语共现的涉手模式以及两者的互动，因此需要在录像语料的时间轴上标出物体指称语，这样才便于后续判断某一涉手模式是否与指称语共现以及分析两者的互动方式。我们的处理方法是：首先运用 Format Factory 软件把 AVI 格式转换为 MP3 格式，然后采

① 该软件为免费软件，下载地址为：http://www.pcfreetime.com。

用 Praat 软件[①] 把会话中的物体指称语制成内容标签。Praat 为免费软件，由阿姆斯特丹大学的 Paul Boersma 和 David Weenink 合作开发。本研究之所以采用这一软件，因为通过该软件可以在时间轴上为音频添加内容标签（如图 5-4 所示），且用 Praat 制作的标签文件可以直接导入 ELAN 软件。

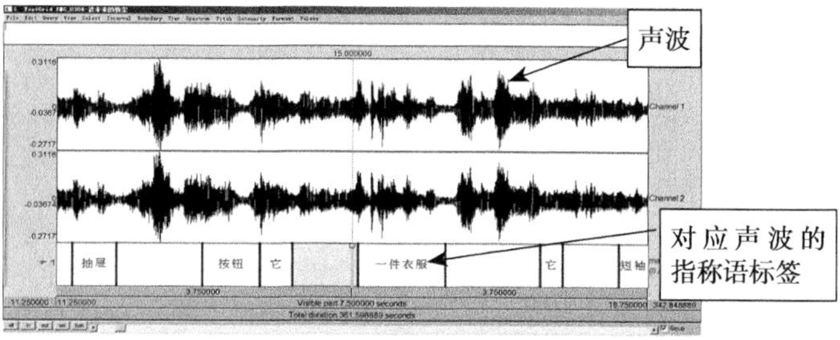

图 5-4：用 Praat 软件在时间轴上制作指称语标签

5.4 用于本研究对比的语料概况

5.4.1 用于对比的录音语料概况

本研究从采集的语料中精选了部分语料进行对比。选取录音转写语料的标准是：① 录音质量清晰；② 物体在会话中出现的次数较多。表 5-1 是用于对比的成人和儿童录音语料的概况，其中的话语量以汉字为单位。

表 5-1：用于对比的录音语料概况

成人录音语料		儿童录音语料	
时长	话语量	时长	话语量
3 小时 19 分 50 秒	50,435 字	5 小时 48 分 29 秒	56,445 字

表 5-2 和表 5-3 是所选取的成人和儿童录音语料的具体情况。

在统计语料量时，话轮前用于区分发话人的姓氏不计算在内。此外，

① 该软件为免费软件，下载地址为：http://www.praat.org。

我们还在会话的沉默部分加上了“沉默”字样加以说明。当有句子或词语听不清或被打断时，我们会标注“听不清”“打断”或“思索”字样，本研究统计的语料量不包含对这些非会话内容的统计。

从表5-2和表5-3可以看出，儿童语料比成人语料多出6,000个左右的汉字字符；在时长方面，两种语料相差比较明显。究其原因，由于录音是在自然状态下进行的，与成人有所不同，儿童在会话时经常一边玩玩具，一边与对方谈话，因此儿童在单位时间内产出的话语量明显少于成人的话语量。

表5-2：用于对比的成人录音语料构成一览表

录音文件名	选取的录音时长	语料量（字）
俞逛街谈话	56分40秒	11,730
俞寝室谈话1	12分45秒	2,669
俞寝室谈话2	26分12秒	7,941
王寝室谈话1	13分	2,615
王寝室谈话2	5分	1,141
余和李在校园散步谈话	17分	2,680
吴、徐在咖啡厅谈话	15分	6,515
龚在寝室谈话1	15分15秒	5,600
龚在寝室谈话2	7分15秒	1,800
王餐馆谈话	14分43秒	3,544
徐办公室谈话	17分	4,200
共计	3小时19分50秒	50,435

表 5-3：用于对比的儿童录音语料构成一览表

录音文件名	选取的录音时长	语料量
黄和徐在萱萱家玩玩具	31 分 23 秒	5,213
唐在徐家玩	42 分 20 秒	4,990
冯在教室谈话	29 分 05 秒	5,366
苏和尹在教室谈话	10 分 30 秒	2,468
龚和徐谈话	33 分 42 秒	7,774
龚和杨谈话录音	5 分	2,650
花卷和小康谈话	27 分 26 秒	5,490
徐和李在教室谈话	26 分 31 秒	4,873
徐和杨教室谈话	38 分 48 秒	5,604
黄和徐在办公室谈话	38 分	4,567
清清和嘟嘟谈话 1	5 分 40 秒	2,095
清清和嘟嘟谈话 2	6 分 14 秒	5,355
共计	5 小时 48 分 29 秒	56,445

5.4.2 用于对比的录像语料概况

本研究总共采集了约六小时的录像语料。对于研究者而言，通过诱发实验采集涉手模式的过程也是一个不断尝试和学习的过程。在这些语料中，有些涉手模式的出现频数很低；有些由于拍摄的原因无法满足标注软件的要求；还有些拍摄质量较差。考虑到这些情况，本研究选取用于对比的录像语料的主要标准是：①音质和画质清晰；② 涉手模式出现的次数相对较多。根据这两个标准，我们从约六个小时的录像语料中精选了部分语料进行后续的对比分析。表 5-4 和表 5-5 是所选取的成人和儿童录像语料的具体情况。

表 5-4：用于对比的成人录像语料构成一览表

录像语料名称	录像语料时长	录像语料名称	录像语料时长
搭农场 1	06 分 04 秒	讲魔术 4	06 分 29 秒
搭农场 2	07 分 25 秒	讲魔术 5	06 分 09 秒
搭农场 3	06 分 52 秒	谈旅游 1	07 分 21 秒
讲魔术 1	03 分 51 秒	谈旅游 2	12 分 37 秒
讲魔术 2	05 分 09 秒	谈旅游 3	09 分 39 秒
讲魔术 3	02 分 45 秒	谈未来的教室 1	11 分 22 秒
谈未来的教室 2	07 分 44 秒		
共计		93 分 27 秒	

表 5-5：用于对比的儿童录像语料构成一览表

录像语料名称	录像语料时长	录像语料名称	录像语料时长
搭农场 1	09 分 55 秒	讲魔术 5	10 分 18 秒
搭农场 2	08 分 12 秒	谈旅游 1	18 分 31 秒
搭农场 3	11 分 35 秒	谈旅游 2	11 分 04 秒
讲魔术 1	06 分 48 秒	谈未来的教室 1	11 分 21 秒
讲魔术 2	03 分 30 秒	谈未来的教室 2	08 分 37 秒
讲魔术 3	06 分 47 秒	谈未来的教室 3	06 分 01 秒
讲魔术 4	21 分 30 秒	谈未来的教室 4	11 分 02 秒
共计		145 分 21 秒	

对比表 5-4 和表 5-5 可以看出，用于对比的儿童录像语料的时间更长，这是因为在所采集的儿童录像语料中，单位时间内涉手模式出现的频数更低，这可能与儿童语速相对较慢有关。为了用于对比的两种语料中涉手模式的频数基本一致，我们选用了时间更长的儿童录像语料。需要指出

的是，与成人谈未来教室的语料中类指语出现频率较高的情况不同，儿童谈未来教室的语料中不仅会谈到一类物体，还常以现场物体和非现场物体为例进行谈论。

5.5 语料标注

基于第三章和第四章所构建的分析框架，本章制定物体指称语和涉手模式的标注方案。在介绍标注方案之前，先简要介绍一下本研究研究所使用的语料标注工具。

5.5.1 语料标注工具

5.5.1.1 物体指称语的标注工具

本研究对指称语的标注是定性标注。在已有的定性标注软件中，本研究尝试使用了北京外国语大学中国外语与教育研究中心开发的质性语料标注统计分析工具 BFSU Qualitative Coder version 1.2。该软件是免费软件，具有半自动标注和统计分析功能，研究者可根据标注方案自定义相关的标签。但在尝试标注的过程中，由于本研究制定的标注方案中物体指称语的具体形式较多，该软件的菜单栏能显示的标签数量不能完全满足研究需要。在这种情况下，我们借鉴该软件的设计思路，结合 Microsoft Word 中的宏功能和自定义菜单功能，在 Microsoft Word 2003 中自行设计了可下拉的标注菜单，菜单中包含了语料标注标签，此外还单独设计了统计按钮，实现了对语料的半自动标注和本研究所需的统计功能，下面我们简要说明我们设计的这一标注工具。

在制作指称语标注标签的菜单之前，我们首先需要在 Microsoft Word 的宏功能里设计标注标签的 VBA（Visual Basic）脚本。然后通过 Microsoft Word 的新建菜单功能设计不同的菜单，最后把 VBA 标签分门别类地拉入自定义的菜单，如图 5-5，图 5-6 和图 5-7 所示：

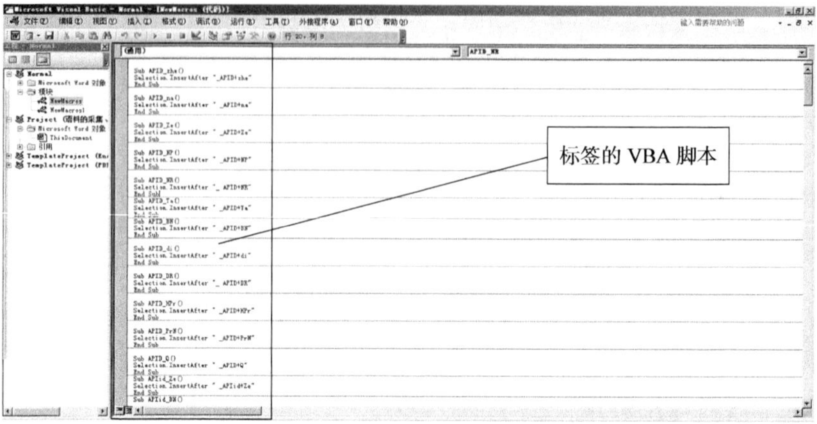

图 5-5：在 Word 的宏工具中设计标注标签的 VBA 脚本

图 5-5 是 Microsoft Word 宏工具 Visual Basic 编辑器中显示的多个指称语标注标签的 VBA 脚本。该编辑器中 VBA 脚本的内容可被编辑、复制、粘贴和删除。下面我们通过图 5-6 具体说明一个标注标签的 VBA 脚本的构成。

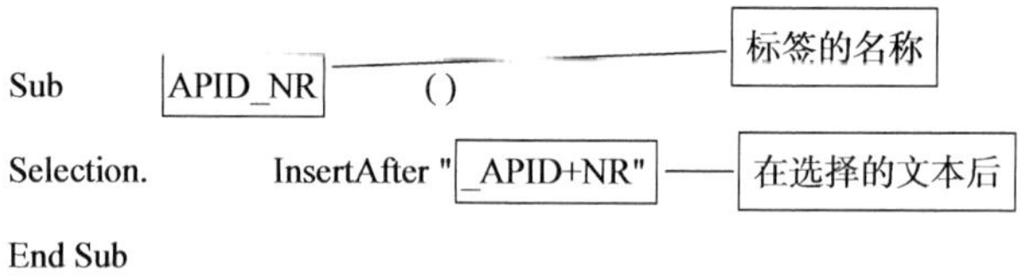

图 5-6：标注标签的 VBA 脚本

如图 5-6 所示，标注标签的脚本共有三行：第一行为定义标签的名称，这一名称也是显示在下拉菜单里的名称；第二行是脚本的主要内容；第三行是定义这一个脚本的结束。标注标签的 Visual Basic 编码经计算机识别后，可在 Word 的菜单栏中显示，点击某一按钮，便可在选择的目标文本后插入相应的标注标签。在此基础上，我们结合 Microsoft Word 2003 中提供的自定义菜单功能（菜单栏—工具—自定义—命令—新菜单），把不同的标签分类纳入我们制定的下拉菜单当中（见图 5-7）。

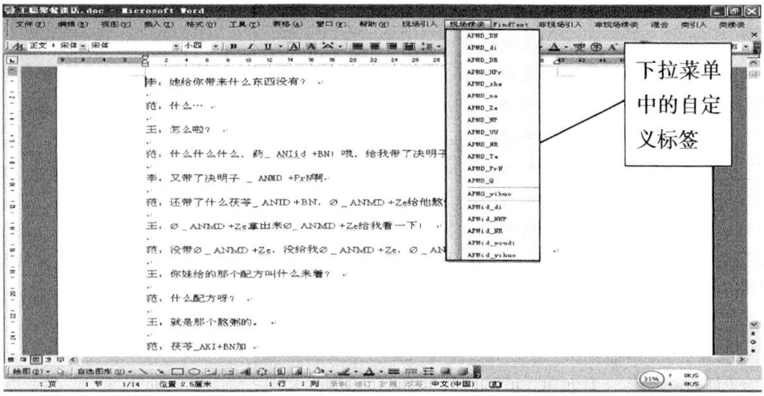

图 5-7：在 Word 中利用宏和自定义菜单制作的标注工具

此外，我们还设计了统计按钮，与 Microsoft Word 中自带的查找功能有所不同，该按钮能够实现对某一标签在文本中出现频数的统计。

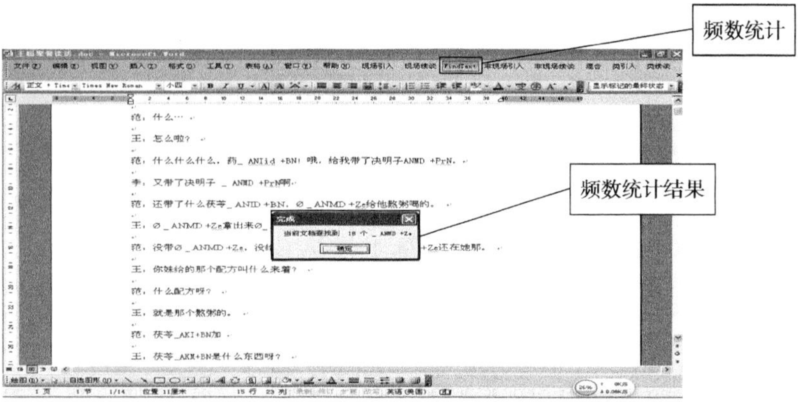

图 5-8：频数统计功能

5.5.1.2 涉手模式的标注工具

本研究利用多模态标注软件 ELAN 对物体指称行为中与指称语共现的涉手模式进行标注。该软件是多模态研究常用的辅助软件，与 Anvil 软件相比（参见 Gu，2006 对 Anvil 的介绍），ELAN 对视频格式的兼容性更高。作为一款免费软件，该软件的安装程序和使用说明均可从 Max Planck 心理语言学研究所的网站下载（www.tla.mpi.nl/tools/tla-tools/ELAN/）。

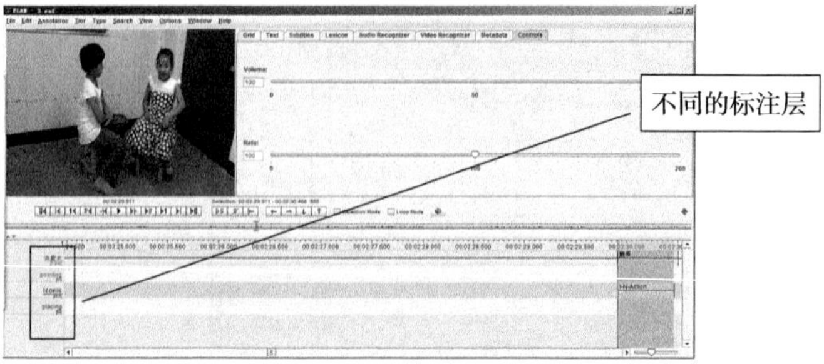

图 5-9：ELAN 软件中的标注层

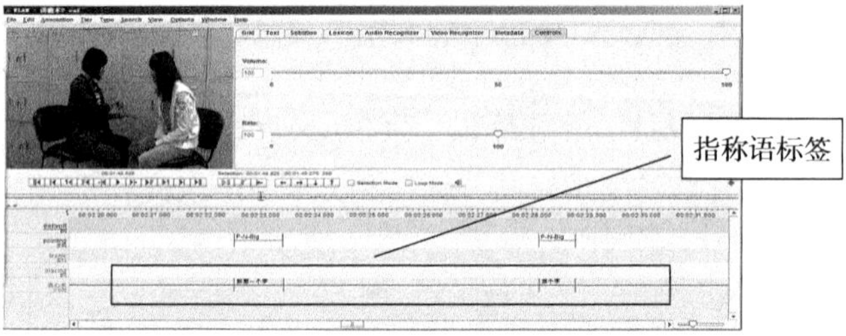

图 5-10：导入 ELAN 软件中的指称语标签文件层

ELAN 软件具有如下功能：（1）标注前可把预先设计好的标注符号（在 Microsoft Excel 中制作，另存为 CSV 格式的文件）导入至软件中作为标注符号库，这样便于使用者在标注时从中选择，无需逐个手动输入；（2）该软件实行分层标注，研究者可自行设计不同的标注层，在不同的层标注不同的涉手模式（见图 5-9），在把标注层与标注符号库中某一类涉手模式的标注方案关联后，在该层标注时，软件会自动提供相关联的标注符号；（3）该软件提供了检索和统计功能，在标注过程中，研究者逐一标注涉手模式，在所有标注工作完成后，研究者可自行定义不同的检索库（如本研究的成人库和儿童库），在这一库中针对不同的模式进行检索、统计以及核对；（4）该软件能与 Praat 软件互相兼容，Pratt 中制作好的标签文件可以直接导入至 ELAN 中（见图 5-10），作为转写文本层。在标注过程中，我们需借助与时间轴同步的转写文本层来判断具体某一涉手模式是否与指称语共现。

5.5.2 语料标注过程中需要说明的问题

5.5.2.1 标注指称语时需要说明的问题

5.5.2.1.1 如何区分有指和无指?

在对语料进行标注前，我们首先需要厘清有指和无指这两个概念，在此基础上确定有指和无指的范围，以便对有指的物体指称语进行标注。

Du Bois（1980）、Hopper and Thompson（1984）、陈平（1987）、张伯江（1997）、王红旗（2004）都曾讨论过有指和无指的概念各家对概念的提法不完全一致，如王红旗把有指和无指分别称为指称成分和非指称成分）。陈平（1987）认为，如果名词性成分的表现对象是话语中的某个实体（entity），那么该名词性成分便是有指的，否则就是无指的（1987：81）。张伯江（1997）对汉语名词如何表现无指成分做了深入分析。他认为，名词性成分的表现对象为话语中的某个或某些实体时，该名词为有指；反之为无指。有指成分侧重表示实体性事物，无指成分侧重表现抽象的属性；从外延和内涵的角度来看，有指成分着重表现词语的外延，无指成分着重表现词语的内涵，即说话人强调的是事物的属性方面还是与其他实体的区别方面（1997：192—199）。

在划分无指范围方面，各家有重合之处，也有不同之处。如陈平（1987）提出，判断一个名词性成分是有指还是无指，有一个简捷的办法，有指成分可以用种种方式加以回指，无指成分则无法回指。王红旗把无指分为表名称和属性两类，其中表属性又分为三种情况。张伯江（1997）提出了无指名词的词汇形式和可能出现的四种语法位置，认为无指名词只有光杆普通名词一种形式。在语法特征方面，因为名词用作无指成分是以丧失实体意义为代价的，因此无指性名词最明确的形态句法标记为只能受动量定语和时量定语修饰，不能受名量定语修饰。此外，无指名词在句子中不代表可支配的事物，因此最难出现在主语、宾语等位置上，一般出现在表语、定语、名词中心语、小主语等位置上。

从上述分析可以看出，虽然各家划分无指的范围不同，但各家对无指和有指概念的认识基本一致：认为有指成分侧重表示话语中的实体性事物，无指成分侧重于表现抽象的属性。从外延和内涵的角度来看，有指成分着重表现词语的外延，无指成分着重表现词语的内涵（参见张伯江，1997）。

在已有研究的基础上，本研究把下面三种情况中出现的名词性成分看成是无指的，其他均为有指的。

（1）表名称的光杆名词

例（1）这是桌子。

该例中的“桌子”表名称，因此是无指的。

（2）表属性的光杆名词或名词短语

表属性的光杆名词或名词短语分为以下两种情况：（1）一般而言，充当定语的光杆名词或名词短语是无指的，它们与中心名词一起构成有指或无指的名词短语；（2）比喻句中的光杆名词或名词短语。请看下面两例：

例（2）这是木头桌子。

例（3）他高得像一棵大树。

（3）其他无指成分

① 名词短语的中心语充当无指成分

例（4）他的篮球打得好。

该例中的“篮球”实无所指。

② 宾语位置的无指成分

例（5）甲：他干嘛去了？

乙：他打篮球去了。

一般认为，例（5）中的“打篮球”是一个动词短语，动作对象包含在动作之中（incorporation of patient），不指向具体的指称对象，因此是无指的（参见张伯江，1997）。

需要指出的是，对有指和无指的划分必须结合具体的语境。在具体语境中，类似例（5）中的无指成分也会变为有指成分。如下例：

例（6）甲：他干嘛去了？

乙：刚买了个新篮球，

打篮球去了。

与例（5）不同，该例“打篮球”中的“篮球”是有指的，指称对象是在第2个小句中引入话语世界的“新篮球”。

5.5.2.1.2 如何区分物体指称语与处所指称语？

关于物体和物体所在的空间的关系，廖秋忠（1992：133）认为，每一件东西都占据一定的空间，而每一个地方也都存在着各种东西，是关于东西或是关于地方的描写有时是不好分的。

本研究在语料中区分物体指称语或是处所指称语时也存在类似的情况。在日常会话中谈论物体时，我们有时谈论的是物体本身，有时谈论的实际是物体所在的处所，本研究把以下三种情况中的指称语看成是处所指称语而非物体指称语：

（1）表示地方的专有名词，如中国、北京、北京大学等（刘月华等，2010：60）。

（2）表示位置的处所词，多由名词+某些方位词组成，如“桥下”“屋里”“山顶上”“山脚下”等。方位词包括：上、下、前、后、里、外、内、中、左、右、东、南、西、北等（关于处所词和方位词的讨论参见丁声树等，1999：69—77）；此外，充当介词的“在”表示动作发生或事物存在的处所（吕叔湘，1995：646），因此后面跟的物体名词或代词也是处所指称语。

（3）我们把趋向动词“来”“去”等后接的宾语视为处所，如“去超市买东西”“来公园玩”“进商场”“出公园”。

5.5.2.1.3 如何判断零形式的存在以及确定零形式的指称对象？

陈平（1987）认为，与非零形回指不同，零形回指没有实在的词语表现形式可供我们辨认，如果从意思上讲句子中有一个与上文中出现的某个事物指称相同的所指对象，但从语法上看该对象没有对应的词语表现形式，我们便可认定此处用了零形式。

陈平的论述为判断汉语中零形式的出现提供了理论依据。在具体判断指称对象为物体的零形式时，本研究借鉴马博森（2005：132）的判断标准：

（1）如果谓语动词出现，它的施事、受事等支配成分从语义上判断是物体，但却没有具体的语言形式来体现，我们便认定此处存在零形式；

（2）如果主谓谓语句、名词谓语句、形容词谓语句等非动词谓语句中的主语从语义上判断指的是物体，但却隐而不现，我们便认定此处存在零形式。

在确定零形式的指称对象方面，徐赳赳（2003）认为，判断零形回指的对象为何物，在很大程度上取决于篇章和语用因素，并提出了根据如下两个方面的知识确定零形式的指称对象：

（1）语境知识

徐赳赳（2003）采用的是书面语篇语料，所说的语境指的是上下文。下例是一个本研究收集的口语语料的例子。

例（7）1. 尹：凤凰古城还有（思索），
2. 苏：好像是（思索），
3. 尹：那就上刀山，
4. 上刀山那种习俗是一根长长柱子，上面全是刀，
5. 然后人就从这上面爬上去，
6. 但不过刀还没有开光。
7. 苏：可是不会被 Ø 扎死吗？
8. 为什么？
9. 尹：因为那个，
10. 那个人我亲眼看到过，
11. 真真地一点伤也没有。
12. 苏：有没有爬过 Ø 呢？

该例的语境是苏和尹在谈论云南旅游的经历。其中第12行中零形式指的是前续话语中出现的“刀山”，这个零形式所指的确定依赖于上文提供的信息。

（2）世界知识

世界知识相当于 Clark and Marshall（1981）所说的社区成员共享知识，请看下例：

例（8）范：可以了，开饭开饭了。
　　　王：喝点饮料，
　　　　　还是要喝 Ø?

该例中的饮料在现场，而零形式指的是酒，不在现场。从该例可以看出，之所以能用零形式引入“酒”是因为该物体是请客吃饭时的常见物体，作为社区成员共享知识的一部分，请客吃饭时需上酒水或饮料是应有的待客之道。

除了徐赳赳（2003）提到的上述两方面的知识外，在指称现场物体时，零形式所指对象的确定还需依赖 Clark and Marshall（1981）提到的物理共现知识。

（3）物理共现知识

例（9）1. 龚：平时在家里我会画出各种各样稀奇的东西，
2.　　我爸爸妈妈一回来我就给他们看，
3.　　他们就会问这是什么东西，
4.　　然后我也说不上来。
5. 徐：你说不上来很正常，
6.　　因为呀，因为我不知道为什么，
7.　　反正你就是说不上来，
8.　　对吧?
9. 龚：反正我就是觉得我自己画的已经很好了。
10. 徐：你已经很好了。
11.　　我们再折 Ø 吧，
12.　　先对折 Ø。

该例的语境是两个三年级的小学生在教室里聊天。在该例中，谈话人龚和徐在谈论上绘画培训班的情况。在第 11 行，发话人人徐突然转换了话题，使用零形式指称手头正在折的纸，该指称对象的确定依赖于物理共现信息。

5.5.2.1.4 如何处理指称过程中的指称语重复现象?

在自然会话中，发话人有时一边思索，一边产出会话，因此重复指称语的现象比较普遍，如下例：

例（10）1. 苏：我没去过。
2. 我去过是丽江，
3. 丽江还有大理，
4. 我去了有楚雄啊。
5. 尹：哎，**大，大理，大理山塔**，**大理山塔**好重的嘛。

在第5行中，发话人尹再次重复了“大理山塔”这个指称语。遇到这种情况，我们按实际出现的次数标注指称语。因此，该例中的指称语“大理山塔”共出现了两次。

5.5.2.1.5 **如何处理由会话双方合作产出的指称语？**

在会话过程中，指称语的产出绝大多数情况下是单方完成的，少数情况下是会话双方合作完成的。如下例：

例（11）1. 清：然后呢，然后他他拿了一个一个像，
2. 嘟：**冰淇淋**。
3. 清：冰淇淋。
4. 然后呢，然后那个小男孩那里都被纸给围住了，
5. 然后带了一副游泳镜，
6. “吧”一下 Ø 就倒在他脸上。

在该例中，发话人清清在第一行正在思索合适的类名进行指称，此时听话人嘟嘟插入，提供了类名，随后清清进行了确认。我们在标注时把第一和第二行中清清和嘟嘟合作产出的指称语看成是一个指称语。

5.5.2.1.6 **如何区分充当指称语的“这（个）”“那（个）”和充当话语标记语的“这（个）”“那（个）”？**

许家金（2005：96—111）基于对不同语料库的统计分析表明，相对于“这（个）”而言，“那（个）”在口语中出现的频数更高，且虚化程度更高，因此许家金（2005）主要探讨“那（个）”充当话语标记语的四种用法，并从韵律特征、出现位置和话语功能三个方面区分这四种用法的具

体特征。这四种用法是：开启话题、转换话题、思索填词和其他用法。其中，许家金（2005）在讨论“思索填词”这一话语功能时举了一个同时包含“这个”和“那个”的例子。

例（12）1. 小强：两题呀？
2. 两题，
3. 前面一个，前面一个图在哪儿？
4. 小莉：没图，呵呵。
5. 小强：我搞忘了哈。
6. 小莉：我实在做不出来，
7. 我那个，就这，这个，好多都没做，
8. 还有你的大题可做完了？（许家金，2005：109）

我们借鉴许家金（2005：101—108）的方法来判断充当话语标记语的“那个”，如下例中的“那个”就是一个许家金（2005）定义的“开启话题”的话语标记语：

例（13）黄：一块就录下来啊。
吴：没有。
俞：那个，今天烧什么断了，断了电了哦。
黄：热得快吧，应该是。

该例中的谈话人被告知要进行谈话录音，在准备好录音设备后，她们开始谈话，俞用“那个”开始一个新的话题。

下例是我们的语料中一个用“那个”表示转换话题的例子。

例（14）1. 唐：好多东西，
2. 这么多东西怎么弄？
3. 徐：怎么享受我们的美时光嘞，
4. 对不对啊？
5. 唐：（笑）
6. 徐：所以我们要把东西都拿掉去。
7. 唐：（笑）

8. 曾：那个，乖乖生气了。

9. 徐：嗯？

10. 曾：乖乖生气了。

该例中，曾在第八行转换话题，开始谈论在现场的一个名叫“乖乖”的玩具。

5.5.2.2 标注涉手模式时需说明的问题

在介绍涉手模式的标注方案之前，结合在标注过程中遇到的实例，我们首先对涉手模式标注过程中遇到的具体问题及解决方案进行说明。

5.5.2.2.1 如何判断某一涉手模式是否与指称语共现？

由于本研究要分析与指称语共现的涉手模式，因此需要判断某一涉手模式是否与某一指称语共现。在具体判断时，我们综合考虑下面两个方面的因素：

（1）McNeill（1992：83）把手势的发生大致分为三个阶段：准备阶段、实施阶段和收回阶段。针对涉手模式的三个阶段如何与指称语在时间维度上相互协调，已有研究的观点并不完全一致，但都认为两种模式整体上在时间方面保持同步，特别是其中的实施阶段（参见 Chui，2005 以及第四章 4.4.2 节的介绍）。本研究同意这一观点，并根据这一观点来判断某一涉手模式是否与指称语共现。具体操作步骤为：第一步，我们在标注前先使用 Praat 软件对录像语料中物体指称语在时间轴上的位置设置了指称语标签（参见本章的图 5-4），然后把标签文件导入至 ELAN 软件，作为指称语层；第二步，我们设置三层标注层，分别用于三种涉手模式的标注；第三步，在双方会话时，两种模式都会在时间维度上展开，我们观察两种模式在时间轴上的体现，对两种模式是否共现进行判断。

（2）结合三种涉手模式表征的信息和功能来判断涉手模式是否与指称语共现。指向模式的功能是指明，提供的信息与指称语的语义信息不存在重合，两者相互配合，共同完成指明行为；像似模式的功能是描述，提供的信息常与指称语提供的信息重合或隐含在指称语信息中，其主要功能是修饰、补充指称语提供的信息，使得指称行为更为准确；放置模式的功能是交际一方向另一方确认指称语对象并为后一步行为做准备。

5.5.2.2.2 单个模式与多个指称语共现，如何标注该模式?

本研究采集的语料中出现了单个指向模式或像似模式与多个指称语共现的例子，这是省力原则在多模态交际中的具体体现，如下例：

例（15）

图 5–11：与多个指称语共现的指向

男：先用<u>那块</u>，

就是<u>橙色的小的</u>，这里。

该例中男同学在指称图中箭头所指的拼块时，同时使用了指向模式与指称语模式。在使用指称语时，男同学先用指示代词，在意识到该指称语提供的信息不足后，他用带修饰语的“的”字短语进行了修正。在这一过程中，男同学的指向模式一直在持续。从功能来看，由于该模式与两个不同的指称语分别配合，实际共同完成了两次指称行为，因此我们倾向于把这个指向行为看成是两个连续的行为，标注时把这个连续的指向模式标为两个指向。

像似模式的使用存在同样的情况。发话人在描述某一行为的过程时，会持续使用同一像似模式来表征这一过程中涉及的某一物体，因此出现同一模式与多个指称语共现的情况，如在我们的语料中就出现了某一像似模式持续 27 秒的情况。我们把这种情况下的像似模式标注为多个像似模式。

5.5.2.2.3 如果与一个指称语共现的有两个像似模式，如何标注?

与上面分析的第二种情况相反，本研究语料中还出现了与一个指称语共现的两个像似模式的情况。这种情况又可分为两种类型：一种是两个模式是同种手势类型，这种情况与重复指称语的现象类似；另一种是两个模式属不同手势类型，下面是一个两种模式属不同手势类型的例子。

例（16）

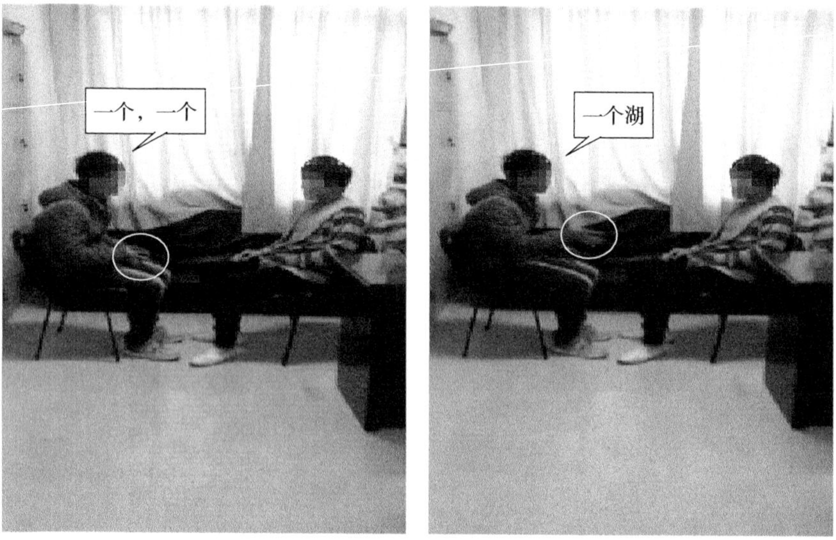

图 5-12：与单个指称语共现的两个像似模式

男（左）：首先，我们去的时候，就是一个，一个，嗯，一个湖。

该例中，两人在谈旅游的经历。男（左）在谈到旅游途中见到的一个湖时，他先后使用了两种像似模式：首先使用了模型模式，两手的拇指和食指合成一个圆圈的形状（左图中的圆圈）；接着又使用了描绘模式，在空中画出湖的形状（右图中的圆圈），与这两个模式共现的是一个指称语，但这个指称语不是一次性产出的，而是在产出这个指称语的过程中，发话人有明显的停顿，这表明发话人正在进行思索填词。像似模式是否有助于发话人在思索填词时找到合适的指称语值得后续进一步研究。

对于上述两种类型我们均按照模式实际出现的次数进行标注。

此外，语料中还出现了另一种情况：两个涉手模式一个由发话人产出，另一个由听话人产出。如下例：

例（17）

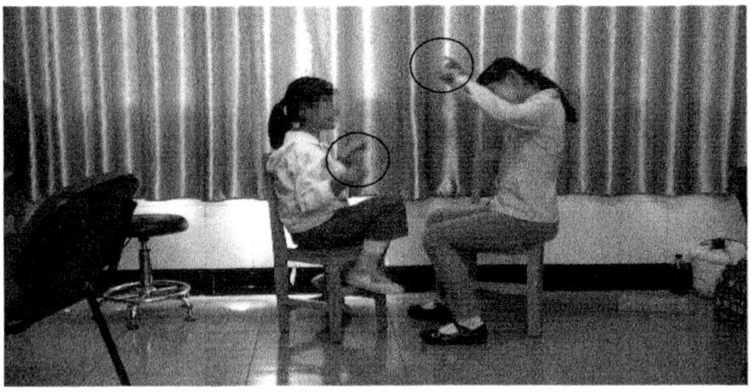

图 5–13：与单个指称语共现且由交际双方分别产出的像似模式

女（左）：就是拿一个大箱子。

该例的语境是两人在谈论刘谦表演的名为“隔空碎瓶”的魔术。在指称“大箱子”时，女（左）同时使用了像似模式中的描绘模式，女（右）也紧跟着做了类似的动作。这种情况在儿童语料中仅出现了一例，在成人语料中没有出现。在该例中，听话人实际是在模仿发话人的动作。因此在标注时，我们只标注女（左）的像似模式，女（右）的则不标注。

语料中还出现了谈话一方产出指称语，另一方产出像似模式的情况（如第四章的例 13 所示），我们把这种情况下的涉手模式和指称语当作一个指称行为进行标注。

5.5.2.2.4 **是否标注与零形式指称语共现的涉手模式？**

第四章以及本章中所举的关于涉手模式的例子有一个共同点：与例中涉手模式共现的绝大部分是显性形式的指称语。据我们对语料的观察，发话人使用隐性的零形式指称时也会使用涉手模式，如下例：

女（左）：然后就是一个嘉宾检查一本，
然后都没有，
而且你会很认真地去对待，
一个字一个字地去对 Ø 吗？

例（18）

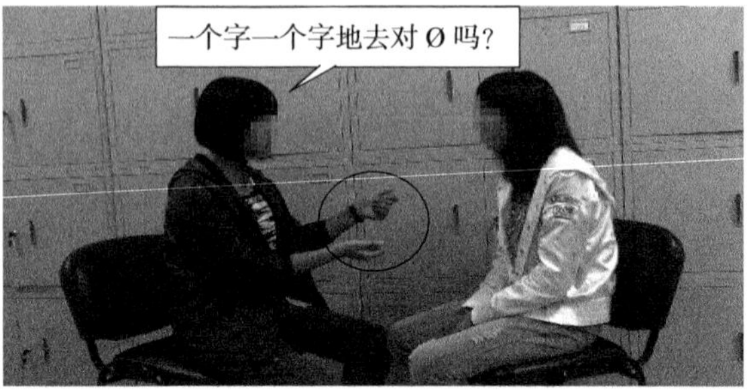

图 5-14：与零形式共现的像似模式

该例的语境是两人在谈论刘谦表演的名为“读心术”的魔术。该魔术用到两本书作为道具，两本书其实是同样的书，只不过魔术师事先把一本书的封面换掉了，让观众误以为两本书不一样，因此才产生了魔术师能够“读心”的表演效果。在表演时，魔术师先请两位观众来检查一下两本书是否有问题，两位观众随便翻了一翻，并没有仔细核对书的内容。该例中，两位同学正在谈论这一行为。当女（左）谈到观众不会一个字一个字地核对这两本书的内容时，相应小句中出现了零形式，指称对象是两本书。同时，发话人还使用了像似模式（见图中的圆圈）：发话人右手握拳，表征书；左手做翻页的动作。本研究在标注涉手模式时，标注与零形式共现的涉手模式。

5.5.3 语料标注方案

本研究制定的标注方案以第三、第四两章构建的分析框架为基础。在指称语标注方案中，本研究从现场物体指称语系统、非现场物体指称语系统、混合指称语系统和类指语系统四个方面分别制定语料标注方案；在涉手模式标注方案中，本研究对伴随指称现场物体、非现场物体和一类物体的指称语出现的涉手模式分别制定标注方案。

由于第六章要对比分析成人和儿童两类人群在实施物体指称行为时所使用的指称语和涉手模式，所以本研究分别制定了成人和儿童语料的标注方案。从语料标注结果来看，成人语料中出现的指称语形式比儿童语料中的更为丰富，因此本节在举例介绍标注方案时仅以成人语料中的指称语和涉手模式为例进行介绍。此外，受篇幅所限，本节仅呈现现场物体指称语系统中引入语部分的标注方案以及指称现场物体所使用的涉手模式的标注方案，具体包括标注方案的各个系统及其子系统的定义以及对应的标注码[①]。

5.5.3.1 现场物体指称语标注方案

现场物体指称语系统

定义：成人和儿童在话语世界里指称现场物体时所使用的指称词语系统。

标注码：A-P；C-P[②]

引入语系统

定义：成人和儿童把现场物体引入话语世界时所使用的指称词语系统。

标注码：A-P-I；C-P-I

定指语系统

定义：成人和儿童把在现场的、且认为另一方能识别的某个或某些特定物体引入话语世界时所使用的指称词语系统。

标注码：A-P-I-D ；C-P-I-D

具体语言形式

定义：成人和儿童引入定指的现场物体时所使用的具体语言形式。

---

① 在用于对比的儿童语料中，有一部分指称语形式和涉手模式的类型没有出现，这些儿童语料中没有出现的指称语形式和涉手模式的类型会在第六章对比分析语料时体现（参见第六章的表 1 至表 6），本节在举例介绍标注方案时不再另外说明。

② 指称语标注方案中字母（字母组合）所代表的含义：A—adult；C—child；P—present；N—non-present；I—introducing（引入）；M—maitaining（续谈）；D—definite；id—indefinite；U—universal（任指）；K—kind；B—blending；Qd— direct quotation；Qid—indirect quotation；Ze—zero；NP—noun phrase；NNP—numeric noun phrase；BN—bare noun；RpNP—reference-point noun phrase（参照点结构）；UNP—universal noun phrase（全称量词及全称量词名词短语）；NR—numeric reference（数量称代）；DR—double reference（复指语）；PrN—proper name；PPr—personal pronoun；UU—double units（量词叠加）。

语言形式及标注码：（1）“这”_APID+zhe；_CPID+zhe（2）“那”_APID+na；_CPID+na；（3）零形式_APID+Ze；_CPID+Ze（4）光杆名词_APID+BN；_CPID+BN（5）数量结构名词短语_APID+NNP；_CPID+NNP；（6）参照点结构名词短语_APID+RpNP；_CPID+ RpNP（7）数量称代_APID+NR；_CPID+NR（8）“它（它们）”_APID+ta；_CPID+ta（9）“的”字结构_APID+di；_CPID+di（10）复指语_APID+DR；_CPID+DR（11）人称代词_APID+PPr；_CPID+PPr（12）专有名词_APID+PrN；_CPID+PrN（13）直接引语中的定指语_APID+Qd；_CPID+Qd（14）间接引语中的定指语_APID+Qid；_CPID+Qid

不定指语系统

定义：成人和儿童用来把在现场的，但认为听话人不能识别或不需要完全识别的某个不特定物体引入话语世界时所使用的指称词语系统。

标注码：A-P-I-id；C-P-I-id

具体语言形式

定义：成人和儿童引入不定指的现场物体时所使用的具体语言形式。

语言形式及标注码：（1）光杆名词_APIid+BN；_CPIid+BN（2）数量结构名词短语_APIid+NNP；_CPIid+NNP（3）“的”字结构_APIid+di；_CPIid+di（4）数量称代_APIid+NR；_CPIid+NR（5）零形式_APIid+Ze；_CPIid+Ze

5.5.3.2 指称现场物体涉手模式标注方案

指称现场物体的涉手模式

定义：成人和儿童指称现场物体时伴随指称语出现的涉手模式。

标注码：A-P；C-P

指称现场物体的指向模式

定义：成人和儿童在指称现场物体时伴随指称语出现的指向模式。

标注码：A-P-Po；C-P-Po

指称现场物体的大指向

定义：成人和儿童在指称现场物体时伴随指称语出现的大指向。

标注码：A-P-Po-big[①]；C-P-Po-big

指称现场物体的小指向

定义：成人和儿童在指称现场物体时伴随指称语出现的小指向。

标注码：A-P-Po-small；C-P-Po-small

指称现场物体的像似模式

定义：成人和儿童指称现场物体时伴随指称语出现的像似模式。

标注码：A-P-Ic；C-P-Ic

表征现场物体的模型模式

定义：成人和儿童在指称现场物体时伴随指称语出现的模型模式。

标注码：A-P-Ic-model；C-P-Ic-model

指称现场物体的放置模式

定义：成人和儿童指称现场物体时伴随指称语出现的放置模式。

标注码：A-P-Pl；C-P-Pl

5.6 本章小结

本章介绍了本研究中自建小型语料库中语料的采集、加工处理、转写及标注的过程，其中重点介绍了物体指称语的标注方案及涉手模式的标注方案。

在本章制定的标注方案的基础上，借助本研究设计的半自动定性标注工具及统计工具，我们对用于对比研究的成人和儿童语料进行了标注和统计。随后的第六章呈现语料统计的结果，并在此基础上对比分析两类人群选择指称策略方面的异同。

① 涉手模式标注方案中字母的含义：A-adult；C-child；P-present；N-non-present；K-kind；Po-pointing；Ic-Iconics；Pl-placing。

第六章
成人和儿童物体指称策略的对比分析

本章首先对比成人和儿童在实施指称行为时使用指称语的策略，然后再比较两类人群使用涉手模式的策略以及涉手模式与指称语互动方式的异同，最后进行概括。

本章的对比分析具体包括以下 11 个方面：

（1）现场物体指称语对比分析；

（2）非现场物体指称语对比分析；

（3）混合指称语对比分析；

（4）类指语对比分析；

（5）类名转换策略对比分析；

（6）转指策略对比分析；

（7）指称修正策略对比分析；

（8）指示词“这”“那”用法的对比分析；

（9）编码非现场物体时指称语分布模式的对比分析；

（10）指向模式对比分析；

（11）像似模式对比分析。

6.1 用于对比的录音语料中物体指称语的分布概况

在本研究用于对比的语料中，物体指称语共出现 5112 次，其中现场物体指称语 2229 次，非现场物体指称语 1961 次，混合指称语 26 次，类指语 896 次（见图 6-1），这四种指称语又各自包含不同的小类。图 6-2（见插页）是用于对比的两类人群语料中物体指称语的分布全貌（括号中的数字表示该形式的指称语在语料中出现的频数）。

图 6-1 表明：在四种指称语当中，混合指称语所占的比例最低。混

合指称语的指称对象除须是同类物体外（如都是BB霜），还须共有其他属性（如都是同品牌的BB霜，或都是某人使用过的BB霜，或都是在网上购买的BB霜），这可能是造成混合指称语的频数较低的原因之一。

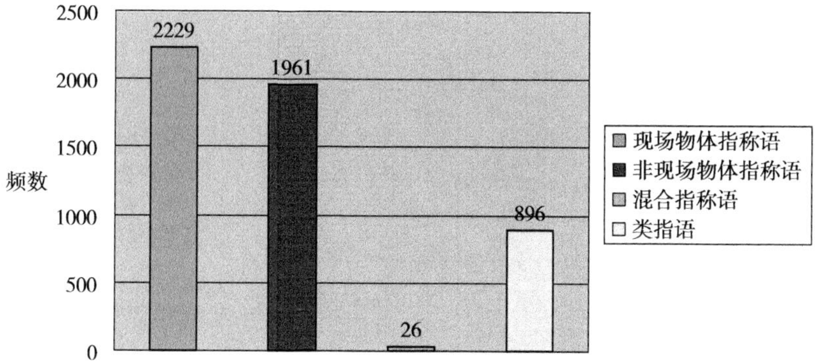

图 6-1：用于对比的语料中四种指称语的分布情况

下面分别介绍用于对比的两类人群语料中物体指称语的分布概况。成人语料中共出现指称语2585次，其中现场物体指称语913次，占指称语总频数的35.0%；非现场物体指称语980次，占37.9%；混合指称语23次，占0.9%；类指语669次，占25.9%（见图6-3）。图6-4（见插页）是成人语料中物体指称语的分布全貌。

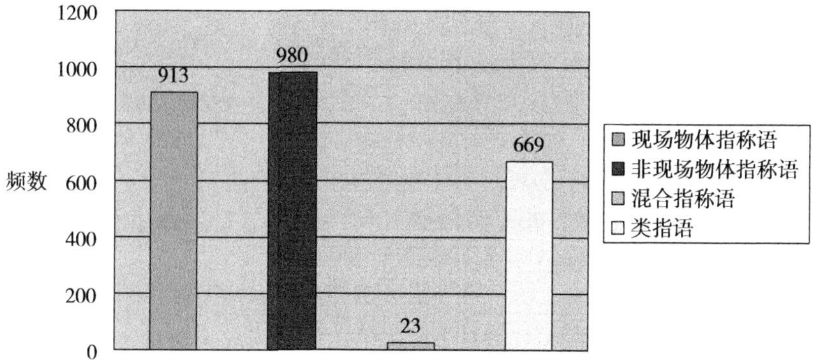

图 6-3：成人语料中四种指称语的分布情况

儿童语料中共出现指称语 2527 次，其中现场物体指称语 1316 次，占 52.1%；非现场物体指称语 981 次，占 38.8%；混合指称语三次，占 0.1%；类指语 227 次，占 9.0%（见图 6-5）。图 6-6（见插页）是儿童语料中物体指称语的分布全貌。

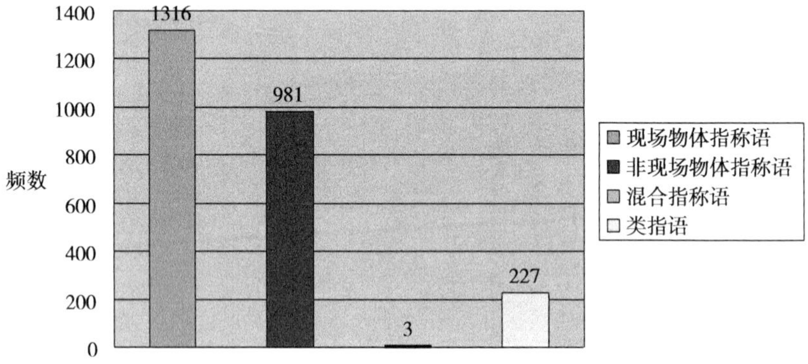

图 6–5：儿童语料中四种指称语的分布情况

图 6-7 是成人语料和儿童语料中四种指称语的分布对比。

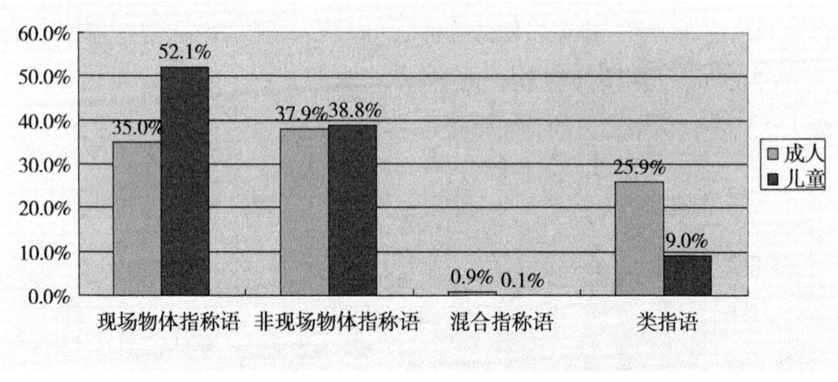

图 6–7：成人语料和儿童语料中四种指称语的分布对比

从图 6-7 可以看出，四种指称语在两类人群语料中分布的主要差异在于：现场物体指称语在儿童语料中所占的比例高于成人语料中的比例（分别为 52.1% 和 35.0%）；类指语在成人语料中所占的比例接近于儿童语料中的三倍（分别为 25.9% 和 9.0%）。究其原因，四岁至七岁儿童间的会话都是在边玩玩具边聊天的语境中进行的，且会话内容基本都是谈论现场物体。这一年龄段儿童会话中的现场物体指称语占儿童语料中现场物体指称语总频数的 93.1%；与此不同的是，成人不仅谈论现场物体，还经常谈到非现场物体和一类物体，这一差异可能是现场物体指称语在儿童语料中所占的百分比高于成人的原因。

本研究采集的儿童语料中类指语较少这一特征符合儿童语言发展的一般规律。李宇明（1995：118）指出，在儿童语言发展的过程中，指代个体事物的发展最快，这与儿童量词的发展情况一致；其次发展的是指代方位和处所；再次是指代群体事物和情况[①]；指代动作和时间的发展最慢。

此外，在用于对比的儿童语料中，四种指称语的分布也存在年龄段的特征，这里所说的年龄段是指四岁至七岁（不含七岁）和七岁至九岁（不含九岁）这两个年龄段。图 6-8 和图 6-9 是儿童语料中四种指称语在两个年龄段的分布情况。

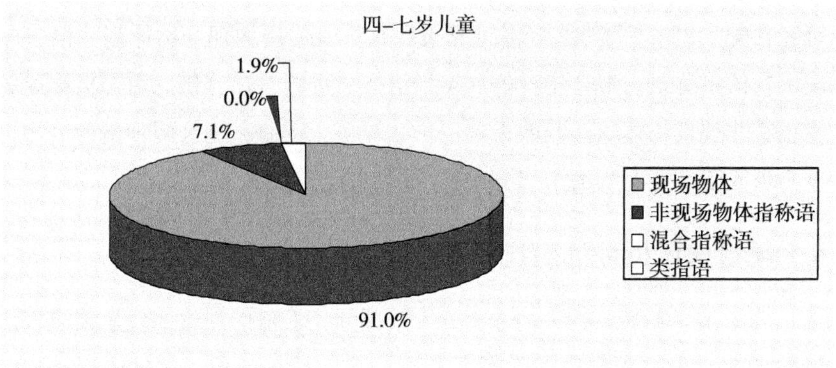

图 6–8：四岁至七岁儿童语料中四种指称语的分布

① 李宇明（1995：118）所说的指代群体事物和情况指的是用“这些”“那些”“这样”“那样”来进行指称。从概念的抽象程度来看，一类物体的抽象程度应高于群体事物的抽象程度，因此指代一类事物的发展相应滞后于指代群体事物的发展。

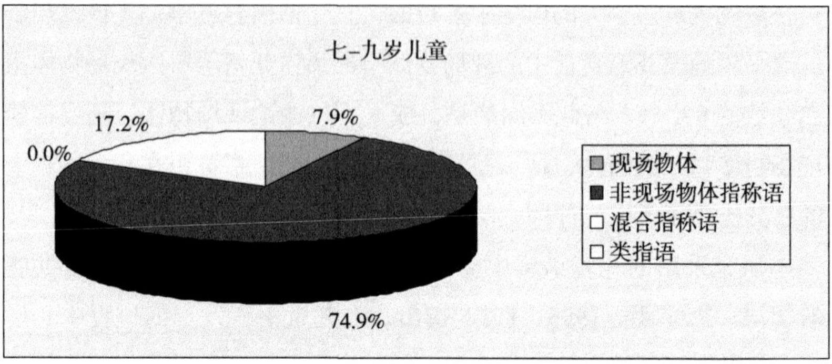

图 6–9：七岁至九岁儿童语料中四种指称语的分布

对比图 6-8 和图 6-9，本研究发现：四岁至七岁儿童语料中的物体指称语以现场物体指称语为主；七岁至九岁儿童语料中的物体指称语以非现场物体指称语为主；类指语在七岁至九岁儿童语料中所占的比例要远高于四岁至七岁儿童语料中的比例（分别为 17.2% 和 1.9%）。

在呈现用于对比的两种录音语料中物体指称语的分布概况之后，本研究在随后的 6.2 至 6.5 节将对成人和儿童所使用的现场物体指称语、非现场物体指称语、混合指称语和类指语逐一进行对比分析。由于指称现场物体和非现场物体时涉及的指称语形式较多，本研究把这两种指称语均再分为引入语部分和续谈语部分进行分析讨论。

6.2 现场物体指称语对比分析

为了便于对照分析，表 6-1 分为两部分，表格的左边部分呈现成人语料的情况，表格的右边部分呈现儿童语料的情况。位于“具体形式”栏左边的百分比是定指语和不定指语的频数占引入语总频数的百分比；位于“具体形式”栏右边的百分比是具体指称语形式的频数占定指语或不定指语频数的百分比，这两个百分比反映两类人群在引入现场物体时使用物体指称语的策略。6.1 节至 6.5 节中用于对比的表格与表 6-1 的情况相同，后续不再一一说明。

表 6-1：成人和儿童所使用的现场物体指称语（引入语部分）[1]

	成人					儿童				
	频数	%	具体形式	频数	%	频数	%	具体形式	频数	%
定指语	145	92.9	“这”指称语	40	27.6	209	96.3	“这”指称语	70	33.4
			零形式	26	17.9			零形式	21	10.0
			光杆名词	25	17.2			光杆名词	47	22.5
			“那”指称语	18	12.4			“那”指称语	6	2.8
			“的”字结构	9	6.2			“的”字结构	15	7.1
			专有名词	8	5.5			专有名词	5	2.3
			参照点结构	7	4.8			参照点结构	17	8.1
			数量名词短语	5	3.4			数量名词短语	11	5.2
			“它（们）”	2	1.3			“它（们）”	10	4.7
			复指语	2	1.3			复指语	0	0.0
			数量称代	2	1.3			数量称代	4	1.9
			直接引语	1	0.6			直接引语	0	0.0
			人称代词	0	0.0			人称代词	3	1.4
			间接引语	0	0.0			间接引语	0	0.0
不定指语	11	7.1	光杆名词	4	36.3	8	3.7	光杆名词	2	25.0
			数量名词短语	3	27.2			数量名词短语	3	37.5
			“的”字结构	2	18.1			“的”字结构	0	0.0
			数量称代	1	9.0			数量称代	3	37.5
			零形式	1	9.0			零形式	0	0.0
合计	156					217				

① 在制表时，由于空间的限制，我们简称部分指称语形式，具体包括：数量名词短语——数量结构名词短语；参照点结构——参照点结构名词短语；全称量词——全称量词或全称量词名词短语。此外，计算百分比时采用的是四舍五入保留到小数点后一位的算法可能造成百分比的总和超过或不足 100%，因此，我们在表中不合计百分比。

表 6-1 的数据表明：

（1）总体来看，成人和儿童都倾向于使用定指语引入现场物体。

（2）在使用定指语引入现场物体时，成人使用“那”指称语的比例是儿童的四倍多（分别为 12.4% 和 2.8%）；成人比儿童更多地使用零形式（分别为 17.9% 和 10.0%）和专有名词（分别为 5.5% 和 2.3%）；儿童比成人更倾向于使用代词“它（们）”（分别为 4.7% 和 1.3%）、参照点结构名词短语（分别为 8.1%% 和 4.8%）、数量结构名词短语（分别为 5.2% 和 3.4%）、光杆名词（分别为 22.5% 和 17.2%）和“这”指称语（分别为 33.4% 和 27.6%）。

（3）在使用不定指语引入现场物体方面，成人使用不定指语的比例接近儿童的两倍（分别为 7.1% 和 3.7%），且成人语料中出现的不定指语的类型多于儿童语料中的类型（分别为 5 种和 3 种）。与成人相比，儿童在用不定指方式引入现场物体时更多地使用数量称代（儿童 37.5%、成人 9.0%）；而成人更多地使用光杆名词（成人 36.3%、儿童 25.0%）。

两类人群在续谈现场物体时所使用的指称语策略具体见表 6-2。

表 6-2 的数据表明：

（1）两类人群均主要使用定指语续谈现场物体，定指语中的主要形式为零形式。

（2）在使用定指语续谈现场物体时，儿童使用代词“它（们）”、人称代词和参照点结构名词短语的比例高出成人两倍左右；光杆名词在儿童语料中出现的比例也高于成人（儿童 14.0%、成人 9.8%）。成人比儿童更多地使用专有名词（分别为 2.6% 和 0.6%）、“那”指称语（分别为 3.9% 和 2.1%）和零形式（分别为 50.6% 和 41.9%）。

（3）在使用不定指语续谈现场物体时，成人使用数量结构名词短语的比例是儿童的七倍多（分别为 33.3% 和 4.5%）；儿童则倾向于使用数量称代（儿童 59.0%、成人 33.3%）。

（4）在续谈语中，不定指语在儿童语料中出现的百分比略高于成人语料中的百分比（分别为 2.0% 和 1.2%）。

（5）两类人群语料中都没有出现用于续谈现场物体的任指语。

表 6-2：成人和儿童所使用的现场物体指称语（续谈语部分）

		成人					儿童				
		频数	%	具体形式	频数	%	频数	%	具体形式	频数	%
续谈语	定指语	748	98.8	零形式	379	50.6	1077	98.0	零形式	452	41.9
				“这”指称语	140	18.7			“这”指称语	189	17.5
				光杆名词	73	9.8			光杆名词	151	14.0
				“的”字结构	32	4.2			“的”字结构	58	5.3
				“那”指称语	29	3.9			“那”指称语	23	2.1
				“它（们）”	27	3.6			“它（们）”	86	7.9
				专有名词	20	2.6			专有名词	7	0.6
				数量称代	13	1.7			数量称代	26	2.4
				参照点结构	12	1.6			参照点结构	37	3.4
				数量名词短语	11	1.5			数量名词短语	22	2.0
				人称代词	8	1.0			人称代词	21	1.9
				复指语	3	0.4			复指语	0	0.0
				直接引语	1	0.1			直接引语	0	0.0
				量词叠加	0	0.0			量词叠加	0	0.0
				间接引语	0	0.0			间接引语	5	0.4
	不定指语	9	1.2	数量名词短语	3	33.3	22	2.0	数量名词短语	1	4.5
				数量称代	3	33.3			数量称代	13	59.0
				“的”字结构	2	22.2			“的”字结构	5	22.7
				疑问代词活用	1	11.1			疑问代词活用	0	0.0
				“有的（些）”	0	0.0			“有的（些）”	3	13.6
	任指语	0		疑问代词活用	0	0.0	0		疑问代词活用	0	0.0
	合计	757					1099				

综合表 6-1 和表 6-2，本研究发现：（1）成人和儿童在指称现场物体时均主要使用定指语；（2）在使用具体指称语形式方面，成人语料中“那”指称语、零形式和专有名词出现的比例高于儿童；儿童则更多地使

用代词“它（们）”、数量称代、光杆名词和参照点结构名词短语。

6.3 非现场物体指称语对比分析

下面比较两类人群在指称非现场物体时指称语的使用策略（见表 6-3）。

表 6-3：成人和儿童所使用的非现场物体指称语（引入语部分）

		成人					儿童				
		频数	%	具体形式	频数	%	频数	%	具体形式	频数	%
引入语	定指语	91	57.2	光杆名词	22	24.2	80	45.7	光杆名词	17	21.2
				“那”指称语	17	18.7			“那”指称语	14	17.5
				参照点结构	15	16.5			参照点结构	17	21.2
				专有名词	11	12.1			专有名词	15	18.7
				“的”字结构	9	9.9			“的”字结构	2	2.5
				间接零形指示	7	7.7			间接零形指示	3	3.7
				数量名词短语	5	5.5			数量名词短语	6	7.5
				复指语	2	2.2			复指语	1	1.2
				直接引语	2	2.2			直接引语	5	6.2
				“这”指称语	1	1.1			“这”指称语	0	0.0
				疑问代词活用	0	0.0			疑问代词活用	0	0.0
				全称量词	0	0.0			全称量词	0	0.0
				间接引语	0	0.0			间接引语	0	0.0

（待续）

（续表）

		成人					儿童				
		频数	%	具体形式	频数	%	频数	%	具体形式	频数	%
引入语	不指定语	65	40.8	数量名词短语	35	53.8	93	53.1	数量名词短语	57	61.3
				光杆名词	9	13.8			光杆名词	19	20.4
				数量称代	5	7.7			数量称代	4	4.3
				“那”指称语	4	6.2			“那”指称语	1	1.0
				“的”字结构	3	4.6			“的”字结构	5	5.3
				疑问代词活用	3	4.6			疑问代词活用	0	0.0
				间接引语	3	4.6			间接引语	7	7.5
				零形式	2	3.1			零形式	0	0.0
				直接引语	1	1.5			直接引语	0	0.0
				复指语	0	0.0			复指语	0	0.0
				参照点结构	0	0.0			参照点结构	0	0.0
				“这”“那”对举	0	0.0			“这”“那”对举	0	0.0
	任指语	3	1.8	疑问代词活用	3	100.0	2	1.1	疑问代词活用	2	100.0
				直接引语	0	0.0			直接引语	0	0.0
				间接引语	0	0.0			间接引语	0	0.0
	合计	159					175				

表 6-3 的数据表明：

（1）在引入非现场物体时，成人倾向于使用定指语（使用定指语的比例为 57.2%，不定指语的比例为 40.8%），儿童则更多地使用不定指语（使用定指语的比例为 45.7%，不定指语的比例为 53.1%）。

（2）在使用定指语引入非现场物体时，成人使用“的”字结构的比例接近儿童的四倍（分别为 9.9% 和 2.5%），使用间接零形指示的比例是儿童的两倍（分别为 7.7% 和 3.7%）；儿童使用直接引语的比例接近成人的三倍（分别为 6.2% 和 2.2%）；专有名词和参照点结构名词短语在儿童语料中出现的比例也高于成人语料。

（3）在使用不定指语引入非现场物体时，两类人群均主要使用数量名词短语。成人使用的具体指称语形式要比儿童多出三种（分别为九种和六种），且成人使用“那”指称语的比例是儿童的六倍（分别为 6.2% 和 1.0%），使用数量称代的比例也高于儿童（分别为 7.7% 和 4.3%）；儿童比成人更多地使用光杆名词（分别为 20.4% 和 13.8%）和间接引语（分别为 7.5% 和 4.6%）。

表 6-4 对比分析两类人群续谈非现场物体时指称语的使用策略。

表 6–4：成人和儿童所使用的非现场物体指称语（续谈语部分）

		成人					儿童				
		频数	%	具体形式	频数	%	频数	%	具体形式	频数	%
续谈语	定指语	767	93.4	零形式	308	40.1	781	96.8	零形式	269	34.4
				光杆名词	114	14.9			光杆名词	129	15.4
				“那”指称语	84	11.0			“那”指称语	85	10.9
				“的”字结构	56	7.3			“的”字结构	22	2.8
				“它（们）”	38	4.9			“它（们）”	29	3.7
				专有名词	29	3.7			专有名词	55	7.0
				参照点结构	28	3.7			参照点结构	34	4.4
				数量名词短语	25	3.3			数量名词短语	50	6.4
				直接引语	24	3.1			直接引语	29	3.7
				“这”指称语	18	2.3			“这”指称语	19	2.0
				数量称代	13	1.6			数量称代	28	3.6
				人称代词	9	1.1			人称代词	8	1.0
				间接引语	8	1.0			间接引语	13	1.6
				复指语	7	0.9			复指语	7	0.8
				全称量词	5	0.7			全称量词	4	0.5
				疑问代词活用	1	0.1			疑问代词活用	0	0.0
				量词叠加	0	0.0			量词叠加	0	0.0

（待续）

（续表）

		成人					儿童				
		频数	%	具体形式	频数	%	频数	%	具体形式	频数	%
续谈语	不定指语	37	4.5	数量名词短语	18	48.6	22	2.7	数量名词短语	8	36.3
				数量称代	11	29.7			数量称代	8	36.3
				光杆名词	3	8.1			光杆名词	2	9.0
				零形式	2	5.4			零形式	1	4.5
				“有的（些）”	1	2.7			“有的（些）”	0	0.0
				“这”“那”对举	1	2.7			“这”“那”对举	0	0.0
				“那”指称语	1	2.7			“那”指称语	1	4.5
				直接引语	0	0.0			直接引语	2	9.0
				间接引语	0	0.0			间接引语	0	0.0
	任指语	17	2.0	疑问代词活用	9	52.9	3	0.3	疑问代词活用	2	66.7
				零形式	6	35.2			零形式	1	33.3
				光杆名词	1	5.8			光杆名词	0	0.0
				直接引语	1	5.8			直接引语	0	0.0
				间接引语	0	0.0			间接引语	0	0.0
	合计	821					806				

表 6-4 表明：

（1）成人和儿童在续谈非现场物体时均主要使用定指语，定指语中的主要形式为零形式、光杆名词和“那”指称语。

（2）在使用定指语时，成人语料中“的”字结构的比例是儿童的 2.5 倍左右（分别为 7.3% 和 2.8%），零形式的比例也要高于儿童（分别为 40.1% 和 34.4%）；儿童使用数量称代、专有名词和数量结构名词短语的比例是成人的两倍左右。

（3）在使用不定指语续谈时，成人语料中数量结构名词短语出现的比例高于儿童（分别为 48.6% 和 36.3%）。

（4）在续谈非现场物体时，成人比儿童更多地使用任指语（比例分别为 2.0% 和 0.3%）。

表 6-3 和表 6-4 表明：

（1）总体来看，两类人群在指称非现场物体时主要使用定指语；续谈语中占比最高的形式均是零形式。

（2）在指称语形式方面，成人使用“的”字结构的比例是儿童的两倍多（“的”字结构占两类人群非现场物体指称语总频数的百分比分别为 6.9% 和 3.0%）。同时，成人比儿童更多使用零形式（分别为 33.1% 和 27.9%）；成人指称非现场物体时所使用的指称语的形式也更为丰富。

（3）儿童使用专有名词的比例高于成人（分别为 7.1% 和 4.0%）。据观察，儿童谈论的非现场物体大多是他们外出旅游时看到的物体，其中涉及很多景点，谈话中多次使用专有名词来指称这些景点，这是儿童指称非现场物体时使用专有名词较多的主要原因。儿童使用引语指称非现场物体的比例也高于成人。使用引语较多的原因在于儿童间的会话常以讲故事的形式展开，因而相应地出现了较多引用故事中人物对话的情况。

在使用“这”“那”指称语指称非现场物体时，成人和儿童均更倾向于使用“那”指称语。究其原因，这可能与我们所收集的儿童语料中现场物体指称语与非现场物体指称语的年龄段分布特点有关。据统计，非现场物体指称语中 89.2% 的“这”和“那”指称语由七岁至九岁的儿童产出[①]。这表明，在使用“这”“那”指称语指称非现场物体方面，七岁至九岁儿童的表现接近成人。

朱曼殊（1986）通过诱发实验收集语料，研究幼儿对指示代词的理解。该研究发现幼儿对指示代词的理解水平是逐年上升的，三岁至七岁之间存在两个转折点，其中一个转折点是五到六岁与七岁之间，七岁儿童的理解水平与成人的理解水平相对较为接近（1986：5—6）。与朱曼殊（1986）的研究相比较，本研究从言语产出的角度展开；此外，本研究中“这”和“那”指称语的形式更为多样，不仅包括充当指示代词的“这”

① 四至七岁儿童的语料中出现了 12 例用“那”指称语指称非现场物体的情况，仅出现一例用“这”指称语指称非现场物体的情况。如排除这 13 例，儿童语料中使用“这”“那”指称语指称非现场物体的比例与成人语料中的比例不存在显著差异。

和“那”，还包括含“这”和“那”在内的其他指称语形式；两个研究的相同点在于都发现了儿童习得指示词用法的过程中存在七岁左右这一年龄节点。

在本研究用于对比的儿童语料中，四岁至七岁段儿童的非现场物体指称语较少，这一年龄段儿童与七岁至九岁儿童在使用“这”“那”指称语指称非现场物体时是否存在差异还有待后续研究来揭示。

6.4 混合指称语对比分析

表 6-5 是两类人群语料中混合指称语的分布情况。

表 6-5 的数据表明：成人所使用的混合指称语的形式有五种，儿童语料中只出现了两种；在频数方面，成人语料中出现了 23 次，儿童语料中只出现了三次；且两类人群语料中的绝大部分混合指称语都用于续谈。由于用于对比的语料（特别是儿童语料）中混合指称语出现的频数较少，所以本研究不再对两类人群使用混合指称语的情况作进一步的对比分析。

表 6–5：成人和儿童所使用的混合指称语

	成人					儿童				
	频数	%	具体形式	频数	%	频数	%	具体形式	频数	%
引入语	1	4.3	“这”指称语	1	100.0	0	0	“这”指称语	0	0.0
			数量名词短语	0	0.0			数量名词短语	0	0.0
续谈语	22	95.6	零形式	18	81.8	3	100	零形式	2	66.7
			参照点结构	2	9.1			参照点结构	0	0.0
			“它（们）”	1	4.5			“它（们）”	0	0.0
			人称代词	1	4.5			人称代词	0	0.0
			“这”指称语	0	0.0			“这”指称语	0	0.0
			数量称代	0	0.0			数量称代	0	0.0
			数量名词短语	0	0.0			数量名词短语	1	0.0
合计	23					3				

6.5 类指语对比分析

表 6-6 为两类人群使用类指语的情况。

表 6-6：成人和儿童所使用的类指语

	成人				儿童			
	频数	具体形式	频数	%	频数	具体形式	频数	%
引入语	95	光杆名词	64	67.3	38	光杆名词	28	73.6
		“那”指称语	14	14.7		“那”指称语	1	2.6
		“的”字结构	6	6.3		“的”字结构	0	0.0
		数量名词短语	5	5.2		数量名词短语	4	10.5
		零形式	4	4.2		零形式	1	2.6
		“这”指称语	1	1.0		“这”指称语	2	5.2
		复指语	1	1.0		复指语	1	2.6
		数量称代	0	0.0		数量称代	0	0.0
		专有名词	0	0.0		专有名词	0	0.0
		直接引语	0	0.0		直接引语	1	2.6
		间接引语	0	0.0		间接引语	0	0.0
续谈语	574	零形式	195	33.9	189	零形式	42	22.2
		光杆名词	176	30.7		光杆名词	88	46.6
		“那”指称语	48	8.4		“那”指称语	10	5.3
		“的”字结构	39	6.7		“的”字结构	13	6.8
		“这”指称语	31	5.2		“这”指称语	6	3.1
		“它（们）”	27	4.7		“它（们）”	8	4.2
		数量称代	18	3.1		数量称代	1	0.5
		专有名词	14	2.4		专有名词	2	1.0
		数量名词短语	9	1.5		数量名词短语	6	3.2
		参照点结构	6	1.0		参照点结构	5	2.6
		复指语	5	0.8		复指语	0	0.0
		直接引语	4	0.6		直接引语	8	4.2
		“这”“那”对举	2	0.3		“这”“那”对举	0	0.0
		“有的（些）”	0	0.0		“有的（些）”	0	0.0
		间接引语	0	0.0		间接引语	0	0.0
合计	669				227			

表 6-6 的数据表明：

（1）总体来看，两类人群在指称一类物体时使用指称语的策略基本一致，即引入一类物体时主要使用光杆名词，续谈时主要使用零形式和光杆名词。

（2）在引入时，成人比儿童更多地使用“的”字结构（分别为 6.3% 和 0.0%）、“那”指称语（分别为 14.7% 和 2.6%）和零形式（分别为 4.2% 和 2.6%）。

（3）在续谈中使用数量称代、复指语、“这”指称语和“那”指称语时，成人的比例（分别为 3.1%、0.8%、5.2%、8.4%）均高于儿童（分别为 0.5%、0.3.1%、5.3%）。在续谈中使用光杆名词、直接引语中的类指语、参照点结构名词短语以及数量结构名词短语时，儿童的比例（分别是 46.6%、4.2%、2.6%、3.2%）高于成人（分别是 30.7%、0.6%、1.0%、1.5%）。

至此，本研究已经从现场指称语、非现场指称语、混合指称语和类指语四个方面对成人和儿童使用物体指称语的策略进行了对比分析。综合图 6-8 和图 6-9 以及表 6-1 至表 6-6 的分析，本研究发现：

（1）总体来看，两类人群在物体指称语的使用策略方面相同点居多。

（2）就差异而言：首先，成人使用的指称语形式比儿童的更为丰富，分别为 110 种和 89 种；其次，成人更多地使用任指语以及混合指称语；再次，成人倾向于用定指语引入现场物体，而儿童倾向于使用不定指语引入非现场物体；最后，成人使用“那”指称语、“的”字结构、复指语和零形式的比例高于儿童，儿童使用数量结构名词短语、参照点结构名词短语、代词“它(们)”和引语的比例高于成人。表 6-7 是这八种形式的指称语在两类人群语料中出现的频数和百分比。

表 6-7：八种形式的指称语在成人和儿童语料中出现的频数和百分比

	成人		儿童	
	频数	%	频数	%
零形式	948	36.7	792	31.3
“那”指称语	214	8.3	140	5.5
“的”字结构	158	6.1	120	4.7
复指语	20	0.8	9	0.3
数量名词短语	141	5.5	215	8.5
“它（们）”	95	3.6	133	5.2
参照点结构	68	2.6	100	4.0
引语	45	1.7	70	2.7

（3）儿童语料中四种指称语的分布具有年龄段特征；在使用“这”和“那”指称语指称非现场物体时，七岁至九岁段的儿童与成人差异不明显。

至此，本研究已经系统地对比分析了成人和儿童物体指称语使用策略的异同。下面将要对比分析两类人群使用类名切换策略、转指策略、修正策略、“这”和“那”的用法以及编码非现场物体时指称语分布模式的异同。

6.6 类名转换策略对比分析

第三章的 3.6 节把物体指称中的类名切换现象分为三类：上位类名切换至下位类名、下位类名切换至上位类名、同级类名之间的切换。本小节首先统计这三类切换现象在两类人群语料中出现的频数，并在此基础上分析异同。

需要指出的是，有些类名切换现象与转指现象有关，如语料中出现的下例：

例（1）1. 龚：对了，你们不是买了那，

2. 不是，

3.　　丽君和谁买了BB霜。

4. 章：哦，我买了Ø。

5. 龚：你们呢？你们的到了不？

6. 章：你们的还没到，是吧？

7. 龚：我们的到了呀，

8.　　我们好，前几天就到了。

（续谈买的BB霜）

9. 章：好像那个牌子在韩国还蛮那个的。

该例的语境是两人在寝室里谈论某种品牌的BB霜。该例中出现了多个转指现象，如在第五行，发话人龚用“你们”转指章等买的BB霜；在第九行，章用“那个牌子”转指该品牌的BB霜。本研究把转指造成的类名切换现象归入转指现象当中，而不归入类名切换的统计范围之内。

此外，由于口误造成的类名切换也不在统计范围之内。如下例中的划线部分：

（2）1. 张：用了两万多个币，

2.　　用两万多个币。

3. 李：快点吃，吃完了再说。

4. 张：用了两万多块钱，

5.　　不是，用了两千多个币。

在上述说明的基础上，本研究统计了两类人群语料中三种类型类名切换出现的频数和百分比，结果见表6-8和图6-10。

表6–8：成人和儿童语料中三种类型类名切换出现的频数及百分比

	成人		儿童	
	频数	%	频数	%
下—上	18	56.3	20	41.7
上—下	10	31.3	5	10.4
同级	4	12.5	23	47.9
合计	32		48	

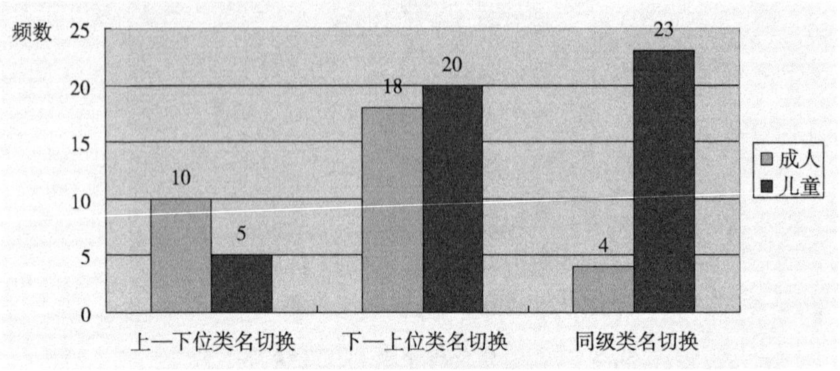

图 6-10：成人和儿童语料中三种类型类名切换的分布

从表 6-8 和图 6-10 可以看出，在成人语料中，下位类名切换至上位类名所占的百分比最高，其次是上位类名切换至下位类名的情况，同级类名切换现象所占百分比最低；在儿童语料中，同级类名切换所占的百分比最高，其次是下位类名切换至上位类名，上位类名切换至下位类名出现的频数最少。

基于观察概念，上—下位类名间的切换可以看做是观察具体化程度的差异，同级类名切换可看做是观察角度的变化（参见本研究第三章 3.3.3 节）。同级类名切换在儿童语料中出现的百分比高于成人语料表明：与成人相比，儿童在会话时更倾向于从不同视角出发来谈论同一物体。但由于本研究中类名切换现象的总量较少，这一推论还有待后续研究的进一步验证。

6.7 转指策略对比分析

本研究第三章的 3.7 节讨论了物体指称语中的转指现象，把这种现象分为内部属性转指和外部属性转指两种类型。本节对比分析两类人群指称物体时使用这两种转指的策略，语料统计结果见表 6-9 和图 6-11。

表 6-9 和图 6-11 表明：转指现象在成人语料中出现的频数高于儿童语料，但两种转指策略在成人和儿童语料中的分布没有明显差异，大部分转指是外部属性转指，分别占成人和儿童语料中转指总频数的 61.0% 和

69.4%。

从涉及的指称语形式来看，本研究讨论的转指现象既包括用代词、光杆名词和专有名词等形式进行的转指，也包括使用“的”字结构的转指。本研究中把使用“的”字结构的转指称为“的”字结构转指，把使用代词、光杆名词和专有名词等形式的转指统称为其他形式转指。在表 6-9 的基础上，我们进一步统计了上述两种类型转指指称语的使用情况，统计结果见表 6-10。

表 6-9：成人和儿童语料中的指称语转指策略对比

	成人		儿童	
	频数	%	频数	%
外部属性转指	153	61.0	109	69.4
内部属性转指	98	39.0	48	30.6
合计	251		157	

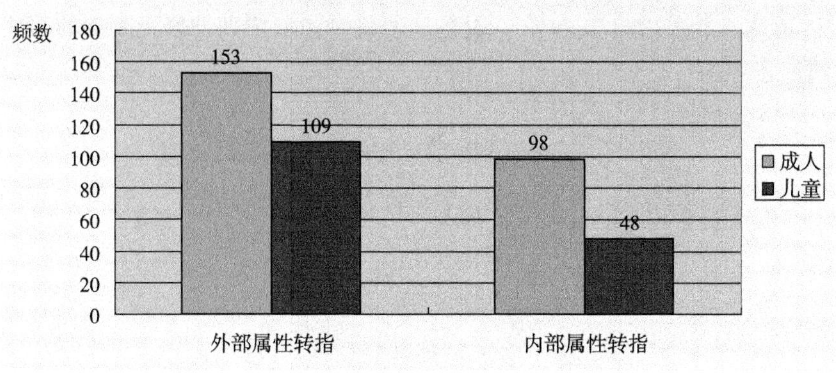

图 6-11：成人和儿童语料中两种转指的分布

表 6-10 表明，无论是进行外部属性转指还是内部属性转指，成人和儿童均主要使用“的”字结构，这一倾向在内部属性转指中更为明显。两类人群语料相比较，这一倾向在儿童语料中更为明显。

表 6-10：成人和儿童语料中转指指称语类型对比

	成人				儿童			
	其他形式		“的”字结构		其他形式		“的”字结构	
	频数	%	频数	%	频数	%	频数	%
外部属性转指	72	47.1	81	52.9	14	12.8	95	87.2
内部属性转指	23	23.5	75	76.5	4	8.3	44	91.7

6.8 指称修正策略对比分析

第三章的 3.8 小节详细描述了物体指称语中的指称修正现象，本节从会话者参数入手，对比分析成人和儿童使用的指称语修正策略。本节所说的修正仅限于适恰性修正。

在本研究采集的语料中，适恰性修正共出现了 60 次，其中成人语料中 36 次，儿童语料中 24 次。表 6-11 是两种语料中四种修正类型的频数和百分比。

表 6-11：成人和儿童语料中四种指称修正类型对比

	成人		儿童	
	频数	%	频数	%
自发的自我修正	20	55.6	13	54.2
他发的自我修正	10	27.8	7	29.2
他发的他者修正	5	13.8	4	16.6
自发的他者修正	1	2.8	0	0.0

图 6-12 呈现两类人群语料中四种指称修正类型的分布情况。

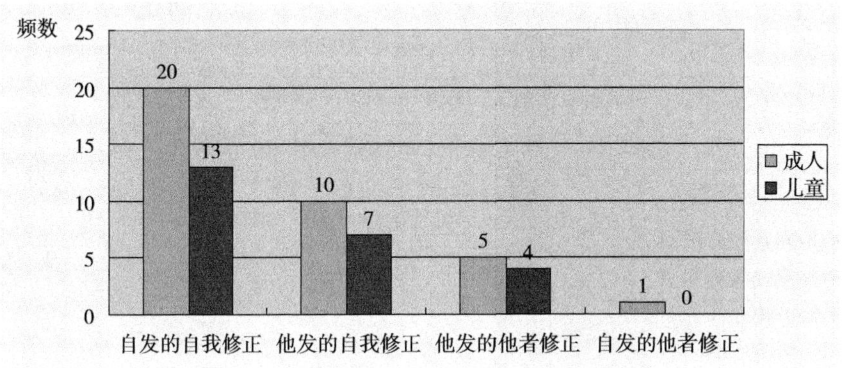

图 6-12：成人和儿童语料中四种指称修正类型的分布

从表 6-11 和图 6-12 可以看出：两类人群在选择指称修正策略方面无明显差异：自发的自我修正策略所占的比例最高，其次是他发的自我修正和他发的他者修正，自发的他者修正所占的比例最低。

本节研究成人和儿童会话中的物体指称修正现象，研究结论与马博森（2005：166—169）分析文盲和非文盲语料中的人物指称修正现象的策略一致，即在四种修正策略中，会话双方优先使用自发的自我修正策略，然后是他发的自我修正和他发的他者修正策略，最后是自发的他者修正。Schegloff, et al.（1977：377）认为，会话结构的原因使得自我修正优于他者修正。在自我修正中，自发修正又优于他发修正。Geluykens（1994：20）指出，基于泰语语料库的研究表明，优先选用自发的自我修正类型并非只限于英语会话，很可能是一种普遍现象。本研究从物体指称的角度出发，在一定程度上再次验证了 Schegloff, et al.1977 和 Geluyken1994 的观点。

6.9 指示词“这”“那”用法对比分析

第三章的 3.9 小节归纳了物体指称中指示词“这”“那”的七种用法，在此基础上，本研究分别统计了成人和儿童语料中这 7 种用法出现的频数，并计算了每种用法的频数各自占两类人群语料中“这”“那”总频数（不含“这”“那”对举使用的频数）的百分比，结果请见表 6-12。

表 6-12：成人和儿童语料中指示词“这”、“那”用法的对比

	成人				儿童			
	“这”		“那”		“这”		“那”	
	频数	%	频数	%	频数	%	频数	%
指示用法	244	90.4	50	18.2	281	89.2	34	19.2
可识别用法	1	0.4	90	32.8	0	0.0	30	16.9
指向其他修饰语界定的指称对象			26	9.5			17	9.6
类指兼话题标记用法	5	1.9	2	0.7	1	0.3	3	1.7
续谈用法	20	7.4	106	38.7	33	10.5	92	52.0
后指用法	0	0.0	0	0.0	0	0.0	1	0. 6
合计	270		274		315		177	
“这”“那”对举表不定指用法	6				1			

表 6-12 的数据表明，两类人群的主要差异在于：

（1）成人使用表可识别用法的“那”的比例接近儿童的两倍（分别为 32.8% 和 16.9%）；成人还更多地使用承担类指兼话题标记用法的“这”（分别为 1.9% 和 0.3%）。

（2）儿童使用承担续谈用法的“这”“那”的比例高于成人。

（3）成人语料中出现了六例使用“这”“那”对举表不定指的用法，儿童语料中仅出现了一例。

本研究用于对比分析的儿童语料存在年龄段特征：四岁至七岁段儿童的语料以现场物体指称语为主；七岁至九岁儿童的语料以非现场物体指称语为主；类指语也主要集中在七岁至九岁儿童的语料中。这一年龄段特征在儿童指称现场物体和非现场物体时使用“这”“那”指称语方面已经有所体现（参见本章 6.2 节和 6.3 节）。据此我们推断这一年龄段特征在“这”“那”的七种用法方面也应有所体现。为了验证我们的推断，我们对

两个年龄段儿童语料中的指示词“这”“那”的七种用法分别进行了统计，结果见下页的表 6-13。

表 6-13 的数据证实了我们的推断：四岁至七岁儿童会话语料中的“这”“那”用法的类型相对较少，七岁至九岁儿童会话中的“这”“那”用法相对丰富。

张伯江和方梅（1996：175—184）把指示词用法的虚化概括为非指代化倾向（成为指称标记）和指示域的扩展及转移两个方面。就“这”“那”的用法而言，非指代化倾向表现为指示词充当指称标记和话语标记，如“这”的类指标记用法；指示域的扩展和转移体现为指示词从指示空间距离扩展为指示心理距离和话语距离（参见本研究第三章 3.9.1 节的综述）。从虚化的角度来看，四岁至七岁儿童语料中的“这”“那”大多承担指示用法，虚化程度较低；在七岁至九岁儿童的语料中，“这”充当类指标记、“那”指向其他修饰语以及“那”用于续谈的用法所占的百分比均高于四岁至七岁儿童语料中的百分比，这初步表明七岁至九岁儿童在逐步掌握指示词的虚化用法，且这一年龄段儿童的指示词使用虚化程度高于四岁至七岁段儿童的虚化程度。

综合表 6-12 和表 6-13[①]，本研究发现：

（1）总体来看，两类人群语料中“这”“那”用法的分布基本一致，主要的三种用法均为指示用法、可识别用法和续谈用法。

（2）两类人群的主要区别是：成人更多地使用表可识别的“那”，儿童则更多地使用承担续谈用法的“这”“那”。

（3）四岁至七岁儿童与七岁至九岁儿童相比较，前者语料中“这”“那”的虚化程度低，七岁至九岁儿童语料中“这”“那”的虚化程度相对较高。

① 在表 6-13 中，七岁至九岁儿童语料中“这”“那”指示用法所占的比例较低与该部分语料中的大部分指称语是非现场物体指称语有关。

表 6-13：两个年龄段儿童语料中指示词“这”“那”用法的对比

	四至七岁儿童				七至九岁儿童			
	“这”		“那”		“这”		“那”	
	频数	%	频数	%	频数	%	频数	%
指示用法	248	99.2	31	63.2	33	50.7	3	2.3
可识别用法	0	0.0	11	22.4	0	0.0	19	14.8
指向其他修饰语界定的指称对象			1	2.0			16	12.5
类指兼话题标记用法	0	0.0	1	2.0	1	1.5	2	1.5
续谈用法	2	0.8	5	10.2	31	47.6	87	67.9
后指用法	0	0.0	0	0.0	0	0.0	1	0.7
合计	250		49		65		128	
“这”“那”对举表不定指用法	0				1			

6.10 编码非现场物体时指称语分布模式的对比分析

第三章的 3.10 节曾简要讨论过编码非现场物体时的指称语分布模式。无论是研究编码非现场人物指称语的分布模式，还是研究编码非现场物体指称语的分布模式，其实质都是挖掘在会话推进的过程中，发话人经济地使用具有不同信息度的指称语形式来谈论非现场指称对象的规律。编码非现场物体同样需要考虑指称的时机（是先发还是后续）、指称语的形式（名词短语、代词或零形式）、元功能（引入还是续谈）这三个参数。因此，编码非现场人物和编码非现场物体都应存在如下四种模式[①]：

模式（1）：名词短语（引入）^代词 / 零形式（续谈）

模式（2）：代词 / 零形式（引入）^代词 / 零形式（续谈）

① 第三章的 3.10 节引用过这一模式，为了便于讨论，这里再次引用。有关这一模式中三种指称语所包含的具体指称语形式，随后会具体说明。

模式（3）：名词短语（引入）^名词短语（续谈）

模式（4）：代词/零形式（引入）^名词短语（续谈）

从这四种分布模式出发，本节将要回答如下问题：

（1）在编码非现场物体时，上述四种分布模式中哪一种是典型性模式？哪一种是非典型性模式？哪些模式的典型性居中？

（2）在编码非现场物体的指称语分布模式方面，成人和儿童是否有所区别？

（3）在模式的典型性方面，编码非现场物体和编码非现场人物是否一致？

在回答上述问题之前，我们先通过举例，对上述四种模式逐一进行介绍。

模式（1）：名词短语（引入）^代词/零形式（续谈）

这一形式存在四种变体：①名词短语^代词^零形式；②名词短语^零形式^代词；③名词短语^代词；④名词短语^零形式（马博森，2005：153—155）。

下面先各举一例说明这四种变体。

①名词短语^代词^零形式

例（3）1. 黄：我一个我会不知道路，
2. 　　你知道吗？
3. 吴：没有，<u>它</u>是直通的。
4. 赖：不会了呀，
5. 　　<u>那个</u>很方便的啦。
6. 黄：不是，我上次我记得我是跟他们走路，
7. 　　而且是，是走错方向了。
8. 俞：你就问一下就是了，
9. 　　你问一下保安往哪个方向走，
10. 　　其实<u>它</u>是很直的。
11. 黄：我就忘了。
12. 俞：<u>Ø</u>没有曲折的。

13. 吴：Ø有，

14. Ø要转弯。

该例中的谈话双方在谈论连接附近一所高校与他们所在高校的道路。在第一行，发话人黄用名词短语“路”把该物体引入后，后续的第三行、第五行和第十行吴和俞分别用代词“那个”和“它”续谈这一物体；在第12行、第13行和第14行，他们用零形式续谈这一物体。

②名词短语 ^ 零形式 ^ 代词

例（4）1. 吴：我最近又在网上买了，买了个拖把。

2. 徐：Ø好用，好使吧？

3. 吴：Ø还没来。

4. 徐：Ø多少钱啊？

5. 吴：我是用那个，

6. Ø是一百，一百多少钱的啊？

7. 我忘记了。

8. 黄：Ø是那种。

9. 曾：手机哪儿去啦？

10. 吴：Ø是那种，

11. Ø类似于好神拖的，

12. Ø一百。

13. 黄：Ø就是，就是不要用手，用手洗的那个，

14. 用脚踩一下Ø，

15. 它就干了。

16. 吴：它甚至于不用脚踩的。

该例的语境是谈话人在谈论吴买的一把拖把，该拖把不在谈话现场。在用名词短语引入后，谈话人在后续的第二行至第14行小句中用零形式，在第15行和第16行小句中用代词“它”续谈该物体。

③名词短语 ^ 代词

例（5）1. 徐：就是咱们那个火车在那里开，

2. 我一，我正好在尾部，

3.　我一碰到它，

4.　它就窜掉了，从我手上，

5.　我本来想抓住它的。

该例中发话人徐正在谈论他去上海世博会中国馆游玩的经历，中国馆里有一个坐小火车游览的项目。在该例中，发话人徐用名词短语“咱们那个火车”把指称对象引入话语世界后，他在后续的第三、第四和第五小句分别用代词“它”续谈这一物体。

④名词短语 ^ 零形式

例（6）1. 袁：你有多余的表格吗？

2. 刘：没有 Ø。

3. 刘：你应该问金瑜要 Ø。

4. 袁：好的。

5. 刘：开会是说 Ø 是金瑜交上去的。

该例的语境是两人在谈论学院团委下发的支教申请表，该物体在第一行用名词短语引入后，后面连续用了三个零形式续谈。

模式（2）：代词 / 零形式（引入）^ 代词 / 零形式（续谈）

例（7）1. 赖：它那个帐篷越多业务也就越多呀。

2. 余：是呀。

3. 赖：哇，小鸟的声音。

4. 余：继续教育是什么教育呀？

5.　成人学院吗？

6.　嗨！

7.　吓我一大跳。

8. 吴：Ø 还在不？

9. 余：在。

10.　是不是说错啦？

11. 吴：啊？

12. 余：我说是不是说错啦，

13.　这边哪有 Ø 呀，

14.　　我们去问一下那个保安叔叔吧。

15. 吴：真的错了吗？

16. 余：Ø 不是我看到的，

17.　　Ø 是人家跟我说的，

18.　　这应该不是去沃尔玛。

该例的语境是两人在食堂吃完饭后准备从学校乘坐新开通的一路公交车去市区购物。由于交际双方都知道学校最近新开通了这路公交车，所以在第八行，发话人吴用间接零形指示把这一物体引入话语世界，后续的第13行、第16行和第17行用零形式续谈这一物体。

例（8）1. 甲：那个带来了吗？

2. 乙：没带 Ø。

3. 甲：什么时候带 Ø 过来？

4. 乙：再给我两天时间，

5.　　看看什么时候方便。

6. 甲：再不带 Ø 来就晚了。

该例的语境是甲敲诈乙一笔钱。该物体首先用指示代词“那个”引入后，后续用零形式续谈。

模式（3）：名词短语（引入）^ 名词短语（续谈）

例（9）1. 徐：姑姑家楼底下的玩具可多了！

2. 安：哎呦！吓死我了！

3. 徐：安琪我想告诉你，

4.　　我姑姑家楼底下的玩具可多了哟，

5.　　有杠杆，

6.　　还有转转。

该例中发话人徐用名词短语把物体引入后，后续用名词短语举例续谈。

模式（4）：代词 / 零形式（引入）^ 名词短语（续谈）

据本研究对本研究语料的观察，这种分布模式一般在指称修正的场合出现，修正后会话双方选择用零形式续谈。如下例：

例（10）1. 袁：你交了那个么？那个。

2. 刘：什么？

3. 袁：支教的呀。

4. 刘：Ø交了。

5. 袁：Ø交掉了是吧。

该例的语境是两人正在谈论学院团委所发的的支教申请表格。

在上述举例的基础上，本研究把指称非现场物体的指称语按照名词短语、代词和零形式三类形式分别加以统计（见下页的表6-14）。在介绍统计结果之前，结合本研究物体指称语系统中的具体指称语形式，我们先对本节所说的名词短语、代词和零形式的范围以及一些特殊指称语形式的计算方法做一个简要说明。

名词短语包含物体指称语系统当中的光杆名词、数量结构名词短语、参照点结构名词短语、全称量词名词短语、指示词“这”和“那”充当修饰语的名词短语等形式。因“的”字结构也称为“的”字短语（吕叔湘，2010：159），我们在讨论指称语的分布模式时把“的”字结构也纳入名词短语的范围。指示代词和疑问代词活用的复合形式也纳入名词短语的范围（参见本研究第三章3.4.3.2.1.1节的讨论）。

代词形式包括用作指示代词的“这”和“那”（“这”“那”对举时按两个代词计算）、人称代词、代词“它（们）”、单独使用的“有的（些）”和疑问代词活用形式（两个疑问代词连用表任指计算为两个）。至于数量称代形式，陆俭明（2001）称之为数量词，数量词不仅有词汇上表数量的作用，还承担着语法功能，并指出有些数量词不能补出后面的名词。根据陆俭明的观点，本研究把数量称代看成是代词而非名词短语的变体。此外，与处理数量称代的方法类似，我们把充当指称语的全称量词归入代词的范围。

由于复指语涉及两种指称语形式，本研究在统计时将其计算为两个指称语，并根据两个指称语的具体形式把它们分别归入相应的类型。直接引语和间接引语中的指称语也按同样的方法处理。由于量词叠加这种指称形式在用于对比的语料中没有出现，所有暂不考虑。

本研究的统计结果表明：在编码非现场物体时，名词短语既是典型的引入语形式，也是典型的续谈语形式；代词既是非典型的引入语形式，也是非典型的续谈语形式；名词短语引入，零形式和代词续谈的典型性居中。

表 6–14：成人和儿童编码非现场物体时指称语的分布模式对比

		成人		儿童	
		频数	%	频数	%
引入语	名词短语	130	81.7	164	93.7
	代词	19	11.9	8	4.5
	零形式	10	6.3	3	1.7
续谈语	名词短语	364	44.3	425	52.7
	零形式	327	39.8	280	34.7
	代词	130	15.8	101	12.5

马博森（2005：159）发现：在编码非现场人物时，典型性模式是用名词短语引入人物，然后用代词或零形式续谈人物；非典型性模式是用代词或零形式引入人物，然后用名词短语续谈人物。

本研究的发现与马博森（2005）的发现有所不同。据我们对语料的观察，编码非现场物体时，除参照点结构名词短语、光杆名词、数量结构名词短语等形式外，会话双方还常用含“那”的名词短语和“的”字结构来续谈物体，这两种形式约占非现场物体续谈语总频数的 13%。常使用这两种形式可能是续谈非现场物体的指称语中名词短语最为典型的原因之一。

表 6-14 同时表明，成人和儿童在编码非现场物体指称语的分布模式方面不存在明显差异。两者的区别在于：名词短语引入，名词短语续谈这一模式在儿童语料中更为典型：儿童语料中的名词短语在引入语和在续谈语中占的百分比均高于在成人语料中的百分比，相应地，代词和零形式在成人语料中占的百分比要高于在儿童语料中的百分比。

至此，本章从九个方面对成人和儿童使用物体指称语的策略进行了对比分析。下面本章将要对比分析的是两类人群使用涉手模式的异同。

6.11 用于对比的录像语料中涉手模式的分布概况

本研究用于对比的录像语料中涉手模式出现的频数为 880 次，其中指向模式 370 次，占总频数的 42.0%；像似模式 487 次，占 55.3%；放置模式 23 次，占 26%。

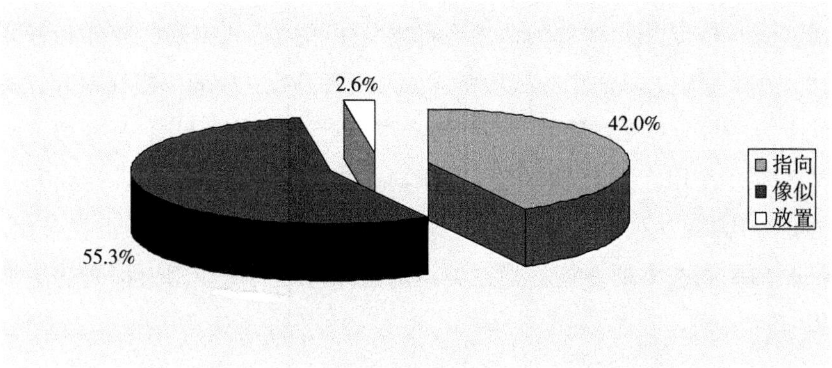

图 6-13：成人和儿童语料中三种涉手模式的分布概况

图 6-14 是成人和儿童语料中三种涉手模式分布的对比。

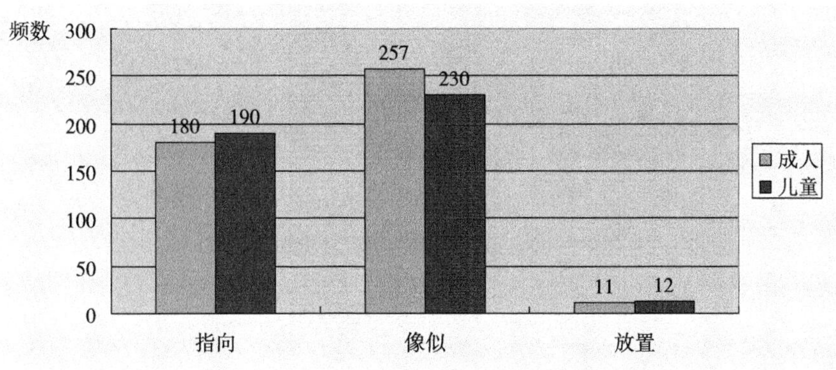

图 6-14：成人和儿童语料中三种涉手模式分布的对比

从图 6-14 中可以看出，成人和儿童语料中三种涉手模式的分布基本一致。

由于放置模式的类型和与指称语的互动方式都比较单一，这种模式在成人和儿童语料中所占的百分比也无明显差异，因此本研究暂不对这一涉手模式进行对比和分析。

6.12 指向模式对比分析

图 6-15 和图 6-16 分别呈现成人和儿童语料中指向模式的分布情况。表 6-15 是用于对比的两类人群语料中指向模式出现的频数和百分比。在该表中，每一个频数后对应着两个百分比，中间用横线隔开。横线上方的百分比是该频数占该种指向类型总频数的百分比，反映的是两类人群在使用大指向或小指向时倾向于指称何种物体类型。横线下方的百分比是该频数占指称该类型物体时所使用的指向总频数的百分比，反映的是两类人群在指称某一类型的物体时倾向于使用大指向还是小指向。

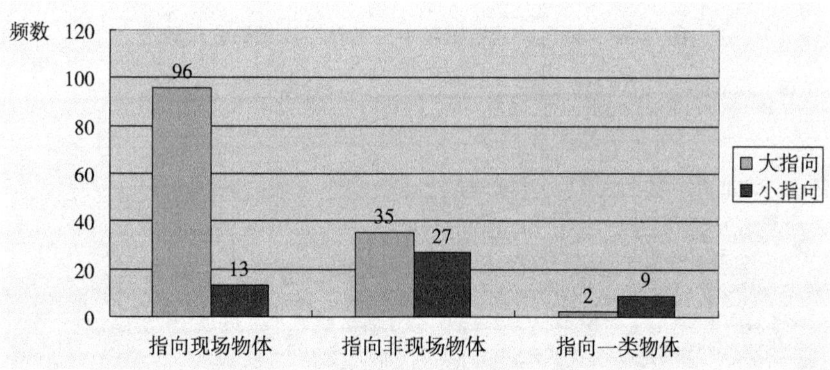

图 6–15：成人语料中指向模式的分布

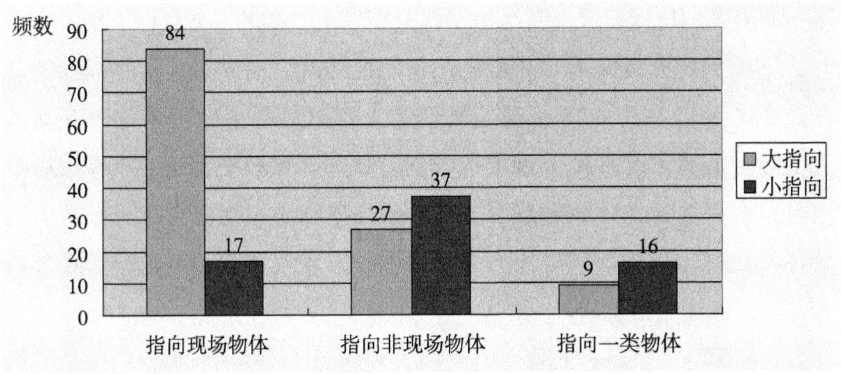

图 6–16：儿童语料中指向模式的分布

图 6-15、图 6-16 以及表 6-15 表明，两类人群在使用指向模式方面以相同点居多，具体表现为：（1）大部分指向用于指明现场物体，其中以大指向居多，指称现场物体的大指向分别占到成人和儿童语料中大指向总频数的 72.1% 和 70.0%；（2）用于指明非现场物体的小指向，分别占到成人和儿童语料中小指向总频数的 53.1% 和 52.9%；（3）指称一类物体的指向大部分是小指向。

表 6–15：成人和儿童使用指向模式的对比

	成人				儿童			
	大指向		小指向		大指向		小指向	
	频数	%	频数	%	频数	%	频数	%
指向现场物体	96	72.1	13	27.6	84	70.0	17	24.3
		88.9		12.0		83.2		16.8
指向非现场物体	35	26.3	25	53.1	27	22.5	37	52.9
		58.3		41.7		42.2		57.8
指向一类物体	2	1.5	9	19.1	9	7.5	16	22.9
		18.2		81.8		36.0		64.0
合计	133		47		120		70	

两类人群使用指向模式的主要区别是：在指称一类物体时，儿童使

用指向模式的比例是成人的 2 倍多，分别为 13.2% 和 6.1%。

下面对比分析成人和儿童使用指向模式时指向模式与指称语的互动方式。图 6-17 和图 6-18 呈现的是两类人群语料中指向与指称语互动方式的分布情况，表 6-16 是两类人群的对比。在该表中，每一个频数后对应着一个百分比，是该频数占指称某一类型物体时指向模式总频数的百分比，反映的是在指称该种类型的物体时，成人和儿童更依赖于哪种模式——指向还是指称语。

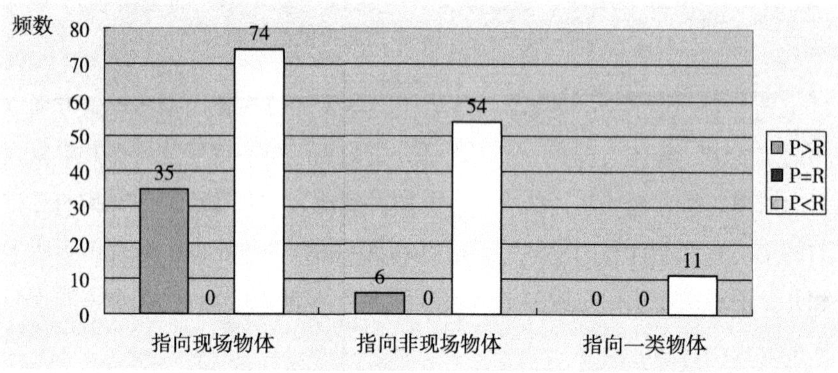

图 6-17：成人语料中指向与指称语互动方式的分布

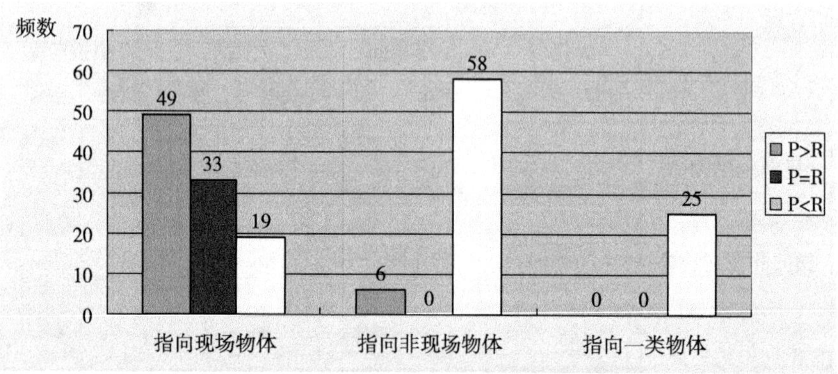

图 6-18：儿童语料中指向与指称语互动方式的分布

表 6–16：成人和儿童语料中指向模式与指称语的互动方式对比[①]

	成人						儿童					
	P>R		P=R		P<R		P>R		P=R		P<R	
	频数	%	频数	%	频数	%	频数	%	频数	%	频数	%
指向现场物体	35	32.1	0	0.0	74	67.9	49	48.5	33	32.7	19	18.8
指向非现场物体	6	10.0	0	0.0	54	90.0	6	9.4	0	0.0	58	90.6
指向一类物体	0	0.0	0	0.0	11	100.0	0	0.0	0	0.0	25	100.0

图 6-17、图 6-18 以及表 6-16 表明，两类人群语料中指向与指称语的互动方式既有相同点，也有不同点，具体体现为：

（1）在指称现场物体时，成人使用指向模式从属于指称语这一互动方式的比例是儿童的三倍多（分别为 67.9% 和 18.8%）；儿童则更多地使用指称语从属于指向模式的互动方式（儿童 48.5%、成人 32.1%）。指向模式与指称语居于平等地位的互动方式在儿童语料中所占的百分比为 32.7%，但这一互动方式在成人语料中没有出现。这些数据表明，在指称现场物体时，儿童更依赖指向模式，成人更依赖指称语。

（2）在指称非现场物体时，成人和儿童的差异不明显，90% 以上的指称非现场物体的指向都从属于指称语。这一数据表明，在指称非现场物体时，两类人群均更依赖指称语。

（3）在指称一类物体时，成人和儿童语料中均只出现了指向模式从属于指称语的互动方式，这可能与指称一类物体的指向大多是小指向有关，同时也说明在指称一类物体时，两类人群均更依赖于指称语。

本节的对比分析表明，两类人群使用指向模式的主要差异是：在指明现场物体时，成人更依赖指称语，而儿童更依赖指向模式。

两类人群使用指向模式的相同点主要是：（1）大部分指向用于指称

① 表中的“P>R”代表指称语从属于指向；“P=R”代表两种模式居于平等地位；“P<R”代表指向从属于指称语。

现场物体，其中以大指向居多；（2）大部分小指向用于指明非现场物体；（3）在指称一类物体时，两类人群均更多使用小指向；（4）在指称非现场物体和一类物体时，两类人群均主要依赖指称语。

6.13 像似模式对比分析

图 6-19 和图 6-20 呈现的是成人和儿童语料中像似模式的分布情况，表 6-17 呈现的是两类人群使用像似模式的对比情况。在该表中，每一个频数后对应着两个百分比，中间用横线隔开。横线上方的百分比是该频数占该种像似模式类型总频数的百分比，反映的是两类人群在使用该种像似模式时倾向于描述何种物体；横线下方的百分比是该频数占描述该类型物体的像似模式总频数的百分比，反映的是两类人群在指称某一类型的物体时倾向于使用何种像似模式。

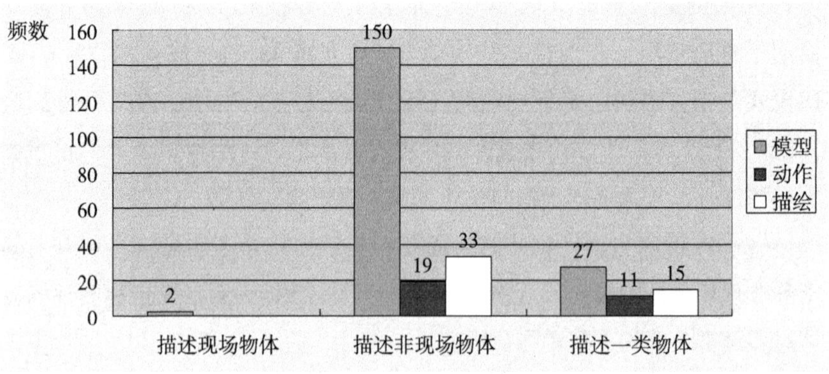

图 6–19：成人语料中像似模式的分布

图 6-19、图 6-20 以及表 6-17 表明，两类人群在使用像似模式方面既有相同点，也有不同点。不同点是：

（1）在描述非现场物体时，儿童倾向于使用描绘模式（儿童 32.5%、成人 16.3%）；成人倾向于使用模型模式（成人 74.2%、儿童 58.3%）。

（2）与描述非现场物体相似，在描述一类物体时，儿童更多地使用描绘模式（儿童 44.8%、成人 28.8%）；成人更多地使用模型模式（成人 50.9%、儿童 38.8%）。

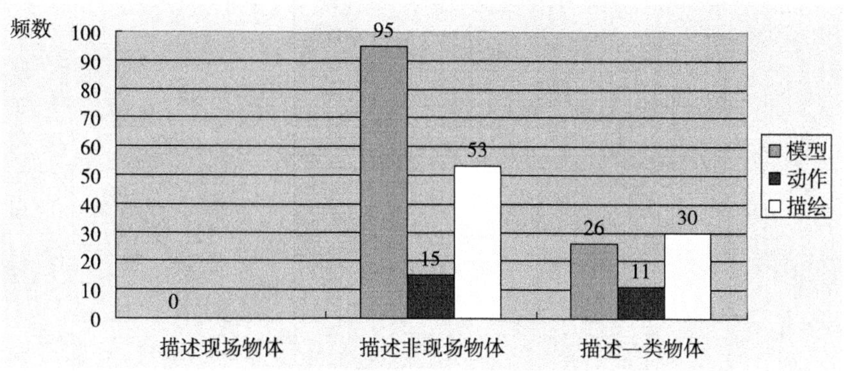

图 6–20：儿童语料中像似模式的分布

表 6–17：成人和儿童使用像似模式的对比

	成人						儿童					
	模型		动作		描述		模型		动作		描述	
	频数	%	频数	%	频数	%	频数	%	频数	%	频数	%
描述现场物体	2	1.1 100.0					0	0.0 0.0				
描述非现场物体	150	83.8 74.2	19	63.3 9.4	33	68.8 16.3	95	78.5 58.3	15	57.7 9.2	53	63.9 32.5
描述一类物体	27	15.1 50.9	11	36.7 20.8	15	31.3 28.8	26	21.5 38.8	11	42.3 16.4	30	36.1 44.8
合计	179		30		48		121		26		83	

相同点是：两类人群语料中的像似模式大多用于描述非现场物体，这一点在成人语料中更为明显。据统计，成人用于描述非现场物体的像似模式占像似模式总频数的 78.5%；儿童语料中的这一比例为 70.8%。

成人和儿童语料中像似模式与指称语互动方式的分布情况见图 6-21 以及图 6-22。表 6-18 是两类人群的对比情况。

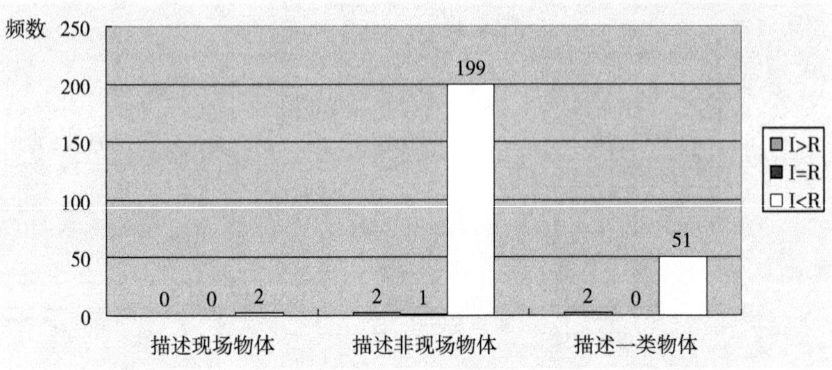

图 6-21：成人语料中像似模式与指称语互动方式的分布

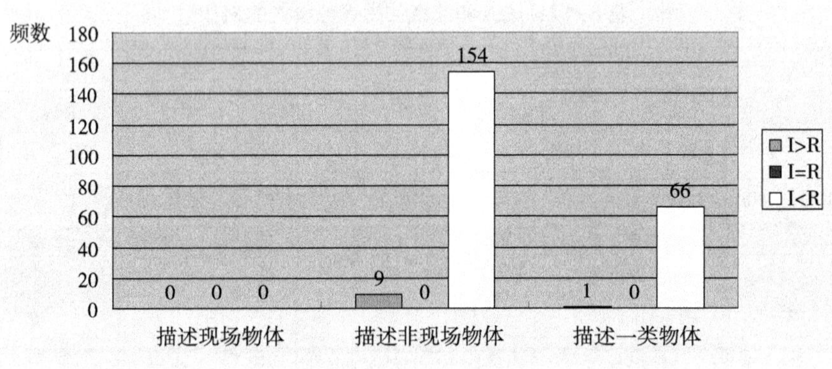

图 6-22：儿童语料中像似模式与指称语互动方式的分布

表 6-18：成人和儿童语料中像似模式与指称语的互动方式对比①

	成人						儿童					
	I>R		I=R		I<R		I>R		I=R		I<R	
	频数	%	频数	%	频数	%	频数	%	频数	%	频数	%
描述现场物体	0	0.0	0	0.0	2	100.0	0	0.0	0	0.0	0	0.0

（待续）

① 表中的“I>R”代表指称语从属于像似模式；“I=R”代表两种模式居于平等地位；“I<R”代表像似模式从属于指称语。

（续表）

	成人						儿童					
	I>R		I=R		I<R		I>R		I=R		I<R	
	频数	%	频数	%	频数	%	频数	%	频数	%	频数	%
描述非现场物体	2	1.0	1	0.5	199	98.5	9	5.6	0	0.0	154	94.5
描述一类物体	2	3.8	0	0.0	51	96.2	1	1.5	0	0.0	66	98.5

图 6-21、图 6-22 以及表 6-18 表明：在描述非现场物体和描述一类物体时，成人和儿童语料中像似模式与指称语的互动方式没有明显差异，主要的互动方式均是像似模式从属于指称语。这表明，在使用像似模式与指称语配合指称物体时，成人和儿童均更依赖指称语。

6.14 本章小结

本章从 11 个方面对比分析了成人和儿童的物体指称策略。6.1 至 6.10 小节对比分析了两类人群使用物体指称语的策略；6.11 至 6.13 小节对比分析了两类人群使用涉手模式的策略，其中包含涉手模式与指称语的互动方式的对比，下面从上述两个方面概括本章对比分析的主要发现。

在物体指称语的使用策略方面，两类人群的相同点是：

（1）在指称现场物体、非现场物体、一类物体以及同时指称现场和非现场物体时，两类人群无显著差异；

（2）两类人群在选择转指策略方面基本一致；

（3）两类人群在选择指称修正策略方面基本一致；

（4）两类人群语料中“这”“那”的七种用法的分布基本一致；

（5）两类人群在编码非现场物体的指称语分布模式方面没有明显差异。

两类人群的主要区别包括：

（1）成人所使用的具体指称语形式比儿童更为丰富；

（2）在引入非现场物体时，成人倾向于使用定指语，儿童倾向于使用不定指语；

（3）成人更多地使用“那”指称语、“的”字结构、复指语和零形式，而儿童更多地使用数量结构名词短语、参照点结构名词短语、代词“它（们）”和引语中的指称语；

（4）在指示词的用法方面，表可识别的“那”在成人语料中出现的比例高于儿童，承担续谈用法的“这”和“那”在儿童语料中出现的比例高于成人；

（5）在类名切换时，成人倾向于使用由下位类名切换至上位类名的策略；而儿童倾向于在同级类名之间切换。

此外，本章的对比分析还发现：

（1）儿童语料中存在年龄段特征，具体表现为：与七岁至九岁段儿童的语料相比较，四岁至七岁段的儿童语料中绝大部分指称语是现场物体指称语，非现场物体指称语和类指语较少，尤其是类指语。

（2）在“这”“那”用法的虚化程度方面，七岁至九岁儿童的虚化程度高于四岁至七岁儿童的虚化程度；在使用指示词指称语指称非现场物体时，七岁至九岁儿童的表现与成人基本一致。这两点表明，七岁至九岁儿童在习得指示词的用法方面正逐步接近成人。

（3）与马博森（2005）发现的编码非现场人物的典型性模式有所不同，本研究发现，在编码非现场物体时，名词短语既是典型的引入语形式，也是典型的续谈语形式；代词既是非典型的引入语形式，也是非典型的续谈语形式。

在涉手模式的使用策略方面，两类人群的相同点主要是：

（1）大部分大指向用于指称现场物体，大部分小指向用于指称非现场物体和一类物体；

（2）在指称非现场物体和一类物体时，两类人群均更依赖指称语；

（3）像似模式大多用于描述非现场物体；像似模式与指称语的互动方式不存在明显差异，均为像似模式从属于指称语。

主要区别是：

（1）在使用指称语与指向共同配合指称现场物体时，儿童更依赖指向模式，成人更依赖指称语，这与 Pechmann and Deutsch（1982）研究中第一个实验的结论一致[①]。

（2）在表征非现场物体和一类物体时，成人倾向于使用模型模式，而儿童倾向于使用描绘模式。从表征物体外形的具体程度来看，描绘模式比模型模式更为具体。这一差异表明，与成人相比，儿童在指称非现场物体和一类物体时产出的像似模式在表征物体的外部形状特征方面更为具体。需说明的是，由于本研究用于对比分析的语料中像似模式的总量相对较小，因此这一结论是否成立还有待后续研究的验证。

① 参见本研究第二章 2.3.3 节的综述。

第七章 结语

7.1 本研究的主要发现

指称物体是会话中常见的行为。本研究以汉语交际中的物体指称行为为研究对象，系统分析了实施这一行为所需借助的指称语以及伴随指称语出现的涉手模式，并结合自建语料库中的成人和儿童语料，对比分析两类人群在实施物体指称行为方面的异同。在对比分析之前，本研究首先构建了研究自然会话中物体指称的三分模式和涉手模式的分析框架，并在涉手模式框架的基础上分析了涉手模式与指称语的互动方式。在此基础上，本研究制定了语料标注方案，标注成人和儿童语料，对比分析成人和儿童在实施指称行为方面的异同。

本研究的对比分析发现：

（1）在指称语的使用策略方面，成人与儿童以相同点居多。具体差异包括：成人所使用的指称语形式比儿童丰富；在引入非现场物体时，成人倾向于使用定指语，而儿童倾向于使用不定指语；成人更多地使用“那”指称语、“的”字结构、复指语和零形式；而儿童更多地使用数量结构名词短语、参照点结构名词短语、代词“它（们）”和引语中的指称语；成人倾向于选择由下位类名切换至上位类名的策略；而儿童倾向于在同级类名之间切换；成人使用更多的表可识别的“那”，儿童则更多使用承担续谈用法的“这”和“那”。

（2）在使用涉手模式方面，两类人群的表现既有相同也有不同。相同点包括：在使用指向模式方面，大部分大指向用于指明现场物体；大部分小指向用于指明非现场物体和一类物体；在指明非现场物体和一类物体时，两类人群均更依赖指称语。在使用像似模式方面，大部分像似模式都用于描述非现场物体，像似模式与指称语的主要互动方式均为像似模式从属于指称语。在不同点方面，儿童指明现场物体时更依赖指向模式，而成人更依赖指称语。在使用像似模式表征非现场物体和一类物体时，成人更多使用模型模式；儿童则倾向使用描绘模式。

此外，本研究还发现儿童语料的年龄段特征。

基于上述发现，本研究认为，四岁至九岁间儿童的指称交际能力整体上仍处于发展之中，与成人相比仍存在差异。

7.2 本研究的理论及实践意义

本研究主要有如下三方面的理论和实践意义：

（1）已有的指称研究大多是语言层面的研究，本研究把指称现象视为一种多模态交际行为，不仅探讨了指称语，还探讨了与指称语共现的涉手模式，在一定程度上加深了我们对这一交际行为的认识。

（2）本研究以汉语交际中的物体指称行为为研究对象，从我们所掌握的文献来看，尚没有以汉语交际中的物体指称为专门对象的研究。此外，多模态言语行为（multimodal speech）发展研究主要集中在对两岁以前儿童的研究和成人的研究，针对两岁以上至小学学龄段儿童的多模态言语行为发展研究相对较少（Colleta，2009：62；89）。本研究在一定程度上弥补了汉语指称研究领域的空白，同时也丰富了多模态言语行为领域的研究。

（3）本研究构建了一个研究自然会话中物体指称的三分模式和一个涉手模式的分析框架，这两个框架可用作语料自动标注器（软件）的训练库（参见马博森，2005：175）。需说明的是，实现涉手模式的自动标注还需开发捕捉并能自动识别涉手模式的软件，这一方面已有研究成果可供借鉴（Knight，2009）[①]。

---

① Knight（2000）的博士论文采用语料库的研究方法，研究交际中的反馈行为（backchanneling behavior）。该文的第五章详细描述了如何捕捉并自动识别反馈行为中的点头行为（nodding）。

7.3 本研究的局限及尚待研究的问题

本研究的局限性主要包括：

（1）正如在我们在本研究第四章的引言部分所述，本研究的理想研究方案是在一个整体分析框架下对自然会话中的指称语和涉手模式进行全面细致地分析，但由于在自然会话的状态下通过录像方式捕捉交际双方的涉手模式存在一定困难，因此本研究用于对比分析的是两块相互独立的语料，其中一块是基于自然会话的录音语料，另一块是基于诱发实验的录像语料，这两块语料分别用于分析指称语和涉手模式。相应地，第三章和第四章分别构建了物体指称语系统和涉手模式的分析框架。这样的研究设计兼顾了语料的自然性和研究的可操作性，但在一定程度上损失了分析框架的完整性。

（2）本研究在采集录音语料时，采集了四岁至九岁儿童的自然会话语料，且我们在进行语料对比分析时发现四岁至七岁儿童与七岁至九岁儿童在四种指称语的分布和指示词的使用方面存在差异。由于研究时间和条件的限制，在采集研究涉手模式的录像语料时，本研究只采集了七岁至九岁儿童的语料，没有采集四岁至七岁儿童的语料。这两个年龄段的儿童在使用涉手模式方面是否存在差异是一个值得后续研究的课题。

（3）本研究把物体指称当成一种多模态交际行为，分析了实施这一行为所需借助的指称语和与指称语共现的涉手模式。除这两种模式外，实施指称行为还需借助指称语的韵律特征、注视、身体姿势等模式。本研究的研究只关注指称语和涉手模式，暂不涉及其他模式。在本研究的基础上，可续研究可逐步把指称语的韵律特征、注视等模式纳入多模态指称行为研究的范围，以进一步加深我们对指称行为的认识。

参考文献

[1] Alamillo, A. R., Colletta, J. M. & Guidetti, M. 2013. Gesture and language in narratives and explanations: the effects of age and communicative activity on late multimodal discourse development [J]. *Journal of Child Language* 40: 511-538.

[2] Appelt, D. 1985. *Planning English referring expressions* [M]. Cambridge: Cambridge University Press.

[3] Ariel, M. 1988. Referring and accessibility [J]. *Journal of Linguistics* 24: 65-87.

[4] Ariel, M. 1990. *Accessing noun-phrase antecedents* [M]. London and New York: Routledge.

[5] Arts, A., Mae, A., Noordman, L. & Jansen, C. 2001. Over specification facilitates object identification [J]. *Journal of Pragmatics* 43: 361-374.

[6] Artstein, R. & Poesio, M. 2006. Identifying reference to abstract objects in dialogue. *Potsdam: Proceedings of Brandial 2006: The 10th Workshop on the Semantics and Pragmatics of Dialogue*[C]. Pp: 56-63.

[7] Asher, N. 1993. *Reference to abstract objects in discourse* [M]. Dordrecht: Kluwer Academic Publishers.

[8] Baggett, P. & Ehrenfeucht, A. 1982. How an unfamiliar thing should be called [J]. *Journal of Psycholinguistic Research* 11(5): 437-445.

[9] Barsalou, L. W. 1983. Ad hoc categories[J]. *Memory and Cognition* 11(3): 211-228.

[10] Barsalou, L. W. 1991. Deriving categories to achieve goals. In Bower, G. H. (ed.), *The psychology of learning and motivation Vol.27* [C]. New York: Academic Press INC. Pp: 1-64.

[11] Beattie, G. & Shovelton, H. 1999. Do iconic hand gestures really contribute anything to the semantic information conveyed by speech? An experimental investigation[J]. *Semiotica* 123(1-2): 1-30.

[12] Beattie, G. & Shovelton, H. 2002. An experimental investigation of some properties of individual iconic gestures that mediate their communicative power [J]. *British Journal of Psychology* 93: 179-192.

[13] Belke, E. 2001. *On the time course of naming multidimensional objects in a referential communication task—analyses of eye movements and processing times in the production of complex object specifications* [D]. Bielefeld: University of Bielefeld.

[14] Beun, R. J. & Cremers, A. H. M. 1998. Object reference in a shared domain of conversation [J]. *Pragmatic and Cognition* 6(1/2): 121-152.

[15] Birdwhistell, R. L. 1970. *Kinesics and context: essays on body motion communication* [M]. Philadelphia: University of Pennsylvania Press.

[16] Brennan, S. E. & Clark, H. H. 1996. Conceptual pacts and lexical choice in conversation [J]. *Journal of Experimental Psychology* 22(6): 1482-1493.

[17] Brown, C. H. 1990. A survey of category types in natural language. In Tsohatzidis, S. L. (ed.), *Meanings and prototype: studies in linguistic categorization* [C]. London: Routledge. Pp: 17-47.

[18] Brown, R. 1958. How shall a thing be called? [J] *Psychological Review* 65(1): 14-20.

[19] Byron, D. K. 2002. Resolving pronominal reference to abstract entities. *Philadelphia: Proceedings of the 40th Annual Meeting of the Association for Computational Linguistics* [C]. Pp: 80-87.

[20] Caroll, J. M. 1981. Creating names for things [J]. *Journal of Psycholinguistic Research* 10(4): 441-55.

[21] Chafe, W. 1982. Integration and involvement in speaking, writing, and oral literature. In Tannen, D. (ed.), *Spoken and written language: exploring orality and literacy* [C]. Norwood: Ablex. Pp: 35-54.

[22] Chafe, W. 1996. *Discourse, consciousness, and time: the flow and displacement of conscious experience in speaking and writing* [M]. Chicago: University of Chicago Press.

[23] Chen, L. & Lei, J. H. 2013. The Production of referring expressions in oral-narratives of Chinese-English bilingual speakers and monolingual peers[J]. *Child Language Teaching and Therapy* 29(1): 41-55.

[24] Chen, P. 1986. *Referent introducing and tracking in Chinese narrative* [D]. Los Angeles: UCLA.

[25] Chen, P. 2003. Indefinite determiner introducing definite referential: a special use of "yi 'one' + classifier" in Chinese [J]. *Lingua* 113: 1169-1184.

[26] Chen, P. 2004. Identifiability and definiteness in Chinese [J]. *Linguistics* 42(6): 1129-1184.

[27] Chomsky, N. 1981. *Lectures on government and binding* [M]. Dordrecht: Foris.

[28] Chui, K. W. 2005. Temporal patterning of speech and iconic gestures in conversational discourse [J]. *Journal of Pragmatics* 37: 871-87.

[29] Clark, H. H. 2003. Pointing and placing. In Kita, S. (ed.), *Pointing: Where language, culture, and cognition meet* [C]. New Jersey and London: Lawrence Erlbaum Associates Press. Pp: 243-68.

[30] Clark, H. H. & Krych, M. A. 2004. Speaking while monitoring addressees for understanding [J]. *Journal of Memory and Language* 50: 62-81.

[31] Clark, H. H. & Marshall, C. R. 1981. Definite reference and mutual knowledge. In Joshi, A. K., Webber, B. L. & Sag, I. A. (eds.), *Element of discourse understanding*[C]. Cambridge: Cambridge University Press. Pp: 10-63.

[32] Clark, H. H. & Schaefer, E. F. 1989. Contributing to discourse [J]. *Cognitive Science* 13: 259-294.

[33] Clark, H. H., Schreuder R. & Buttrick S. 1983. Common ground and the understanding of demonstrative reference [J]. *Journal of Verbal Learning*

and Verbal Behavior 22: 245-258.

[34] Clark, H. H. & Wilkes-Gibbs, D. 1986. Referring as a collaborative process [J]. *Cognition* 22: 1-39.

[35] Croft, W. 1993. The role of domains in the interpretation of metaphors and metonymies[J]. *Cognitive Linguistics* 4(4): 335-370.

[36] Colletta, J. M. 2009. Comparative analysis of children's narratives at different ages [J]. *Gesture* 9(1): 61-96.

[37] Cremers, A. H. M. 1996. *Reference to objects: an empirically based study of task-oriented dialogues* [D]. Eindhoven: Eindhoven University.

[38] Croft, W. & Cruse, D. 2004. *Cognitive linguistics* [M]. Cambridge: Cambridge University Press.

[39] Cruse, D. A. 1977. The pragmatics of lexical specificity [J]. *Journal of Linguistics* 13: 153-164.

[40] Cumming, S. & Tsuyoshi, O. 1996. Ad hoc hierarchy: lexical structures for reference in consumer reports articles. In Fox, B. (ed.), *Studies in anaphora* [C]. Amsterdam and Philadelphia: John Benjamins Pulishing Company. Pp: 69-94.

[41] Dale, R. 1992. *Generating referring expressions: constructing descriptions in a domain of objects and processes* [M]. Cambridge, Boston and London: The MIT Press.

[42] Deák, G. O. & Maratsos, M. 1998. On having complex representations of things: preschoolers use multiple words for objects and people [J]. *Developmental Psychology* 34(2): 224-240.

[43] Deák G. O., Yen, L. & Pettit, J. 2001. By any other name: When will preschoolers produce several labels for a referent? [J] *Journal of Child Language* 28: 787-804.

[44] Deignan, A. 2005. *Metaphor and corpus linguistics* [M]. Philadelphia: John Benjamins.

[45] Diessel, H. 2011. Distance contrast in demonstratives [OL]. In Dryer, M. S.

& Haspelmath, M. (eds.), *The World altas of language structure*, Chapter 41. http://wals.info/chapter. Access date: July-28-2013.

[46] Dirven, R. 2005. Major strands in cognitive linguistics. In de Mendoza Ibánéz, F. J. R. & Cervel, M. S. P. (eds.), *Cognitive linguistics: Internal dynamics and interdisciplinary interaction* [C]. Berlin and New York: Mouton de Gruyter. Pp: 17-68.

[47] Downing, P. A. 1977. On "basic levels" and the categorization of objects in English discourse. *Proceedings of the 3rd Annual Meeting of the Berkeley Linguistics Society* [C] 3: 475-87.

[48] Downing, P. A. 1980. Factors influencing lexical choice in narrative. In Chafe, W. L. (ed.), *The Pear stories: cognitive, cultural and linguistic aspects of narrative production Volume III*[C]. Norwood New Jersey: ABLEX Publishing Company. Pp: 89-126.

[49] Du, B. & John, W. 1980. Beyond definiteness: The trace of identity in discourse. In Chafe, W. L. (ed.), *The Pear stories: cognitive, cultural and linguistic aspects of narrative production Volume III.* Norwood New Jersey: ABLEX Publishing Company. Pp: 203-273.

[50] Edwards, J. A. 2003. The transcription of discourse. In Schiffrin, D., Tannen, D. & Hamilton, H. E. (eds.), *The handbook of discourse analysis* [C]. Boston and Oxford: Blackwell Publishers. Pp: 321-348.

[51] Enfield, N. J. 2001. 'Lip-pointing': A discussion of form and function with reference to data from Laos[J]. *Gesture* 1(2): 185-212.

[52] Enfield, N. J., Kita, S. & de Ruiter, J. P. 2007. Primary and secondary pragmatic functions of pointing gestures [J]. *Journal of Pragmatics* 39(10): 1722-1741.

[53] Enfield, N. J. & Tanya, S. 2007. *Personal reference in interaction: linguistic, cultural and social perspective* [M]. Cambridge: Cambridge University Press.

[54] Eriksson, M. 2009. Referring as interaction: on the interplay between

linguistic and bodily practices[J]. *Journal of Pragmatics* 41(2): 240-62.

[55] Fauconnier, G. 1997. *Mappings in thought and language* [M]. Cambridge: Cambridge University Press.

[56] Fox, B. A. 1987. *Discourse structure and anaphora: written and conversational English* [M]. Cambridge: Cambridge University Press.

[57] Fraurud, K. 1996. Cognitive ontology and NP form. In Thorstein, F. & Jeanette, K. G. (eds.), *Reference and referent accessibility* [C]. Amsterdam and Philadelphia: John Benjamins Publishing Company.

[58] Geluykens, R. 1994. *The pragmatics of discourse anaphora in English: evidence from conversational repair* [M]. Berlin and New York: Mouton de Gruyter.

[59] Gerwing, J. & Allison, M. 2009.The relationship between verbal and gestural contributions in conversation: A comparison of three methods [J]. *Gesture* 9(3): 312-336.

[60] Givón, T. 1977. Definiteness and referentiality. In Greenberg, J., Ferguson, C. A. & Moravcsik, E. A.(eds.), *Universals of human language* [C]. Cambridge:MIT Press. Pp: 291-330.

[61] Givón, T. 1983. *Topic continuity in discourse analysis: a quantitative cross-linguistic study* [M]. Amsterdam: John Benjamins Publishing Company.

[62] Guerriero, S., Oshima-Takane, Y. & Kuriyama, Y. 2006. The development of referential choice in English and Japanese: A discourse-pragmatic perspective [J]. *Journal of Child Language* 3: 823-857.

[63] Gundel, J. K., Hedberg, N. & Zacharski, R. 1993. Cognitive status and the form of referring expressions in discourse [J]. *Language* 69: 274-307.

[64] Gundel, J. K. & Page. S. 1998. The givenness hierarchy and children's use of referring expressions. *New Orleans: Paper Presented at the Annual Meeting of the Linguistic Society of America* [C]. January 6, 1998.

[65] Gundel, J. K., Sera, M. & Page, S. 1999. The acquisition of referring

expressions in English and Spanish. *Stanford: Paper Presented at the Child Language Research Forum* [C]. April 10, 1999.

[66] Gundel, J. K., Sera, M., Kowalski, M. & Page, S. 2001. Cognitive status, implicature, and children's use of referring forms in English and Spanish. Poster presentation. *Minneapolis: Society for Research in Child Development Annual Meeting* [C]. May, 2001.

[67] Grosz, B. J., Joshi, A. K. & Weinstein, S. 1995. Centering: A framework for modeling the local coherence of discourse [J]. *Computational Linguistics* 21(2) : 203-225.

[68] Gu, Y. G. 2006. Multimodal text analysis: A corpus linguistic approach to situated discourse [J]. *Text and Talk* 26(2): 127-167.

[69] Halliday, M. A. K. & Hasan, R. 1976. *Cohesion in English* [M]. London: Longman.

[70] Hankamer, J & Sag, I. 1976. Deep and surface anaphora [J]. *Linguistics Inquiry* 7(3): 391-428.

[71] Hanna, J. E. 2001. *The effects of linguistic form, common ground and perspective on domains of referential interpretation* [D]. New York State: University of Rochester.

[72] Hanna, J. E., Tanenhaus, M. K. & Trueswell, J. C. 2003. The effects of common ground and perspective on domains of referential interpretation [J]. *Journal of Memory and Language* 49: 43-61.

[73] Hendriks, P., Englert, C, Wubs, E. & Hoeks, J. 2008. Age differences in adults' use of referring expressions [J]. *Journal of Logic, Language and Information* 17: 443-466.

[74] Hickmann, M. 2003. *Children's discourse: Person, space and time across languages* [M]. Cambridge: Cambridge University Press.

[75] Himmelmann, N. P. 1996. Demonstratives in narrative discourse: A taxonomy of universal uses. In Barbara, F. (ed.), *Studies in anaphora* [C]. Amsterdam and Philadelphia: John Benjamins Publishing Company. Pp:

205-254.

[76] Hindmarsh, J. & Christian, H. 2000. Embodied reference: A study of deixis in workplace interaction [J]. *Journal of Pragmatics* 32(12): 1855-1878.

[77] Holler, J. & Beattie G. 2004. The Interaction of iconic gesture and speech in talk. In Camurri, A. & Gualtiero, V. (eds.), *Gesture-based communication in human-computer interaction* [C]. Verlag, Berlin and Heiderberg: Springer. Pp: 63-69.

[78] Holler, J. & Beattie G. 2002. A micro-analytic investigation of how iconic gestures and speech represent core semantic features in talk [J]. *Semiotica* 142(1/4): 31-69.

[79] Holler, J., Shovelton H. & Beattie G. 2009. Do iconic hand gestures really contribute to the communication of semantic information in a face-to-face context? [J] *Journal of Nonverbal Behavior* 33(2): 73-88.

[80] Holler, J. & Wilkin, K. 2011. Co-speech gesture mimicry in the process of collaborative referring during face-to-face dialogue [J]. *Journal of Nonverbal Behavior* 35: 133-153.

[81] Hopper, P. J. & Thompson, S. A. 1984. The discourse basis for lexical categories in universal grammar [J]. *Language* 60(4): 703-752.

[82] Howarth, B. & Anderson H. A. 2007. Introducing objects in spoken dialogue: the influence of conversational setting and cognitive load on the articulation and use of referring expressions [J]. *Language and Cognitive Processes* 22(2): 272-296.

[83] Huang, C. -C. 1999. *Temporal reference in mandarin mother-child and adult-adult conversation: morphosyntactic, semantic and discourse-pragmatic perspectives* [D]. Los Angeles: University of California, Los Angeles.

[84] Huang, S. F. 1999. The emergence of a grammatical category definite article in spoken Chinese [J]. *Journal of Pragmatics* 31: 77-94.

[85] Isaacs, E. A. & Clark, H. H. 1987. References in conversation between

experts and novices [J]. *Journal of Experimental Psychology* 116(1): 26-37.

[86] Jaeger, G. 2008. Application of game theory in linguistics [J]. *Language and Linguistics Compass* 2(3): 401-426.

[87] Janssen, T. A. J. M. 1995. Deixis from a cognitive point of view. In Contini-Morava, E., Goldberg, B. S. & Kirsner, R. S. (eds.), *Meaning as explanation: advances in linguistic sign theory* [C]. Berlin and New York: Mouton de Gruyter. Pp: 245-270.

[88] Jewitt, C. 2009. *The Routledge handbook of multimodal analysis* [C]. London: Routledge.

[89] Keenan, E. O. & Schieffelin, B. 1976. Foregrounding referents: a reconsideration of left dislocation in discourse. In *Proceedings of the 2nd Annual Meeting of the Berkeley Linguistics Society* [C]. Pp: 240-257.

[90] Kendon, A. 2004. *Gesture: visible action as utterance* [M]. Cambridge: Cambridge University Press.

[91] Kendon, A. & Versante, L. 2003. Pointing by hand in "Neapolitan". In Kita, S.(ed.), *Pointing: where language, culture, and cognition meet* [C]. New Jersey and London: Lawrence Erlbaum Associates Press. Pp: 109-168.

[92] Knight, D. 2009. *A multi-modal corpus approach to the analysis of backchanneling behavior* [D]. Nottingham: The University of Nottingham.

[93] Kita, S. Pointing: *Where language, culture, and cognition meet* [M]. New Jersey and London: Lawrence Erlbaum Associates Press.

[94] Köveces, Z. & Radden, G. 1998. Metonymy: developing a cognitive linguistic view [J]. *Cognitive Linguistics* 9(1): 37-77.

[95] Kranstedt, A., Lücking, A., Pfeiffer, T., Rieser, H. & Wachsmuth, I. 2006. Deictic object reference in task-oriented dialogue. In Rickheit, G. & Wachsmuth, I. (eds.), *Situated communication* [C]. Berlin: Mouton de Gruyter. Pp: 155-208.

[96] Krasavina, O. 2011. Demonstratives and salience: Towards a functional taxonomy. In Christian C., Claus, B. & Grabski, M. (eds.), *Salience: multidisciplinary perspectives on its function in discourse* [C]. Berlin and New York: Mouton De Gruyter. Pp: 31-56.

[97] Krauss, R. M., Morrel-Samuels, P. & Colasante, C. 1991. Do conversational hand gestures communicate? [J] *Journal of Personality and Social Psychology* 61(5): 743-54.

[98] Krauss R. M. & Weisberg R. 1966. Referential communication in nursery school children: method and some preliminary findings [J]. *Journal of Experimental Child Psychology* 3: 333-342.

[99] Krifka, M., Pelletier, F. J., Carlson, G. N., ter Meulen, A., Chierchia, G. & Link, G. 1995. Genericity：An introduction. In Carlson, G. N. & Pelletier, F. J.(eds.), *The Generic book* [C]. Chicago and London: The University of Chicago Press. Pp: 1-124.

[100] Kuno, S. & Kaburaki, E. 1977. Empathy and syntax [J]. *Linguistic Inquiry* 8(4): 627-672.

[101] Lakoff, G. & Johnson, M. 2003. *Metaphors we live by* [M]. London: The University of Chicago Press.

[102] Lambrecht, K. 1994. *Information structure and sentence form* [M]. Cambridge: Cambridge University Press.

[103] Langacker, R. W. 1993. Reference-point construction [J]. *Cognitive Linguistics* 4(1): 1-38.

[104] Langacker, R. W. 2000. *Grammar and conceptualization* [M]. Berlin and New York: Mouton de Gruyter.

[105] Langacker, R. W. 2001. Discourse in cognitive grammar [J]. *Cognitive Linguistics* 12(2): 143-188.

[106] Langacker, Ronald W. 2005a. *Foundations of cognitive grammar Vol. 1 Theoretical prerequisites* [M]. Peking: Peking University Press.

[107] Langacker, R. W. 2005b. *Foundations of cognitive grammar Vol. 2*

Descriptive application [M]. Peking: Peking University Press.

[108] Langacker, R. W. 2008. *Cognitive grammar: a basic introduction* [M]. Oxford: Oxford University Press.

[109] Lee, E. -J. 2001. *The acquisition of personal and temporal reference in English interlanguage: a longitudinal study* [D]. Los Angeles: University of California, Los Angeles.

[110] Lemke, J. 1998. Multiplying meaning: visual and verbal semiotics in scientific text. In Martin, J. R. & Veel, R. (eds.), *Reading science* [C]. London: Routledge. Pp: 87-113.

[111] Levinson, S. C. 1983. *Pragmatics* [M]. Cambridge: Cambridge University Press.

[112] Levelt, W. J. M. 1983. Monitoring and self-repair in speech [J]. *Cognition* (14): 41-104.

[113] Levelt, W. J. M. 1989. *Speaking: from intention to articulation* [M]. Cambridge: The MIT Press.

[114] Li, C. N. & Thompson, S. A. 1979. Third-person anaphora and zero-anaphora in Chinese discourse. In Givón, T. (ed.), *Syntax and semantics 12: discourse and syntax* [C]. New York: Academic Press. Pp: 311-335.

[115] Loehr, D. P. 2004. *Gesture and intonation* [D]. Washington D. C.: Georgetown University.

[116] Ludovica, S. 2008. The role of discourse and perceptual cues in the choice of referential expressions in English preschoolers, school-age children, and adults [J]. *Language Learning and Development* 4(4): 309-332.

[117] Lyons, J. 1977. *Semantics* [M]. Cambridge: Cambridge University Press.

[118] Markman, A. B. & Stilwell H. C. 2001. Role-governed categories [J]. *Journal of Experimental and Theoretical Artificial Intelligence* 13: 329-359.

[119] Mao, M. C. 2003. *Zero anaphora in Zuozhuan discourse* [D]. Minneapolis: The University of Minnesota.

[120] Martinec, R. & Salway, A. 2005. A system for image–text relations in new (and old) media [J]. *Visual Communication* 4(3): 337-371.

[121] McNeill, D. 1986. Iconic gestures of children and adults [J]. *Semiotica* 62(1/2): 107-128.

[122] McNeill, D. 1992. *Hand and mind: what gestures reveal about thought* [M]. Chicago and London: The University of Chicago Press.

[123] McNeill, D., Cassell, J. & Levy, E. T. 1993. Abstract deixis [J]. *Semiotica* 95(1/2): 5-19.

[124] Meyer, C. F. 2004. *English corpus linguistics: an introduction* [M]. Cambridge: Cambridge University Press.

[125] Moore, R. J. 2008. When names fail: referential practice in face-to-face service encounters [J]. *Language in Society* 37(3): 385-413.

[126] Morisseau, T., Davies, C. & Matthews, D. 2013. How do 3-and 5-year-olds respond to under-and over-informative utterances? [J] *Journal of Pragm*atics. http://dx.doi.org/10.1016/j.pragma.2013.03.007. Access Date: July 2, 2013.

[127] Morrow, D. G. 1986. Places as referents in discourse [J]. *Journal of Memory and Language* 25(6): 676-700.

[128] Murphy, L. G. 1985. Psychological explanations of deep and surface anaphora [J]. *Journal of Pragmatics* 9(6): 785-813.

[129] Murphy, L. G. 1988. Personal reference in English [J]. *Language in Society* 17(3): 317-349.

[130] Norris, S. 2004. *Analyzing multimodal interaction: a methodological framework* [M]. Routledge: New York and London.

[131] Norris, S. 2009. Modal density and modal configurations: multimodal actions. In Jewitt, C.(ed.), *Routledge handbook of multimodal discourse analysis* [C]. London: Routledge. Pp: 78-90.

[132] Norris, S. 2011. Three hierarchical positions of deictic gesture in relation to spoken language: a multimodal interaction analysis[J]. *Visual*

Communication 10(2): 129-147.

[133] Ochs, E. 1992. Planned and unplanned discourse. In Givón, T. (ed.) *Rethinking context:language as an interacitve phenomenon*[C]. New York: Cambridge University. Pp: 335-358.

[134] O'Halloran, K. 1999.Towards a systemic functional analysis of multisemiotic mathematics texts[J]. *Semiotica* 124(1/2): 1-29.

[135] Parikh, P. 2001. *The use of language*[M]. Stanford: CSLI Publications.

[136] Parikh, P. & Clark, R. 2007. Game theory and discourse anaphora[J]. *Journal of Logic, Language and Information* 16(3): 265-282.

[137] Pan, J. 1996. *Occurence/nonoccurence, distribution and interpretation of zero anaphora in Chinese conversational data* [D]. Tucson: The University of Arizona.

[138] Panther, K. U. & Thornburg, L. 1999. The Potentiality for actuality metonymy in English and Hungarian. In Panther, K. -U. & Radden, G. (eds.), *Metonymy in language and thought* [C]. Amsterdam and Philadelphia: John Benjamins Publishing Company. Pp: 333-360.

[139] Pechmann, T. 1989. Incremental speech production and referential overspecification [J]. *Linguistics* 27: 89-110.

[140] Pechmann, T. & Deutsch, W. 1982. The development of verbal and nonverbal devices for reference [J]. *Journal of Experimental Child Psychology* 34: 330-341.

[141] Ping, R. & Goldin-Meadow, S. 2010. Gesturing saves cognitive resources when talking about non-present objects [J]. *Cognitive Science* 34: 602-619.

[142] Prince, E. F. 1981. Towards a taxonomy of given-new information. In Cole, P. (ed.), *Radical pragmatics* [C]. New York: Academic Press.Pp: 223-56.

[143] Pu, M. -M. 1997. Zero anaphora and grammatical relations in Mandarin. In Givón, T. (ed.), *Grammatical relations: a functionalist perspective* [C].

Amsterdam and Philadelphia: John Benjamins Publishing Company. Pp: 281-322.

[144] Radden, G. 2009. Generic reference in English: a metonymic and conceptual blending analysis. In Panther, K. -U., Thornburg, L. L. & Barcelona, A. (eds.), *Metonymy and metaphor in grammar* [C]. Amsterdam: John Benjamins Publishing Company. Pp: 199-228.

[145] Radden, G. & Dirven, R. 2007. *Cognitive English grammar* [M]. Amsterdam and Phildelphia: John Benjamins.

[146] Robert, L. D. 1993. *How reference works: explanatory models for indexicals, descriptions, and opacity* [M]. New York: State University of New York Press.

[147] Robert, J. M. 2008. When names fail: referential practice in face-to-face service encounters [J]. *Language in Society* 37(3): 385-413.

[148] Rosch, E., Mervis, C. B., Gray, W., Johnson, D. & Boyes-braem, P. 1976. Basic objects in natural categories [J]. *Cognitive Psychology* 8(3): 382-440.

[149] Royce, T. D. 1998. Synergy on the page: exploring intersemiotic complementarity in page-based multimodal text [J]. *Japan Association of Systemic Functional Linguistics(JASFL) Occasional Papers* 1(1): 25-48.

[150] Royce, T. D. 1999. *Visual-verbal intersemiotic complementary in the economist magazine* [D]. Reading: The University of Reading.

[151] Royce, T. D. 2007. Intersemiotic complementarity: a framework for multimodal discourse analysis. In Royce, T. D. & Bowcher, W. L.(eds.), *New directions in the analysis of multimodal discourse* [C]. Mahwah, New Jersey and London: Lawrence, Erlbaum Associates Publishers. Pp: 63-110.

[152] Saeed, J. I. 2004. *Semantics* [M]. Oxford: Blackwell Publishing.

[153] Sag, I. 1979. The nonunity of anaphora [J]. *Linguistic Inquiry* 10(1): 152-164.

[154] Schegloff, E. A. 1972. Notes on a conversational practice: formulating place. In David, S. (ed.), *Studies in social interaction* [C]. New York: Macmillan. Pp: 75-119.

[155] Schegloff, E. A., Jefferson, G., & Sacks, H. 1977. The preference for self-correction in the organization of repair in conversation [J]. *Language* 53(2): 361-382.

[156] Sekerina, I. & Stromswold, K. 2004. How do adults and children process referentially ambiguous pronouns? [J] *Journal of Child Language* 31(1): 123-152.

[157] Tao, H. Y. 1999. The grammar of demonstratives in mandarin conversational discourse: A case study [J]. *Journal of Chinese Linguistics* 27(1): 69-103.

[158] Tao, L. 1996. Topic discontinuity and zero anaphora in Chinese discourse: cognitive strategies in discourse processing. In Barbara, A. F. (ed.), *Studies in anaphora* [C]. Amsterdam and Philadelphia: John Benjamins Publishing Company.

[159] Tao, L & Healy, A. F. 1996. Cognitive strategies in discourse processing: A comparison of Chinese and English speakers [J]. *Journal of Psycholinguistic Research* 25(6): 597-616.

[160] Tai, J. H. -Y. 1978. Anaphoric constraints in mandarin Chinese narrative. In Hinds, J. (ed.), *Anaphora in discourse* [C]. Edmonton: Linguistic Research Inc. Pp: 279-338.

[161] Unsworth, L. & Cleirigh, C. 2009. Multimodality and reading: the construction of meaning through image-text interaction. In Jewitt, C. (ed.), *The Routledge handbook of multimodal analysis* [C]. New York and London: Routledge. Pp: 151-163.

[162] Van der Sluis, I. & Krahmer, E. 2007. Generating multimodal references [J]. *Discourse Processes* 44(3): 145-174.

[163] Van Hoek, K. 1992. *Paths through conceptual structure: constraints on*

pronominal anaphora [D]. San Diego: University of California.

[164] Van Hoek, K. 1995. Conceptual reference point: a cognitive grammar account of pronominal anaphora constraints [J]. *Language* 71: 310-340.

[165] Van Rooij, R. & M. S. 2006. Different faces of risky speech. In Anton, B., Gerhard, J. & Robert, V. R. (eds.), *Game theory and pragmatics* [C]. New York: Palgrave MacMillan. Pp: 152-174.

[166] Van Vliet, S. 1999. Reference points and dominions in narratives. In Evans, V. & Pourcel, S. (eds.), *New directions in cognitive linguistics* [C]. Amsterdam and Philadelphia: John Benjamins Publishing Company. Pp: 441-464.

[167] Wales, R. C. M. & Pattison, P.1983. How a thing is called—a study of mothers' and children's naming [J]. *Journal of Experimental Child Psychology* 36: 1-17.

[168] Ward, G. 2004. Equatives and deferred reference [J]. *Language* 8(2): 262-289.

[169] Warren, B. 2004. Anaphoric pronouns of metonymic expressions [OL]. *http://www.metaphorik.de/sites/www.metaphorik.de/files/journal-pdf/07_2004_warren.pdf*. Access Date: July-28-2013.

[170] Webber, B. L. 1991. Structure and ostension in the interpretation of discourse deixis [J]. *Language and Cognitive Processes* 6 (2): 107-35.

[171] Wilson, D. 1992. Reference and relevance [J]. *UCL Working Papers in Linguistics* 4: 167-192.

[172] Wisniewski, E. J. & Murphy, G. L. 1989. Superordinate and basic category names in discourse: a textual analysis [J]. *Discourse Processes* 12: 245-260.

[173] Wierzbicka, A. 1984. "Apples" are not a "kind of fruit": the semantics of human categorization [J]. *American Ethnologist* 11(2): 213–239.

[174] Wu, Y. A. 2004. *Spatial demonstratives in English and Chinese: text and cognition* [M]. Amsterdam: John Benjamins Publishing Company.

[175] Wu, Y. C. & Coulson, S. 2007. How iconic gestures enhance communication: an ERP study [J]. *Brain and Language* 101: 234-245.

[176] Yamamoto, M. 1999. *Animacy and reference: a cognitive approach to corpus linguistics* [M]. Amsterdam and Philadelphia: John Benjamins Publishing Company.

[177] Zhang M. 1991. *A contrastive study of demonstratives in English and Chinese* [D]. Muncie: Ball State University.

[178] 曹秀玲，2000，汉语“这 / 那”不对称性的语篇考察 [J]。《汉语学习》4：7-11。

[179] 陈平，1987，汉语零形回指的话语分析 [J]。《中国语文》5：363-378。

[180] 方梅，2002，指示词“这”和“那”在北京话中的语法化 [J]。《中国语文》4：343-356。

[181] 丁启阵，2000，现代汉语“这”“那”的语法分布 [J]。《世界汉语教学》2：27-38。

[182] 丁声树等，1999，现代汉语语法讲话 [M]。北京：商务印书馆。

[183] 古川裕，1996，指称性词组和陈述性词组——状态形容词的名词修饰功能。第五届国际汉语教学讨论会论文选 [C]。北京：北京大学出版社。Pp：261-268。

[184] 顾曰国，1999，使用者话语的语言学地位综述 [J]。《当代语言学》3：3-14。

[185] 顾曰国，2000，《语料库语言入门》导读 [M]。北京：外语教学与研究出版社。Pp：F13-18。

[186] 顾曰国，2002，北京地区现场即席话语语料库的取样与代表性问题。全球化与 21 世纪——首届“中法学术论坛”论文集 [C]。北京：社会科学文献出版社。Pp：484-500。

[187] 李福印，2008，认知语言学概论 [M]。北京：北京大学出版社。

[188] 李宇明，1995，儿童语言的发展 [M]。武汉：华中师范大学出版社。

[189] 廖秋忠，1992，廖秋忠文集 [M]。北京：语言学院出版社。

[190] 刘东虹，2008，抽象实体回指中所指歧义的处理策略 [J]。《外语教学理论与实践》1：19-24。
[191] 刘丹青，2002，汉语类指成分的语义属性和句法属性 [J]。《中国语文》5：411-422。
[192] 刘月华，潘文娱，故韡，2001，实用现代汉语语法（增订本）[M]。北京：商务印书馆。
[193] 陆俭明，2001，现代汉语中数量词的作用。20 世纪现代汉语语法八大家——陆俭明选集 [C]。长春：东北师范大学出版社。Pp：146-159。
[194] 陆俭明，2009，隐喻、转喻散议 [J]。《外国语》1：44-50。
[195] 吕叔湘，江蓝生，1985，近代汉语指代词 [M]。上海：学林出版社。
[196] 吕叔湘，1995，吕叔湘文集（第二卷）[M]。北京：商务印书馆。
[197] 吕叔湘，1999，汉语语法论文集（增订本)[M]。北京：商务印书馆。
[198] 吕叔湘，2002，中国文法要略 [M]。沈阳：辽宁教育出版社。
[199] 吕叔湘，2010，现代汉语八百词（增订本)[M]。北京：商务印书馆。
[200] 马博森，2005，现代汉语自然会话中的人物指称策略：文盲与非文盲话语的比较研究 [D]。北京：中国社会科学院。
[201] 马博森，2007a，自然会话中人物回指的分布模式：文盲和非文盲话语的比较研究 [J]。《外国语》3：24-31。
[202] 马博森，2007b，自然会话中人物指称现象的三分模式研究 [J]。《外语与外语教学》6:1-6。
[203] 马博森，2008，指称非现场人物的语言策略 [J]。《外语教学》1：23-28。
[204] 马博森，2009，文盲和非文盲话语中的人物指称策略比较 [J]。《当代语言学》1：21-34。
[205] 马博森，2010，自然话语中的代词间接回指分析 [J]。《外国语》2：26-34。
[206] 马博森，管玮，2011，移情与指称策略研究 [J]。《解放军外国语学院学报》6：1-5，36。

[207] 马文，2004，汉语会话中的照应修正研究——基于戏剧会话的语料分析 [D]。上海：上海外国语大学。

[208] 沈家煊，1999，转指与转喻 [J]。《中国语文》1：3-15。

[209] 沈家煊，2008，三个世界 [J]。《外语教学与研究》6：403-408。

[210] 陶红印，张伯江，2000，无定式“把”字句在近、现代汉语中的地位问题及其理论意义 [J]。《中国语文》5：433-446。

[211] 王灿龙，2000，人称代词“他”的照应功能研究 [J]。《中国语文》3：228-237，287。

[212] 王冬梅，2001，现代汉语动名互转的认知研究 [D]。北京：中国社会科学院。

[213] 王红旗，2004，功能语法指称分类之我见 [J]。《世界汉语教学》2：16-24。

[214] 王秀卿，王广成，2008，汉语光杆名词短语的语义解释 [J]。《现代外语》2：131-140。

[215] 吴早生，2011，主观非数量评价性的“NP1 的—量 NP2”[J]。《世界汉语教学》1：48-56。

[216] 熊学亮，刘东虹，2007，论证文中抽象实体的回指研究 [J]。《四川外语学院学报》1：75-79。

[217] 熊学亮，2010，语段表征理论与抽象实体回指 [J]。《复旦外国语言文学论丛》秋季号：53-59。

[218] 许家金，2005，青少年汉语口语中话语标记的话语功能研究 [D]。北京：北京外国语大学。

[219] 徐赳赳，1999，叙述文中名词回指分析 [J]。《语言教学与研究》4：92-109。

[220] 徐赳赳，2003，现代汉语篇章回指研究 [M]。北京：中国社会科学出版社。

[221] 徐赳赳，2005，现代汉语联想回指分析 [J]。《中国语文》3：195-204。

[222] 徐烈炯，1990，语义学 [M]。北京：语文出版社。

[223] 徐烈炯，刘丹青，2007，话题的结构与功能 [M]。上海：上海外语教育出版社。

[224] 徐盛桓，1996，含意本体论研究 [J]。《外语教学与研究》3：21-27。

[225] 许余龙，2008，向心理论的参数化研究 [J]。《当代语言学》3：225-236。

[226] 许余龙，2000，英汉指称词语表达的可及性 [J]。《外语教学与研究》5：321-327。

[227] 许余龙，2002，语篇回指的认知语言学探索 [J]。《外国语》137：28-37。

[228] 许余龙，2003a，语篇回指的认知语言学研究与验证 [J]。《外国语》144：17-24。

[229] 许余龙，2003b，汉语主从句间的回指问题 [J]。《当代语言学》2：97-107。

[230] 许余龙，贺小聃，2007，英汉语下指的篇章功能和语用分析——兼谈汉语第三人称代词照应的单向性问题 [J]。《外语教学与研究》6：417-423。

[231] 杨宁，2007，汉语零形回指消解的心理语言学研究 [D]。广州：广东外语外贸大学。

[232] 应厚昌，陈国鹏，宋正国，邵渭冥，郭英，1986，四至七岁儿童掌握量词的特点。朱曼殊主编，儿童语言发展研究 [C]。上海：华东师范大学出版社。Pp：91-102。

[233] 曾小荣，2011，汉语自然会话与剧作会话中第三人称零形回指现象对比研究 [J]。《解放军外国语学院学报》3：18-22，114。

[234] 曾小荣，马博森，2012，《路特里奇多模态分析手册》介绍 [J]。《当代语言学》4：418-421。

[235] 张伯江，1997，汉语名词怎样表现无指成分。中国语文编辑部庆祝中国社会科学院语言研究所建所 45 周年论文集 [C]。北京：商务印书馆。Pp：192-199。

[236] 张伯江，方梅，1996，现代汉语功能语法研究 [D]。南昌：江西教

育出版社。

[237] 张辉，2008,《心理空间—自然语言意义建构面面观》导读 [M]。北京：世界图书出版公司；剑桥：剑桥大学出版社。Pp：11-28。

[238] 朱曼殊，1986，幼儿对指示代词的理解 [J]。《心理科学通讯》3：1-6。